DUTCH

A ROUGH GUIDE DICTIONARY PHRASEBOOK

Compiled by

LEXUS

Credits

Compiled by Lexus with Susan Ridder
Lexus Series Editor: Sally Davies
Rough Guides Phrase Book Editor: Jonathan Buckley
Rough Guides Series Editor: Mark Ellingham

This first edition published in 1999 by Rough Guides Ltd,
62–70 Shorts Gardens, London WC2H 9AB.

Distributed by the Penguin Group.

Penguin Books Ltd, 27 Wrights Lane, London W8 5TZ
Penguin Books USA Inc., 375 Hudson Street, New York 10014, USA
Penguin Books Australia Ltd, 487 Maroondah Highway,
PO Box 257, Ringwood, Victoria 3134, Australia
Penguin Books Canada Ltd, Alcorn Avenue,
Toronto, Ontario, Canada M4V 1E4
Penguin Books (NZ) Ltd, 182–190 Wairau Road,
Auckland 10, New Zealand

Typeset in Bembo and Helvetica to an original design by Henry Iles.
Printed in Spain by Graphy Cems.

British Library Cataloguing in Publication Data
A catalogue for this book is available from the British Library.

ISBN 1-85828-467-8

HELP US GET IT RIGHT

Lexus and Rough Guides have made great efforts to be accurate and
informative in this Rough Guide Dutch phrasebook. However, if you
feel we have overlooked a useful word or phrase, or have any other
comments to make about the book, please let us know. All contributors
will be acknowledged and the best letters will be rewarded with a free
Rough Guide phrasebook of your choice. Please write to 'Dutch
Phrasebook Update', at either Shorts Gardens (London) or Hudson Street
(New York) – for full addresses see opposite. Alternatively you can email us
at mail@roughguides.co.uk

Online information about Rough Guides can be found at our website
www.roughguides.com

CONTENTS

Introduction

The Rough Guide Dutch phrasebook is a highly practical introduction to the contemporary language. Laid out in clear A-Z style, it uses key-word referencing to lead you straight to the words and phrases you want – so if you need to book a room, just look up 'room'. The Rough Guide gets straight to the point in every situation, in bars and shops, on trains and buses, and in hotels and banks.

The main part of the Rough Guide is a double dictionary: English-Dutch then Dutch-English. Before that, there's a page explaining the pronunciation system we've used, then a section called **The Basics**, which sets out the fundamental rules of the language, with plenty of practical examples. You'll also find here other essentials like numbers, dates and telling the time.

Forming the heart of the guide, the **English-Dutch** section gives easy-to-use transliterations of the Dutch words wherever pronunciation might be a problem, and to get you involved quickly in two-way communication, the Rough Guide includes dialogues featuring typical responses on key topics – such as renting a car and asking directions. Feature boxes fill you in on cultural pitfalls as well as the simple mechanics of how to make a phone call, what to do in an emergency, where to change money, and more. Throughout this section, cross-references enable you to pinpoint key facts and phrases, while asterisked words indicate where further information can be found in the Basics.

In the **Dutch-English** dictionary, we've given not just the phrases you're likely to hear, but also all the signs, labels, instructions and other basic words you might come across in print or in public places.

Finally the Rough Guide rounds off with an extensive **Menu Reader**, giving a run-down of food and drink terms that you'll find indispensable whether you're eating out, stopping for a quick drink, or browsing through a local food market.

goeie reis!
have a good trip!

Basics

Pronunciation

In this phrase book, the Dutch has been written in a system of imitated pronunciation so that it can be read as though it were English, bearing in mind the notes on pronunciation given below:

a	as in Petra
ah	a long 'a' as in cart
ay	as in may
e	as in get
g	always hard as in goat
ī	as the 'i' sound in might
J	like the 's' in pleasure
KH	like the 'ch' in the Scottish pronunciation of loch
o	as in pop
oo	as in soon
ɶ	like the 'ew' in few but without any 'y' sound, as in the French pronunciation of tu
ow	as in now, but pronounced much further forward in the mouth, with lips pursed as if to say 'oo'
uh	like the 'e' butter
y	as in yes

Letters given in bold type indicate the part of the word to be stressed.

Abbreviations

adj	adjective	pol	polite
fam	familiar	sing	singular
pl	plural		

Notes

An asterisk (*) next to a word means that you should refer to the Basics section for further information.

9

Nouns

Gender

Dutch nouns have one of two genders. They are either 'common gender' (that is, masculine or feminine) or neuter. Common gender nouns are usually treated as masculine unless they refer to something female (see 'It', page 19).

common gender	neuter
de vriendin [vreendin] the girlfriend	**het huis** [hows] the house
de stad [stat] the city	**het gezin** [KHezin] the family
de gast [KHast] the guest	**het boek** [book] the book

Diminutives, ending in **-je**, are always neuter:

het kleine boekje	**het meisje**
klīnuh book-yuh	mīshuh
the little book	the girl

Plurals

There are two plural endings: **-en** and **-s**.

The more common ending is **-en** (or **–n** if the word already ends in **–e**):

singular	plural	
trein	**treinen**	train(s)
trīn	trīnuh	
vriend	**vrienden**	friend(s)
freend	freenduh	
volwassene	**volwassenen**	adult(s)
volvassenuh	volvassenuh	

With some nouns, the spelling changes slightly in the plural: a double vowel may become single when another syllable is added, or a double consonant may be necessary to keep the vowel short, for example:

singular	plural	
boot	**boten**	boat(s)
boht	bo**h**tuh	
straat	**straten**	street(s)
straht	stra**h**tuh	
man	**mannen**	man (men)
man	ma**nn**uh	
kan	**kannen**	jug(s)
kan	ka**nn**uh	

With other nouns, there is a vowel change in the plural:

singular	plural	
stad	**steden**	town(s)
stat	sta**y**duh	
museum	**musea**	museum(s)
mœsay-um	mœsay-a	
visum	**visa**	visa(s)
vee**s**oom	**vee**sah	

A few nouns need a connecting syllable between the singular form and **-en**:

singular	plural	
kind	**kinderen**	child (children)
kint	**k**inderuh	
ei	**eieren**	egg(s)
ī	ī-eruh	

A dieresis is added to the plural of nouns ending in a stressed –ie or –ee:

singular	plural	
calorie	**calorieën**	calorie(s)
kalor**ee**	kalor**ee**-uh	
idee	**ideeën**	idea(s)
eed**ay**	eed**ay**uh	
kopie	**kopieën**	copy (copies)
kohp**ee**	kohp**ee**-uh	
zee	**zeeën**	sea(s)
zay	z**ay**-uh	

To form the plural of nouns ending in –el, -er, -em and -en, add –s. This plural ending is also used for foreign words, with an apostrophe when the word ends in a vowel. No apostrophe is necessary when the noun ends in –é, -ie or -e that sounds like [uh]:

singular	plural	
hotel	hotels	hotel(s)
kilometer	kilometers	kilometre(s)
kilomayter	kilomayters	
bodem	bodems	bottom(s)
bohdem	bohdems	
molen	molens	windmill(s)
mohlen	mohlens	
agenda	agenda's	diary (diaries)
ahкнendah	ahкнendahs	
taxi	taxi's	taxi(s)
taksee	taksees	
baby	baby's	baby (babies)
café	cafés	café(s)
kafay	kafays	
vakantie	vakanties	holiday(s)
vahkansee	vahkansees	
dame	dames	lady (ladies)
dahmuh	dahmes	

The plural of diminutives (words ending in –je) is also formed by adding –s:

meisje	meisjes	girl(s)
mīshuh	mīshuhs	
kopje	kopjes	cup(s)
kop-yuh	kop-yuhs	

Articles

The Definite Article

The form of the definite article ('the' in English) is as follows:

	singular	plural
common gender	**de**	**de**
neuter	**het**	**de**

Or to put it differently: all singular '**het** nouns' are neuter, all singular '**de** nouns' are common gender nouns.

In spoken language **het** is usually pronounced as [uht]; in written language it is sometimes abbreviated to '**t**:

> '**t kind**
> uht kint
> the child

In Dutch the definite article is retained in general statements, when in English it would be omitted. This is especially true for abstract and non-countable nouns:

> **het straatleven in Amsterdam is heel levendig**
> uht stra**h**tlayvuh in Amsterdam is hayl **lay**vendiKH
> streetlife in Amsterdam is very lively

The Indefinite Article

The indefinite article ('a' or 'an' in English) in the singular, for both genders, is **een**:

> **een huis** (neuter)   **een tram** (common gender)
> uhn h**o**ws   a tram
> a house

'Any' or 'some' is translated by **wat**, for example:

> **heb je wat wisselgeld?**
> hep yuh vat **vi**sselKHelt
> do you have any/some change?

Or it may be left out altogether:

> **heb je melk?**
> hep yuh
> do you have any milk?

Adjectives

When adjectives precede the noun they refer to –e is added to the adjective (with the one exception below):

de volgende bus
(common gender)
duh **fo**lKHenduh b00s
the next bus

het laatste huis
(neuter)
uht **lah**tstuh hows
the last house

een zonnige dag
(common gender)
uhn **zo**nniKHuh daKH
a sunny day

een oude vriend
(common gender)
uhn **ow**duh freent
an old friend

de geldige treinkaartjes
duh KH**e**ldiKHuh trīnk**ah**rt-yuhs
the valid train tickets

de gezelligste momenten
duh KHez**e**lliKHstuh mom**e**nten
the most pleasant of times

An –e is not added to the adjective, if it precedes a **singular neuter noun** used with the indefinite article **een**:

een schitterend uitzicht
uhn skH**i**tterent **ow**tziKHt
a wonderful view

een gezellig terras
uhn KHez**e**lliKH terr**a**s
a pleasant terrace

een lekker broodje
uhn l**e**kker br**oh**t-yuh
a tasty sandwich

The -e is also omitted after the word for 'next':

> **volgend jaar**
> v**o**lKHent yahr
> next year

Adjectives are also unchanged if they come after the noun:

de bioscoop is druk   (de drukke bioscoop)
  duh biosk**oh**p is dr**oo**k
  the cinema is busy

Adjectives ending in **–en** do not change their ending:

dit is mijn eigen baggage
  muhn **ī**кнen baкн**ah**juh
this is my own luggage

The spelling guidelines given in the section on plural nouns (page 10) also apply to adjectives. For example, a double vowel may become single when another syllable is added, or a double consonant may be necessary to keep the vowel short:

droog [drohкн] dry   **nat** wet

  een droge dag   **een natte handdoek**
  uhn dr**oh**кнuh daкн   uhn n**a**ttuh h**a**ntdook
  a dry day   a wet towel

Comparatives and Superlatives

The comparative form of an adjective is used to say that something is bigger, better, more interesting etc than something else. In Dutch, as for a number of English adjectives, this is shown by adding **–er**:

  leuk [lurk] nice   **vriendelijk** [**vree**ndelik] friendly
  leuker [**lu**rker] nicer   **vriendelijker** [**free**nde**lī**ker] friendlier

The superlative form of an adjective is used to say that something is the biggest, the best, the most interesting etc of all. In Dutch, this is shown by adding **–st** to the adjective:

  leuk [lurk] nice   **vriendelijk** [**vree**ndelik] friendly
  leukst [lurkst] nicest   **vriendelijkst** [**vree**ndelikst] friendliest

Some very common adjectives have irregular comparatives and superlatives:

goed, beter, best good, better, best
KHoot, b**ay**ter, best

veel, meer, meest much, more, most
fayl, mayr, mayst

weinig, minder, minst little, less, least
v**ī**niKH, m**i**nder, minst

The vowel changes as given in the section on plural nouns (page 10) also apply to comparatives and superlatives:

groot, groter, grootst big, bigger, biggest
KHroht, KHr**oh**ter, KHrohtst

laat, later, laatst late, later, latest
laht, l**ah**ter, lahtst

duur, duurder, duurst expensive, more expensive,
d**oo**r, d**oo**rder, d**oo**rst most expensive

To say 'more ... than', use **dan** after the comparison:

duurder dan deze **dit is beter dan dat**
d**oo**rder dan d**ay**zuh b**ay**ter
more expensive than these this is better than that

To say 'as ... as' use **zo ... als** or **even ... als**:

zo lief als een poesje **dit hotel is even duur als de andere**
leef als uhn p**oo**shuh **ay**ven d**oo**r als duh **a**nderuh
as sweet as a kitten this hotel is just as expensive as the
   other ones

But:

zo veel mogelijk **zo vlug mogelijk**
fayl m**oh**KHelik fl**oo**KH m**oh**KHelik
as much as possible as fast as possible

Possessive Adjectives

mijn (m'n)	[mīn (muhn)]	my
jouw (je)	[yow (yuh)]	your (sing, fam)
uw	[oo]	your (sing/pl, pol)
zijn (z'n)	[zīn (zuhn)]	his
haar	[hahr (uhr)]	her
ons/onze	[ons/**o**nzuh]	our
jullie (je)	[y**oo**llee (yuh)]	your (pl, fam)
hun	[h**oo**n]	their

Mijn, jouw, zijn, haar, jullie are only used in speech for emphasis. Otherwise the short forms are much more common. Jullie should be replaced by je when it is already clear that the plural is meant:

hebben jullie je kaartjes?	**heb je mijn/m'n book gezien?**
h**e**bbuh y**oo**llee yuh k**ah**rt-yuhs	hep yuh muhn book KHez**ee**n
have you got your tickets?	have you seen my book?

Note that like 't (short for 'het'), the written forms **m'n** and **z'n** are only used in informal texts. So even though **mijn** is usually pronounced [muhn], it is generally spelled 'mijn', not 'm'n'.

Only **ons** has different forms for common gender and neuter nouns:

onze kroeg is erg populair (common gender)
onzuh kr**oo**KH is airKH pop**oo**l**a**yr
our bar is very popular

ons eten is koud geworden (neuter)
ons **ay**ten is k**o**wt KHev**o**rduh
our food has gone cold

Adverbs

In Dutch there is no distinction in form between adjectives and adverbs:

snel quick; quickly
mooi [moy] beautiful; beautifully

The comparative and superlative forms of the adjectives are also used adverbially:

sneller quicker, faster   **snelst** quickest, fastest

hij liep sneller dan zij   **hij liep het snelst**
hī leep sneller dan zī   hī leep uht snelst
he walked faster than her   he walked the fastest

Personal Pronouns

Subject Pronouns

ik	[ik]	I
jij (je)	[yī (yuh)]	you (sing, fam)
u	[ōō]	you (sing/pl, pol)
hij	[hī]	he
zij (ze)	[zī (zuh)]	she
het ('t)	[het (uht)]	it
wij (we)	[vī (vuh)]	we
jullie	[yōōllee]	you (pl, fam)
zij (ze)	[zī (zuh)]	they

The subject pronouns **je** (you), **ze** (she), **we** (we) and **ze** (they) are used when there is no particular emphasis on the pronoun:

ben je klaar?   **ze is op het strand**
yuh klahr   zuh is op uht strant
are you ready?   she is at the beach

we gaan met vakantie   **ze zijn net weg**
vuh KHahn met vahkansee   zuh zīn net veKH
we're going on holiday   they have just left

The subject pronouns **jij** (you), **zij** (she), **wij** (we) and **zij** (they) are used when emphasizing the pronoun:

jij hebt de afgelopen keer betaald
yī hebt duh **a**fкнelohpen kayr bet**ah**lt
you paid last time

zij wel, maar hij niet
zī vel mahr hī neet
she is, but he isn't

zij blijven thuis, maar wij gaan mee
zī bl**ī**vuh t**o**ws mahr vī кнahn may
they are staying at home, but we are coming

'It'

When translating 'it', use **het** for neuter nouns, but **hij** (he)
or **die** (that) for common gender nouns:

waar is je tasje? – ben je het kwijt? (neuter)
vahr is yuh **ta**shuh – ben yuh uht kvīt
where is your bag? – have you lost it?

met welke bus gaan we? – heb je hem al gezien? (common
gender)
met v**e**lkuh b**oo**s кнahn vuh – hep yuh uhm al кне**zee**n
which bus do we take? – have you seen it yet?

With prepositions (for example, 'on', 'through', 'by', 'with',
'from'), **er** is used to translate 'it':

zij was er door geschokeerd   **ik weet er niets van**
zī vas er dohr кнeshok**ay**rt   vayt er neets fan
she was shocked by it   I know nothing about it

hij wil er een fooi voor hebben
hī vil er uhn foy vohr h**e**bbuh
he wants to have a tip for it

The emphatic form is **daar**:

daar zullen we nog over nadenken
dahr z**oo**llen vuh noкн **oh**fer n**ah**denken
we'll have to give that some extra thought

'You'

U is the polite formal word for 'you' (whether speaking to one person or more than one). U may be dying out among the younger generation, but must be still be used when dealing with business contacts and on formal occasions.

The familiar singular **jij** (**je**) is used when speaking to someone you know. The Dutch are quite relaxed about using **je** in public, as well as with family, friends and children. The familiar plural word for 'you' is **jullie**. In generalizations, 'you' is translated by **je** whatever the context.

kunt u mij de weg wijzen? (sing, pol)
koont ∞ mī duh veкн vīzen
could you show me the way?

je weet nooit
yuh vayt noyt
you never know

Use of 'Men'

Men can be used in the following ways:

men zegt ...
zeкнt
they say ...

kan men hier auto's huren?
heer **ow**tos h∞ren
can you hire cars here?

in het algemeen draagt men geen zwemgoed op straat
in uht **a**lкнemayn drahкнt men кнayn zv**e**mкнoot op straht
generally, people don't wear swimwear in the street

Direct/Indirect Object Pronouns

mij (me*)	[mī (muh)]	me; to me
jou (je*)	[yow (yuh))]	you; to you (sing, fam)
u	[∞]	you; to you (sing/pl, pol)
hem ('m**)	[hem (uhm)]	him; to him
haar (ze*)	[hahr (zuh)]	her; to her
het ('t**)	[het (uht)]	it; to it
ons	[ons]	us; to us
jullie	[y∞llee]	you; to you (pl, fam)
hen (ze*)	[hen (zuh)]	them; to them

* The form in brackets is used when the pronoun is unstressed.

** The form in brackets is more commonly heard in spoken Dutch.

ik zag hem	**ik gaf het boek aan hem**
ik zaKH hem/uhm	ik KHaf uht book ahn hem
I saw him	I gave the book to him
ik heb ze gezien	**ze heeft het aan me gegeven**
hep zuh KHezeen	zuh hayft uht ahn muh KHeKHayvuh
I have seen her/them	she gave it to me

Reflexive Pronouns

Dutch uses reflexive pronouns (myself, yourself etc) in some cases where English does not, for example:

ik voel me niet lekker	**je moet je haasten**
fool muh neet	yuh moot yuh hahstuh
I don't feel well	you must hurry

The pronouns used are:

me	[muh]	myself
je	[yuh]	yourself (fam); yourselves (fam)
zich	[ziKH]	yourself (pol); yourselves (pol); himself; herself; itself; themselves
ons	[ons]	ourselves

Possessive Pronouns

Possessive pronouns (mine, yours etc) are as follows:

de/het mijne	[de/uht mīnuh]	mine
de/het jouwe	[de/uht yowuh]	yours (sing, fam)
de/het uwe	[de/uht oowuh]	yours (sing/pl, pol)
de/het zijne	[de/uht zīnuh]	his; its
de/het hare	[de/uht hahruh]	hers
de/het onze	[de/uht onzuh]	ours
de/het hunne	[de/uht hoonnuh]	theirs

dit is mijn tent, en dat is de jouwe

dit is mīn tent en dat is de y**ow**uh

this is my tent, and that is yours

But you have to say:

die/dat van jullie [dee/dat van y**oo**llee] yours (pl, fam)

In practice, the **mijne/jouwe** etc form is used interchangeably with the **die/dat van** form, the latter requiring the emphatic form of the object pronoun:

die/dat van mij	[dee/dat fan mī]	mine
die/dat van jou	[dee/dat fan y**ow**]	yours (sing, fam)
die/dat van u	[dee/dat fan ∞]	yours (sing/pl, pol)
die/dat van hem	[dee/dat fan hem]	his
die/dat van haar	[dee/dat fan hahr]	hers
die/dat van ons	[dee/dat fan ons]	ours
die/dat van jullie	[dee/dat fan y**oo**llee]	yours (pl, fam)
die/dat van hen	[dee/dat fan hen]	theirs

For example:

jouw koffer is zwaar, maar de mijne/die van mij niet
  (common gender)

y**ow** k**o**ffer is zvahr mahr de mīnuh/dee van mī neet

your suitcase is heavy, but mine isn't

jouw jack is blauw, maar het hare/dat van haar is roze
  (neuter)

y**ow** yek is bl**ow** mahr uht h**ah**ruh/dat van hahr is r**o**zuh

your jacket is blue, but hers is pink

Verbs

The basic form of Dutch verbs (the infinitive) usually ends in **–en** or **–n**. This is the form given in the English-Dutch section of this book.

Present Tense

The present tense is formed by removing the infinitive ending (**-en**, **-n**) to obtain the verb stem, and then adding **–t** or **–en** as follows. Note that **–t** is not added if the stem already ends in **–t**, but it is added if the stem ends in **-d**. **U** takes the same ending as **jij**, whether it is singular or plural.

The spelling guidelines given in the section on plural nouns (page 10) also apply to verbs. For example, a double vowel may become single when another syllable is added, or a double consonant may be necessary to keep the vowel short.

gaan	**praten**	**betalen**	**rijden**
(to go)	(to talk)	(to pay)	(to ride, to drive)
KHahn	pratuh	betahluh	rīduh
ik ga	**ik praat**	**ik betaal**	**ik rijd**
KHah	praht	betahl	rīt
jij gaat	**jij praat**	**jij betaalt**	**jij rijdt**
(sing, fam)	(sing, fam)	(sing, fam)	(sing, fam)
KHaht	praht	betahlt	rīt
u gaat	**u praat**	**u betaalt**	**u rijdt**
(sing/pl, pol)	(sing/pl, pol)	(sing/pl, pol)	(sing/pl, pol)
hij gaat	**hij praat**	**hij betaalt**	**hij rijdt**
zij gaat	**zij praat**	**zij betaalt**	**zij rijdt**
wij gaan	**wij praten**	**wij betalen**	**wij rijden**
KHahn	prahten	betahlen	rīduh
jullie gaan	**jullie praten**	**jullie betalen**	**jullie rijden**
(pl, fam)	(pl, fam)	(pl, fam)	(pl, fam)
zij gaan	**zij praten**	**zij betalen**	**zij rijden**

Dutch words don't end in **–v** or **–z**; **–f** or **–s** are used to replace these letters when forming the present tense:

geloven to believe	**ik geloof, jij gelooft, wij geloven**
KHel**ohv**uh	ik KHel**ohf**, yī KHel**ohf**t, vī KHel**ohv**uh
leven to live	**ik leef, jij leeft, wij leven**
layvuh	ik layf, yī layft, vī **lay**vuh
schrijven to write	**ik schrijf, jij schrijft, wij schrijven**
sKHr**ī**vuh	ik sKHr**ī**f, yī sKHr**ī**ft, vī sKHr**ī**vuh
kiezen to choose	**ik kies, jij kiest, wij kiezen**
keezuh	ik kees, yī keest, vī **kee**zuh
lezen to read	**ik lees, jij leest, wij lezen**
layzuh	ik lays, yī layst, vī **lay**zuh

Some common verbs are irregular:

zijn to be
zīn

ik ben	I am
jij bent	you are (sing, fam)
u bent	you are (sing/pl, pol)
hij/zij/het is	he/she/it is
wij zijn	we are
jullie zijn	you are (pl, fam)
zij zijn	they are

zullen will (for future)
z**oo**lluh

ik zal	I will
jij zult (zal)	you will (sing, fam)
z**oo**lt (zal)	
u zult	you will (sing/pl, pol)
hij/zij/het zal	he/she/it will
wij zullen	we will
jullie zullen	you will (pl, fam)
zij zullen	they will

hebben to have
hebbuh

ik heb	I have
jij hebt	you have (sing, fam)
u hebt	you have (sing/pl, pol)
hij/zij/het heeft	he/she/it has
hayft	
wij hebben	we have
jullie hebben	you have (pl, fam)
zij hebben	they have

kunnen to be able to, can
k**oo**nnuh

ik kan	I can
jij kunt (kan)	you can (sing, fam)
u kunt	you can (sing/pl, pol)
hij/zij/het kan	he/she/it can
wij kunnen	we can
jullie kunnen	you can (pl, fam)
zij kunnen	they can

Past Tense – Weak Verbs

Dutch verbs are divided into 'strong' and 'weak' verbs according to the way in which they form the past tense and the past participle. Weak verbs form the past tense by adding –de and –den, or –te and –ten to the stem.

spelen to play	
sp**ay**luh	
ik speelde	I played
sp**ay**lduh	
jij speelde	you played (sing, fam)
u speelde	you played (sing/pl, pol)
hij/zij/het speelde	he/she/it played
wij speelden	we played
sp**ay**lduh	
jullie speelden	you played (pl, fam)
zij speelden	they played

wonen to live	
vohnuh	
ik woonde	I lived
vohnduh	
jij woonde	you lived (sing, fam)
u woonde	you lived (sing/pl, pol)
hij/zij/het woonde	he/she/it lived
wij woonden	we lived
vohnduh	
jullie woonden	you lived (pl, fam)
zij woonden	they lived

werken to work	
vairkuh	
ik werkte	I worked
vairktuh	
jij werkte	you worked (sing, fam)
u werkte	you worked (sing/pl, pol)
hij/zij/het werkte	he/she/it worked
wij werkten	we worked
vairktuh	
jullie werkten	you worked (pl, fam)
zij werkten	they worked

fietsen to cycle	
feetsuh	
ik fietste	I cycled
feetstuh	
jij fietste	you cycled (sing, fam)
u fietste	you cycled (sing/pl, pol)
hij/zij/het fietste	he/she cycled
wij fietsten	we cycled
feetstuh	
jullie fietsten	you cycled (pl, fam)
zij fietsten	they cycled

Perfect Tense – Weak Verbs

The perfect tense is formed by using the appropriate form of
an auxiliary verb (the present tense of either **hebben** or **zijn**,
see page 24) with the past participle. Weak verbs form the
past participle by adding **ge-** and **–t** or **–d** to the stem:

wij hebben te lang gewacht   (wachten)
hebbuh te lang KHewaKHt
we have waited too long

hij heeft altijd op kantoor gewerkt   (werken)
hī hayft altīt op kantohr KHewairkt
he's always worked in an office

wij hebben door heel nederland gereisd (reizen)
vī hebbuh dohr hayl nayderlant KHerīst
we travelled all over Holland

-d or -t?

To decide whether to spell the past participle with a **–d** or
–t, take the first person singular of the simple past:

koken to cook	**zonnen** to sunbathe
ik kookte	**ik zonde**
ik heb gekookt	**ik heb gezond**

Past and Perfect Tenses – Strong Verbs

Strong verbs are verbs which change the vowel and pronunciation of the stem in the past and perfect tenses. In the past
tense, nothing is added to the new stem in the singular, but
–en is added in the plural:

blijven	[blīvuh]	to stay
ik bleef	[blayf]	I stayed
jij bleef		you stayed (sing, fam)
u bleef		you stayed (sing/pl, pol)
wij bleven	[blayvuh]	we stayed
jullie bleven		you stayed (pl fam)
zij bleven		they stayed
hij/zij/het bleef		he/she/it stayed

The past participle of strong verbs is formed by adding **ge-**
and **–en** to the new stem, but where the first syllable of the
stem is unstressed, no **ge-** is added.

Here is a list of common strong and irregular verbs:

infinitive		perfect tense, sg/pl	past participle
beginnen	begin	**begon, begonnen**	**begonnen**
beKH**i**nnuh		beKH**o**n, beKH**o**nnuh	beKH**o**nnuh
begrijpen	understand	**begreep, begrepen**	**begrepen**
beKHr**ī**puh		beKHr**ay**p, beKHr**ay**puh	beKHr**ay**puh
bewegen	move	**bewoog, bewogen**	**bewogen**
bev**ay**KHuh		bev**oh**KH, bev**oh**KHuh	bev**oh**KHuh
bieden	offer	**bood, boden**	**geboden**
b**ee**duh		bohd, b**oh**duh	KHeb**oh**duh
bijten	bite	**beet, beten**	**gebeten**
b**ī**tuh		bayt, b**ay**tuh	KHeb**ay**tuh
blijken	seem	**bleek, bleken**	**gebleken**
bl**ī**kuh		blayk, bl**ay**kuh	KHebl**ay**kuh
blijven	stay	**bleef, bleven**	**gebleven**
bl**ī**vuh		blayf, bl**ay**vuh	KHebl**ay**vuh
brengen	bring	**bracht, brachten**	**gebracht**
br**e**nguh		brakHt, br**a**KHtuh	KHebr**a**KHt
buigen	bend	**boog, bogen**	**gebogen**
b**ow**KHuh		bohKH, b**oh**KHuh	KHeb**oh**KHuh
denken	think	**dacht, dachten**	**gedacht**
d**e**nkuh		dakHt, d**a**KHtuh	KHed**a**KHt
doen	do	**deed, deden**	**gedaan**
doon		dayt, d**ay**duh	KHed**ah**n
dragen	wear	**droeg, droegen**	**gedragen**
dr**ah**KHuh		dro**o**KH, dr**oo**KHuh	KHedr**ah**KHuh
drinken	drink	**dronk, dronken**	**gedronken**
dr**i**nkuh		dronk, dr**o**nkuh	KHedr**o**nkuh
eten	eat	**at, aten**	**gegeten**
aytuh		at, **ah**tuh	KHeKH**ay**tuh
gaan	go	**ging, gingen**	**gegaan**
KH**ah**n		KHing, KH**i**nguh	KHeKH**ah**n

27

genezen	cure	genas, genazen	genezen
KHen**ay**zuh		KHen**a**s, KHen**ah**zuh	KHen**ay**zuh
geven	give	gaf, gaven	gegeven
KH**ay**vuh		KH**a**f, KH**ah**vuh	KHeKH**ay**vuh
grijpen	grasp	greep, grepen	gegrepen
KHr**ī**puh		KHr**ay**p, KHr**ay**puh	KHeKHr**ay**puh
hangen	hang	hing, hingen	gehangen
h**a**nguh		h**i**ng, h**i**nguh	KHeh**a**nguh
hebben	have	had, hadden	gehad
h**e**bbuh		h**a**t, h**a**dduh	KHeh**a**t
helpen	help	hielp, hielpen	geholpen
h**e**lpuh		h**ee**lp, h**ee**lpuh	KHeh**o**lpuh
houden	hold	hield, hielden	gehouden
h**ow**duh		h**ee**lt, h**ee**lduh	KHeh**ow**duh
kiezen	choose	koos, kozen	gekozen
k**ee**zuh		k**oh**s, k**oh**zuh	KHek**o**zuh
kijken	look	keek, keken	gekeken
k**ī**kuh		k**ay**k, k**ay**kuh	KHek**ay**kuh
klimmen	climb	klom, klommen	geklommen
kl**i**mmuh		kl**o**m, kl**o**mmuh	KHekl**o**mmuh
komen	come	kwam, kwamen	gekomen
k**oh**muh		kv**a**m, kv**ah**muh	KHek**oh**muh
kopen	buy	kocht, kochten	gekocht
k**oh**puh		ko**KH**t, ko**KH**tuh	KHeko**KH**t
krijgen	get	kreeg, kregen	gekregen
kr**ī**KHuh		kr**ay**KH, kr**ay**KHuh	KHekr**ay**KHuh
kunnen	be able to	kon, konden	gekund
k**oo**nnuh		k**o**n, k**o**nduh	KHek**oo**nt
laten	let, allow	liet, lieten	gelaten
l**ah**tuh		l**ee**t, l**ee**tuh	KHel**ah**tuh
lezen	read	las, lazen	gelezen
l**ay**zuh		l**a**s, l**ah**zuh	KHel**ay**zuh
liggen	lie	lag, lagen	gelegen
l**i**KHuh		l**a**KH, l**ah**KHuh	KHel**ay**KHuh
lopen	run	liep, liepen	gelopen
l**oh**puh		l**ee**p, l**ee**puh	KHel**oh**puh

nemen	take	nam, namen	genomen
naymuh		nam, nahmuh	KHenohmuh
rijden	drive	reed, reden	gereden
rīduh		rayt, rayduh	KHKHerayduh
ruiken	smell	rook, roken	geroken
rowkuh		rohk, rohkuh	KHerohkuh
schieten	shoot	schoot, schoten	geschoten
sKHeetuh		sKHoht, sKHohtuh	KHesKHohtuh
schrijven	write	schreef, schreven	geschreven
sKHrīvuh		sKHrayf, sKHrayvuh	KHesKHrayvuh
slaan	beat	sloeg, sloegen	geslagen
slahn		slooKH, slooKHuh	KHeslahKHuh
slapen	sleep	sliep, sliepen	geslapen
slahpuh		sleep, sleepuh	KHeslahpuh
sluiten	close	sloot, sloten	gesloten
slowtuh		sloht, slohtuh	KHeslohtuh
spreken	speak	sprak, spraken	gesproken
spraykuh		sprak, sprahkuh	KHesprohkuh
staan	stand	stond, stonden	gestaan
stahn		stont, stonduh	KHestahn
stelen	steal	stal, stalen	gestolen
stayluh		stal, stahluh	KHestohluh
treffen	hit; meet	trof, troffen	getroffen
treffuh		trof, troffuh	KHetroffuh
trekken	pull	trok, trokken	getrokken
trekkuh		trok, trokkuh	KHetrokkuh
vallen	fall	viel, vielen	gevallen
valluh		veel, veeluh	KHevalluh
vangen	catch	ving, vingen	gevangen
vang-uh		ving, ving-uh	KHevang-uh
verbieden	forbid	verbood, verboden	verboden
verbeeduh		verboht, verbohduh	verbohduh
vergeten	forget	vergat, vergaten	vegeten
verKHaytuh		verKHat, verKHahtuh	verKHaytuh
verlaten	leave	verliet, verlieten	verlaten
verlahtuh		verleet, verleetuh	verlahtuh

verliezen	lose	verloor, verloren	verloren
verl**ee**zuh		verl**oh**r, verl**oh**ruh	verl**oh**ruh
vinden	find	vond, vonden	gevonden
v**i**nduh		vond, v**o**nduh	KHev**o**nduh
vliegen	fly	vloog, vlogen	gevlogen
vl**ee**KHuh		vl**oh**KH, vl**oh**KHuh	KHevl**oh**KHuh
vragen	ask	vroeg, vroegen	gevraagd
vr**ah**KHuh		vr**oo**KH, vr**oo**KHuh	KHevr**ah**KHt
vriezen	freeze	vroor, vroren	gevroren
vr**ee**zuh		vr**oh**r, vr**oh**ruh	KHevr**oh**ruh
wegen	weigh	woog, wogen	gewogen
v**ay**KHuh		v**oh**KH, v**oh**KHuh	KHev**oh**KHuh
werpen	throw	wierp, wierpen	geworpen
v**ai**rpuh		v**ee**rp, v**ee**rpuh	KHev**o**rpuh
weten	know	wist, wisten	geweten
v**ay**tuh		v**i**st, v**i**stuh	KHev**ay**tuh
wijzen	point out	wees, wezen	gewezen
v**ī**zuh		v**ay**s, v**ay**zuh	KHev**ay**zuh
worden	become	werd, werden	geworden
v**o**rduh		v**ai**rd, v**ai**rduh	KHev**o**rduh
zeggen	say	zei, zeiden	gezegd
z**e**KHuh		z**ī**, z**ī**duh	KHez**e**KHt
zenden	send	zond, zonden	gezonden
z**e**nduh		zont, z**o**nduh	KHez**o**nduh
zien	see	zag, zagen	gezien
zeen		zaKH, z**ah**KHuh	KHez**ee**n
zijn	be	was, waren	geweest
zīn		vas, v**ah**ruh	KHev**ay**st
zitten	sit	zat, zaten	gezeten
z**i**ttuh		zat, z**ah**tuh	KHez**ay**tuh
zoeken	look for	zocht, zochten	gezocht
z**oo**kuh		zoKHt, z**o**KHtuh	KHez**o**KHt
zullen	will (future)	zou, zouden	–
z**oo**lluh		zow, z**o**wduh	
zwemmen	swim	zwom, zwommen	gezwommen
zv**e**mmuh		zvom, zv**o**mmuh	KHezv**o**mmuh

'Zijn' or 'Hebben'?

In the perfect tense, the auxiliary verb used is either **zijn** or **hebben**. Transitive verbs, i.e. those which have a direct object, always take **hebben**:

ik heb het gedaan	hij heeft het gekocht
hep uht KHedahn	hī hayft uht KHekokHt
I did it	he bought it

Intransitive verbs (those not taking a direct object) take **hebben** if they express a continuing action or condition, and **zijn** if they imply a change of state or condition. The verbs **zijn**, **worden** and **blijven**, however, always take **zijn**:

ik ben naar de bioscoop geweest	ik heb lekker geslapen
nahr duh bioskohp KHevayst	ik hep lekker KHeslahpuh
I have been to the cinema	I slept well

zij is nog nooit zo bruin geweest
zī is noKH noyt zo brOwn KHevayst
she has never been this tanned

deze dienst is veel beter geworden
dayzuh deenst is vayl bayter KHevorduh
this service has improved a lot

wij zijn in Amsterdam gebleven
vī zīn in Amsterdam KHeblayvuh
we stayed in Amsterdam

Future Tense

The future tense is formed by using the auxiliary verb **zullen** (see page 24) plus the infinitive:

ik zal het doen	we zullen zien
doon	vuh zOOllen zeen
I will do it	we will see

The present is often used to express future ideas:

ik kom zo
I'll be right there

Imperatives

The imperative is used to express a command such as 'come here', 'let's go' etc. The stem of the verb is used as the imperative for the familiar **je** (sing) or **jullie** (pl) forms:

vraag het hem	**ga zitten**	**kom hier!**
frahKH	KHah **zi**tten	heer
ask him	sit down	come here

But the verb 'to be' (**zijn**) is different:

wees niet te laat
vays neet tuh laht
don't be too late

With the polite **u** form, a **–t** is added to the verb stem:

gaat u zitten, mijnheer
KHaht oo **zi**tten men**ayr**
take a seat, sir

Negatives

Verbs are made negative by using the word **niet**:

ik rook niet	**ik begreep het niet**
rohk neet	beKH**rayp** uht neet
I don't smoke	I didn't understand

ik heb het niet gedaan	**ik heb de trein niet gemist**
hep uht neet KHed**ahn**	ik hep duh trīn neet KHem**is**t
I didn't do it	I haven't missed the train

'Not any' or 'none' is **geen**:

er gaan geen bussen om deze tijd
air KHahn KHayn b**oo**ssuh om **day**zuh tīt
there are no buses at this time

Questions

In questions, verb and pronoun are inverted:

heeft hij het gedaan?　**zullen we gaan?**
hayft hī uht KHed**ah**n　z**oo**llen vuh KH**ah**n
has he done it?　shall we go?

kunnen we een andere kamer krijgen?
k**oo**nnuh vuh uhn **a**nderuh k**ah**mer krī̄KHen
can we have another room?

In questions using **jij/je** (you), the final **–t** is dropped from the auxiliary verb:

waar ben je geweest?
vahr ben yuh KHev**ay**st
where have you been?

Dates

Dates are expressed using ordinal numbers (see page 35):

één juli　**op één juli**
ayn y**oo**li　on the first of July
the first of July

twintig maart　**op twintig maart**
tv**i**ntikH mahrt　on the twentieth of March
the twentieth of March

Days

Sunday zondag [z**o**ndaKH]
Monday maandag [m**ah**ndaKH]
Tuesday dinsdag [d**i**nsdaKH]
Wednesday woensdag [v**oo**nsdaKH]

Thursday donderdag [d**o**nder-
daKH]
Friday vrijdag [v**rī**daKH]
Saturday zaterdag [z**ah**terdaKH]

Months

January januari [**ya**nooahri]
February februari [**fay**brooahri]
March maart [mahrt]
April april [**ahp**ril]
May mei [mī]
June juni [**yoo**ni]
July juli [**yoo**li]
August augustus [owkH**oo**stoos]
September september
October oktober
November november
December december

Time

what time is it? hoe laat is
  het? [hoo laht is uht]
it's one o'clock het is één
  uur [ayn oor]
it's ten o'clock het is tien
  uur [teen]
five past one vijf over één
  [vīf ohver ayn]
ten past two tien over twee
  [teen ohver tvay]
twenty past one** twintig
  over één [t**vin**tikH ohver ayn]
quarter past one kwart over
  één [kvahrt ohver ayn]
quarter past two kwart over
  twee [tvay]
half past one* half twee
  [hal-f]
half past two* half drie [dree]

ten to two tien voor twee
  [teen foor tvay]
twenty to ten twintig voor
  tien [t**vin**tikH]
quarter to two kwart voor
  twee [kvahrt]
quarter to ten kwart voor
  tien [teen]
at one o'clock om één uur
  [ayn oor]
at ten o'clock om tien uur
  [teen]
at half past ten* om half elf
  [hal-f]
14.00 twee uur [tvayoor]
17.30 half zes [hal-f zes]
noon twaalf uur 's middags
  [tvahlf oor smiddakHs]
midnight middernacht [mid-
  dern**a**kHt]
am 's morgens [sm**or**kHens]
pm 's middags [smiddakHs]
an hour een uur [oor]
a minute een minuut [min**oo**t]
a second een seconde [sek**on**-
  duh]
a quarter of an hour een
  kwartier [kvar**teer**]
half an hour een half uur
  [hal-f oor]
three quarters of an hour
  drie kwartier [dree kvar**teer**]

* The half hour always refers
to the following hour rather
than the previous one: 'half

past one' is **half twee** (literally– 'half two' meaning 'half before two').

** People also refer to the time in relation to the half hour: 1.20 can be either **twintig over een** 'twenty past one' or **tien voor half twee** 'ten to half past one'.

Note: to indicate that the word **een** means 'one', it may be given accents.

Numbers

0	nul [nool]	
1	een, één [ayn]	
2	twee [tvay]	
3	drie [dree]	
4	vier [feer]	
5	vijf [vīf]	
6	zes	
7	zeven [zayvuh]	
8	acht [aкнt]	
9	negen [nayкнuh]	
10	tien [teen]	
11	elf	
12	twaalf [tvahlf]	
13	dertien [dairteen]	
14	veertien [vayrteen]	
15	vijftien [vīfteen]	
16	zestien [zesteen]	
17	zeventien [zayventeen]	
18	achttien [aкнteen]	
19	negentien [nayкнenteen]	

20	twintig [tvintiкн]
21	eenentwintig [aynentvintiкн]
22	tweeëntwintig [tvayentvintiкн]
30	dertig [dairtiкн]
31	eenendertig [aynendertiкн]
32	tweeëndertig [tvayendairtiкн]
40	veertig [vayrtiкн]
50	vijftig [vīftiкн]
60	zestig [zestiкн]
70	zeventig [zayventiкн]
80	tachtig [taкнtiкн]
90	negentig [nayкнentiкн]
100	honderd [hondert]
101	honderd een [ayn]
110	honderd tien [teen]
200	twee honderd [tvay]
1,000	duizend [dowzend]
1,000,000	
	een miljoen [ayn milyoon]

Ordinals

1st	eerste [ayrstuh]	
2nd	tweede [tvayduh]	
3rd	derde [dairduh]	
4th	vierde [veerduh]	
5th	vijfde [vīfduh]	
6th	zesde [zesduh]	
7th	zevende [zayvenduh]	
8th	achtste [aкнtstuh]	
9th	negende [nayкнenduh]	
10th	tiende [teenduh]	

Basic Phrases

yes
ja
ya

no
nee
nay

OK
oké

hello
hallo

good morning
goedemorgen
KHOOyuh-**mor**KHuh

good evening
goedenavond
KHOOyuh-**ah**vont

good night
goedenacht
KHOOyuh-**na**KHt

goodbye
tot ziens
zeens

please
alstublieft
alst∞bleeft

yes, please
ja, graag
ya KHrahKH

thank you
(pol) dank u wel
∞ vel
(fam) dankjewel
d**a**nk-yevel

thanks
bedankt

no, thanks
nee, bedankt
nay

thank you very much
(pol) dank u vriendelijk
∞ vr**ee**ndelik
(fam) dank je vriendelijk
yuh

don't mention it
graag gedaan
KHrahKH KHed**ah**n

how do you do?
aangenaam kennis te maken
ahnkHenahm k**e**nnis tuh m**ah**kuh

how are you?
hoe gaat het met u?
hoo KHaht uht met ∞

fine, thanks
uitstekend, dank u
∞wtst**ay**kent

pleased to meet you
aangenaam (kennis te maken)
ahnkHenahm (k**e**nnis tuh m**ah**kuh)

excuse me
(to get past, to get attention)
pardon
(to say sorry) neemt u mij niet
 kwalijk
naymt ∞ mī neet kv**ah**lik

(I'm) sorry sorry

sorry?
(didn't understand) pard**o**n, wat
 zei u?
vat zī ∞

I see/I understand
ik begrijp het
beкнг**ī**p

I don't understand
ik begrijp het niet
neet

do you speak English?
spreekt u Engels?
spraykt ∞

I don't speak Dutch
ik spreek geen Nederlands
sprayk кнayn n**ay**derlants

could you speak more slowly?
kunt u wat langzamer
 spreken?
koont ∞ vat l**a**nkzahmer spr**ay**kuh

could you repeat that?
zou u dat kunnen herhalen?
z**o**w ∞ dat k**oo**nnuh herh**ah**luh

could you write it down?
kunt u het opschrijven?
koont ∞ uht **o**psкнгīvuh

I'd like ...
ik wil graag ...
vil кнг**ah**кн

can I have a ...?
mag ik een ... (hebben)?
maкн ik uhn ... (h**e**bbuh)

do you have ...?
heeft u ...?
hayft ∞

how much is it?
wat kost het?
vat

cheers!
(toast) proost!
prohst
(thanks) bed**a**nkt!

it is ...
het is ...

where is ...?
waar is ...?
vahr

is it far from here?
is het ver hier vandaan?
vair heer vand**ah**n

Conversion Tables

1 centimetre = 0.39 inches	1 inch = 2.54 cm
1 metre = 39.37 inches = 1.09 yards	1 foot = 30.48 cm
1 kilometre = 0.62 miles = 5/8 mile	1 yard = 0.91 m
	1 mile = 1.61 km

km	1	2	3	4	5	10	20	30	40	50	100
miles	0.6	1.2	1.9	2.5	3.1	6.2	12.4	18.6	24.8	31.0	62.1

miles	1	2	3	4	5	10	20	30	40	50	100
km	1.6	3.2	4.8	6.4	8.0	16.1	32.2	48.3	64.4	80.5	161

1 gram = 0.035 ounces	1 kilo = 1000 g = 2.2 pounds

g	100	250	500	1 oz = 28.35 g
oz	3.5	8.75	17.5	1 lb = 0.45 kg

kg	0.5	1	2	3	4	5	6	7	8	9	10
lb	1.1	2.2	4.4	6.6	8.8	11.0	13.2	15.4	17.6	19.8	22.0

kg	20	30	40	50	60	70	80	90	100
lb	44	66	88	110	132	154	176	198	220

lb	0.5	1	2	3	4	5	6	7	8	9	10	20
kg	0.2	0.5	0.9	1.4	1.8	2.3	2.7	3.2	3.6	4.1	4.5	9.0

1 litre = 1.75 UK pints / 2.13 US pints

1 UK pint = 0.57 l	1 UK gallon = 4.55 l
1 US pint = 0.47 l	1 US gallon = 3.79 l

centigrade / Celsius $°C = (°F - 32) \times 5/9$

°C	-5	0	5	10	15	18	20	25	30	36.8	38
°F	23	32	41	50	59	64	68	77	86	98.4	100.4

Fahrenheit $°F = (°C \times 9/5) + 32$

°F	23	32	40	50	60	65	70	80	85	98.4	101
°C	-5	0	4	10	16	18	21	27	29	36.8	38.3

English

→

Dutch

A

a, an* een [uhn], 'n
about: about 20 ongeveer twintig [onKHevayr]
 it's about 5 o'clock het is ongeveer vijf uur [oor]
 a film about Holland een film over Nederland [ohver]
above boven [bohvuh]
abroad het buitenland [bowtuhlant]
absolutely! (I agree) zeker! [zayker]
absorbent cotton de watten [vattuh]
accelerator het gaspedaal [KHaspedahl]
accept accepteren [akseptayruh]
accident het ongeluk [onKHelook]
 there's been an accident er is een ongeluk gebeurd [KHeburt]
accommodation de kamers [kahmers]
 see room
accurate precies [presees]
ache de pijn [pīn]
 my back aches mijn rug doet pijn [muhn rooKH doot]
across: across the road aan de overkant van de straat [ahn duh ohverkant van duh straht]
adapter de adapter
address het adres
 what's your address? wat is uw adres? [vat is oo]

Addresses are written as follows:

Dhr. A. Sinkeldam
Haarlemmerstraat 15-III
1078 KE
Amsterdam Zuid

The above address indicates that the addressee lives in the third-floor (US fourth-floor) apartment at number 15, Haarlemmerstraat. Dutch postcodes can be found in the directories kept at post offices; note that complete codes have a two-letter indicator.

address book het adresboek [adresbook]
adhesive tape het plakband [plakbant]
admission charge de toegangsprijs [tooKHangspris]
adult de volwassene [volvassenuh]
advance: in advance vooruit [vohrowt]
aeroplane het vliegtuig [vleeKHtowKH]
after na
 after you na u [oo]
 after lunch na het middageten [middaKH-aytuh]
afternoon de middag [middaKH]
 in the afternoon 's middags [smiddaKHs]
 this afternoon vanmiddag [vanmiddaKH]

aftershave de aftershave
aftersun cream de aftersun crème [aftersOOn krem]
afterwards naderhand [nahderhant]
again opnieuw [opnew]
against tegen [tayKHuh]
age de leeftijd [layftit]
ago: a week ago een week geleden [uhn vayk KHelayduh]
an hour ago een uur geleden [OOr]
agree: I agree ik ben het er mee eens [may ayns]
AIDS de AIDS
air de lucht [lOOKHt]
by air per vliegtuig [vleeKHtowKHt]
air-conditioning de air-conditioning
airmail: by airmail per luchtpost [lOOKHtposst]
airmail envelope de luchtpost-enveloppe [–envelop]
airplane het vliegtuig [vleeKHtowKHt]
airport het vliegveld [vleeKHvelt]
to the airport, please naar het vliegveld, alstublieft [nahr – alstOObleeft]
airport bus de bus naar het vliegveld [bOOs]
aisle seat de plaats bij het middenpad [plahts bī uht midduhpat]
alarm clock de wekker [vekker]

alcohol alcohol
alcoholic: is it alcoholic? bevat het alcohol? [bevat]
all alle [alluh]
all of it alles
all of them allemaal [allemahl]
that's all, thanks dat is alles, dank u wel [OO vel]
allergic: I'm allergic to ... ik ben allergisch voor ... [allairKHees vohr]
allowed: is it allowed? is het toegestaan? [tooKHestahn]
all right goed [KHoot]
I'm all right met mij gaat het goed [mī KHaht uht KHoot]
are you all right? gaat het? [KHaht uht]
almond de amandel
almost bijna [bīna]
alone alleen [allayn]
alphabet het alfabet

a	[ah]	j	[yay]	s	[es]
b	[bay]	k	[ka]	t	[tay]
c	[say]	l	[el]	u	[OO]
d	[day]	m	[em]	v	[vay]
e	[ay]	n	[en]	w	[way]
f	[ef]	o	[o]	x	[ix]
g	[KHay]	p	[pay]	y	[ī]
h	[ha]	q	[kOO]	z	[zet]
i	[ee]	r	[air]		

already al
also ook [ohk]
although hoewel [hoovel]
altogether helemaal [haylemahl]
always altijd [altīt]

am*: I am ik ben
am: at 7am 's morgens om zeven uur [smorkHuhs – zayvuh ꝏr]
amazing (very good) verbazingwekkend [verbazing-vekkent]
that's amazing! (surprising) hoe is het mogelijk! [hoo is uht mohkHelik]
ambulance de ziekenwagen [zeekuh-vakHuh]
call an ambulance! bel een ziekenwagen!

The general emergency number is 112.

America Amerika [amayrika]
American Amerikaans [amayrikahns]
I'm American ik kom uit Amerika [owt]
among onder
amount de hoeveelheid [hoovaylhit]
(money) het bedrag [bedrakH]
amp: a 13-amp fuse een stop van dertien ampère [dairteen ampairuh]
and en
angry boos [bohs]
animal het dier [deer]
ankle de enkel
anniversary (wedding) de trouwdag [trowdakH]
annoy: this man's annoying me deze man valt me lastig [dayzuh man valt muh lastikH]
annoying vervelend [vervaylent]
another (a different one) een ander
(one more) nog een [nokH ayn]
can we have another room? kunnen we een andere kamer krijgen? [koonnuh vuh uhn anderuh kahmer krīkHuh]
another beer, please nog een bier, alstublieft [nokH uhn beer alstꝏbleeft]
antibiotics antibiotica [antibi-ohtica]
antifreeze het antivriesmiddel [antivreesmiddel]
antihistamine tablets de antihistamine-tabletten [antihistameenuh-tablettuh]
antique: is it an antique? is het antiek? [anteek]
antique shop de antiekwinkel [anteekvinkel]
antiseptic antiseptisch [antiseptees]
any: have you got any bread/tomatoes? heeft u ook brood/tomaten? [hayft ꝏ ohk]
sorry, I don't have any ... het spijt me, ik heb geen ... [spīt muh ik hep kHayn]
anybody iemand [eemant]
does anybody speak English? spreekt er iemand Engels? [spraykt]
there wasn't anybody there er was niemand [vas neemant]
anything iets [eets]

dialogues

anything else? nog iets (anders)? [noKH]

nothing else, thanks nee dat is alles, dank u wel [nay das **a**lles dank ∞ vel]

would you like anything to drink? wilt u iets drinken? [vilt ∞ eets]

I don't want anything, thanks nee, dank u wel

apart from afgezien van [af**K**Hezeen]

apartment de flat

apartment block het flatgebouw [flet**K**Hebow]

aperitif de aperitief [apayrit**ee**f]

apology de verontschuldiging [veront-skH**oo**ldikHing]

appendicitis de blindedarmontsteking [blinduh-**d**armontstayking]

appetizer het voorgerecht [**voh**rkHerekHt]

apple de appel [**a**ppel]

appointment de afspraak [**a**fsprahk]

dialogue

good morning, how can I help you? goedemorgen, waar kan ik u mee van dienst zijn? [kH**oo**dem**o**rkHuh vahr kan ik ∞ may van deenst zīn]

I'd like to make an appointment ik wil graag een afspraak maken [vil kHrahkH uhn **a**fsprahk m**ah**kuh]

what time would you like? hoe laat wilt u komen? [hoo laht vilt ∞]

three o'clock om drie uur [∞r]

I'm afraid that's not possible, is four o'clock all right? dat is helaas niet mogelijk, is vier uur goed? [hel**ah**s neet moh**k**Helik is veer ∞r kHoot]

yes, that will be fine ja, dat is goed [ya]

the name was ...? en uw naam was ...? [∞ nahm vas]

apricot de abrikoos [abrik**oh**s]

April april [ahpr**il**]

are*: we are wij zijn [vī zīn]

you are (pol) u bent [∞]

(sing, fam) jij bent [yī]

they are zij zijn [zī zīn]

area het gebied [kHeb**ee**t]

area code het netnummer [**net**noommer]

arm de arm

arrange: will you arrange it for us? regelt u het voor ons? [**ray**kHelt ∞ uht vohr]

arrival de aankomst [**ah**nkomst]

arrive aankomen [**ah**nkomuh]

when do we arrive? wanneer komen we aan? [v**a**nnayr k**o**hmuh vuh ahn]

has my fax arrived yet? is

Ap

mijn fax al gearriveerd? [mīn fax al KHuh-arriv**ayr**t]

we arrived today wij zijn vandaag aangekomen [vī zīn vand**ah**KH **ah**nKHekomuh]

art de kunst [k**oo**nst]

art gallery de kunstgalerij [k**oo**nst-KH**ah**lerī]

artist (man/woman) de kunstenaar/kunstenares [k**oo**nstenahr/k**oo**nstenar**es**]

as: as big as zo groot als [KHroht]

as soon as possible zo snel mogelijk [m**oh**KHelik]

ashtray de asbak

ask vragen [vra**KH**uh]

I didn't ask for this ik heb hier niet om gevraagd [hep heer neet om KHevr**ah**KHt]

could you ask him to ...? kunt u hem vragen of hij ...? [koont oo uhm vr**ah**KHuh of ee]

asleep: she's asleep ze slaapt [zuh slahpt]

aspirin de aspirine [aspir**ee**nuh]

asthma astma

astonishing verbazingwekkend [verbazing-v**ek**kent]

at: at the hotel in het hotel

at the station op het station [stash**on**]

at six o'clock om zes uur [**oo**r]

at Jan's bij Jan [bī]

athletics atletiek [atlet**eek**]

ATM de ATM [ah-tay-**em**]

attractive aantrekkelijk [ahntr**ek**kelik]

aubergine de aubergine [ohber**J**eenuh]

August augustus [**OW**KH**OO**st**OO**s]

aunt de tante [t**an**tuh]

Australia Australië [**OW**str**ah**li-uh]

Australian Australisch [**OW**str**ah**lees]

I'm Australian ik kom uit Australië [**OW**t **OW**str**ah**li-uh]

automatic (adj) automatisch [**OW**tom**ah**tees]

(noun: car) de automaat [**OW**tom**aht**]

autumn de herfst

in the autumn in de herfst

avenue de laan [lahn]

average (ordinary) gemiddeld [KHem**i**ddelt]

(not good) middelmatig [m**i**ddelm**ah**tiKH]

on average gemiddeld [KHem**i**ddelt]

avocado de avocado

awake: is he awake? is hij al wakker? [is-ee al v**ak**ker]

away: go away! ga weg! [KHa ve**KH**]

is it far away? is het ver weg? [vair]

awful afschuwelijk [afsKH**OO**-uhlik]

axle de as

B

baby de baby

baby food babyvoedsel ['b**a**by'voodsel]

45

baby-sitter de babysit
back (of body) de rug [rooKH]
(back part) de achterkant [aKHterkant]
at the back aan de achterkant
can I have my money back? kan ik mijn geld terugkrijgen? [muhn KHelt terooKH-kriKHuh]
to come back terugkomen [terooKH-kohmuh]
to go back teruggaan [terooKH-KHahn]
backache rugpijn [rooKHpin]
bacon het spek
bad slecht [sleKHt]
not bad niet slecht [neet]
a bad headache een zware hoofdpijn [uhn zvaruh hohftpin]
badly slecht [sleKHt]
(injured, damaged) zwaar [zvahr]
bag de tas
(handbag) de hant-tas
baggage de bagage [baKHahJuh]
baggage checkroom het bagagedepot [baKHahJuh-depoh]
baggage claim de bagage-afhaalruimte [baKHahJuh-afhahlrowmtuh]
bakery de bakkerij [bakkerī]
balcony het balkon
a room with a balcony een kamer met een balkon [uhn kahmer]
bald kaal [kahl]
ball de bal
ballet het ballet [ballet]

ballpoint pen de balpen
banana de banaan [banahn]
band (musical) de band [bent]
Bandaid® de pleister [plīster]
bandage het verband [verbant]
bank (money) de bank

Opening hours for banks are Mon–Fri 9am–4pm. In larger cities, some banks are also open Thursday 7–9pm and occasionally on Saturday mornings. The nationwide network of **De Grenswisselkantoren (GWK)** has exchange offices, usually at train stations, which stay open very late every day – sometimes 24 hours. You can also change money at all VVV tourist offices, though the rate will be less favourable, as it will also be at the numerous bureaux de change dotted about the larger cities. Hotels, hostels and campsites will often change money: only use them when you have to, as rates are high.

bank account de bankrekening
bar de bar
a bar of chocolate een reep chocolade [uhn rayp shokolahduh]

Most drinking is done either in the cosy surroundings of a **bruin café** [brown kafay] (literally: brown café), or in more modern-looking

46

designer bars, minimally furnished and usually catering for a younger crowd. Most bars open until around 1am during the week and until 2am at weekends; some don't bother to open until lunchtime and a few open around 4pm. Those that open at lunchtime are usually the type that have late opening times. There is another drinking establishment that you may come across – **proeflokalen** [prooflohkahlen] or 'tasting houses', originally the sampling houses of small distillers, now small, old-fashioned bars that only serve spirits and close around 8pm. Note that many cafés are a good source of budget food, particularly when they're called **eetcafé** [aytkafay]. Most bars offer sandwiches and soup at the bar.

barber's de herenkapper [**hay**ruhkapper]
barge (house boat) de woonboot [**voh**nboht]
basket de mand [mant]
  (in shop) het mandje [**m**ant-yuh]
bath het bad [bat]
  can I have a bath? kan ik een bad nemen? [**n**aymuh]
bathroom de badkamer [**b**atkahmer]
  with a private bathroom met eigen badkamer [**ī**κнuh]
bath towel de badhanddoek [**b**athandook]
bathtub de badkuip [**b**atkowp]

battery (for radio etc) de batterij [**b**atter**ī**]
  (for car) de accu [**a**kkoo]
bay de baai [bī]
be* zijn [zin]
beach het strand [strant]
  on the beach op het strand
beans de bonen [**b**ohnuh]
  French beans de prins**e**ssenbonen
  runner beans de pr**o**nkbonen
  broad beans de tuinbonen [**t**ownbohnuh]
beard de baard [bahrt]
beautiful mooi [moy]
because omd**a**t
  because of ... vanwege ... [vanv**ay**κнuh]
bed het bed [bet]
  I'm going to bed now ik ga nu naar bed [κнa noo nahr]
bed and breakfast logies en ontbijt [lo**J**ees en ontb**ī**t]
bedroom de slaapkamer [sl**ah**pkahmer]
beef het rundvlees [r**oo**ntvlays]
beer het bier [beer]
  two beers, please twee pils, alstublieft [**a**lst**oo**bleeft]

Beer is usually served in small measures (just under a British half-pint); ask for '**een pilsje**'. 'Can I have?' is '**mag ik?**', as in '**mag ik een pilsje?**' [maκн ik uhn pils-yuh]. You could also say, '**een/twee pils, graag**' [ayn/tvay pils, κнraκн]. The most common beers are

Heineken, Amstel, Oranjeboom and Grolsch. Expect them to be stronger and more distinctive than those brewed under licence outside Holland. In the southern provinces of North Brabant and Limburg you'll also find a number of locally brewed beers – Bavaria from Brabant and De Ridder, Leeuw, Gulpen and Brand from Limburg, all of which are worth trying.

You will also, of course, especially in the south of the country, see plenty of the better-known Belgian brands, like Stella Artois and the darker De Koninck, available on tap, and bottled beers like Duvel, Hoegaarden, Chimay and the cherry-flavoured Kriek.

Some beer terms are:

pilsje [pils-yuh] a small measure served in a short glass

fluitje [flowt-yuh] a small measure served in a taller, thin glass

vaasje [vahs-yuh] a medium-sized measure

bokbier [bokbeer] rich, dark beer available in autumn

donkerbier general term for dark beers

duvelglas [doovel-KHlas] half-litre stemmed glass for speciality Belgian beers

witbier [vitbeer] wheat beer (Hoegaarden, Dentergems and Raaf)

zomergoud [zohmerKHowt] smooth, light beer available in summer

before voor [vohr]
begin beginnen [bekHinnuh]
 when does it begin? wanneer begint het? [vannayr bekHint]
beginner de beginneling [bekHinneling]
beginning: at the beginning in het begin [bekHin]
behind achter [akHter]
 behind me achter me [muh]
beige beige
Belgian Belgisch [belKHees]
Belgium België [belKHi-uh]
believe geloven [KHelohvuh]
below onder
belt de riem [reem]
bend (in road) de bocht [bokHt]
berth (on ship) de hut [hoot]
beside: beside the ... naast de ... [nahst duh]
best best
better beter [bayter]
 are you feeling better? (pol) voelt u zich nu beter? [voolt oo zikH noo]
 (fam) voel je je nu beter? [vool yuh yuh]
between tussen [toossuh]
beyond verder dan [vairder]
bicycle de fiets [feets]
big groot [KHroht]
 too big te groot [tuh]
 it's not big enough het is niet groot genoeg [neet KHroht KHenooKH]
bike de fiets [feets]
 (motorbike) de motorfiets
bikini de bikini
bill de rekening [raykening]

(US: banknote) het bankbiljet
[bankbil-yet]

could I have the bill, please?
kan ik **a**frekenen, alstublieft?
[alst∞bleeft]

Dutch people nearly
always split the bill
between the group.
Someone may claim '**ik betaal wel**'
[bet**ah**l vel] 'I'll pay', but it's all part
of the social ritual, and, after claim
and counter-claim, it'll generally end
up with '**zullen we delen?**' [z∞lluh
vuh **day**luh] 'shall we split?'.
'**Kunnen we apart betalen?**'
[k**oo**nnuh vuh ap**a**rt bet**ah**luh] is 'can
we pay separately?'

bin de **a**fvalbak
bin liners de **a**fvalzakken
[**a**fvalzakkuh]
bird de vogel [**voh**KHel]
birthday de verjaardag [ver-
y**ah**rdaKH]
happy birthday! hartelijk
gefeliciteerd! [**ha**rtelik
KHefelisit**ay**rt]
biscuit het koekje [**kook**-yuh]
bit: a little bit een klein beetje
[uhn kl**ī**n b**ay**t-yuh]
a big bit een groot stuk
[KHr**oh**t st∞k]
a bit of ... een beetje ... [b**ay**t-
yuh]
(a piece),... een stukje ... [st**oo**k-
yuh
a bit expensive vrij duur [vr**ī**
d**oo**r]

bite (by insect) de insectenbeet
[ins**e**ktuhbayt]
(by dog) de beet [bayt]
bitter (taste etc) bitter
black zwart [zvart]
blanket de deken [**day**kuh]
bleach (for toilet) het
bleekmiddel [**blay**kmiddel]
bless you! gezondheid!
[KHez**o**nt-hīt]
blind blind [blint]
blinds de rolgordijnen
[rolkKH**o**rdīnuh]
blister de blaar [blahr]
blocked (road) versperd
[versp**ai**rt]
(pipe, sink) verstopt [verst**o**pt]
blond blond [blont]
blood bloed [bloot]
high blood pressure de hoge
bloeddruk [**hoh**KHuh bl**oo**t-
dr∞k]
blouse de bloes [bloos]
blow-dry föhnen [**fur**nuh]
I'd like a cut and blow-dry ik
wil graag geknipt en
geföhnd worden [vil KHrahKH
KHek-n**i**pt en KHef**u**rnt **v**orduh]
blue blauw [bl**ow**]
blusher de rouge
boarding pass de instapkaart
[**i**nstapkahrt]
boat de boot [boht]
boat trip de boottocht
[**boh**t∞KHt]
body het lichaam [**li**KHahm]
boiled egg het gekookt ei
[KHek**oh**kt **ī**]
boiler de boiler

bone het bot
bonnet (of car) de motorkap
book het boek [book]
(verb: transport) reserveren
[raysairvayruh]
(table, tickets etc) bespreken
[bespraykuh]
can I book a seat? kan ik
een zitplaats reserveren? [uhn
zitplahts]

dialogue

I'd like to book a table for
two ik wil graag een tafel
voor twee personen
bespreken [vil кнrahкн uhn
tahfel vohr tvay persohnuh
bespraykuh]
for what time? voor hoe
laat? [vohr hoo laht]
half past seven half acht
that's fine dat kan
and your name? en wat is
uw naam? [vat is ∞ nahm]

bookshop, bookstore de
boekwinkel [bookvinkel]
boot (footwear) de laars [lahrs]
(of car) de kofferbak
border (of country) de grens
[кнrens]
bored: I'm bored ik verveel
me [vervayl muh]
boring saai [sī]
**born: I was born in
Manchester/1960** ik ben in
Manchester/1960 geboren
[кнebohruh]

borrow lenen [laynuh]
may I borrow ...? kan ik ...
lenen?
both beide [bīduh]
bother: sorry to bother you
het spijt me dat ik u lastig
val [spīt muh dat ik ∞ lastiкн
val]
bottle de fles
a bottle of house red een fles
rode huiswijn [uhn fles rohduh
howsvīn]
bottle-opener de flesopener
bottom (of person) de bips
at the bottom of ... (hill) aan
de voet van ... [ahn duh voot]
(road) aan het eind van ...
[īnt]
bowl het bord [bort]
box de doos [dohs]
box office het loket
boy de jongen [yonguh]
boyfriend de vriend [vreent]
bra de b.h. [bay-hah]
bracelet de armband [armbant]
brake de rem
brandy de cognac
bread het brood [broht]
white bread het wittebrood
[vittebroht]
brown bread het bruinbrood
[brownbroht]
wholemeal bread het
volkorenbrood
[volkohruhbroht]
rye bread het roggebrood
[roкнuhbroht]
break breken [braykuh]
I've broken the ... ik heb

de ... gebroken [hep duh ... KHebro**h**kuh]
I think I've broken my wrist ik geloof dat ik mijn pols gebroken heb [KHel**oh**f dat ik muhn]
break down kap**o**t gaan [KH**ah**n]
I've broken down ik heb autopech [hep **ow**topeKH]
breakdown autopech
breakdown service de wegenwacht [**vay**KHuhvaKHt]
breakfast het ontbijt [ontb**ī**t]

In all but the very cheapest hostels or most expensive hotels, breakfast will be included in the price of the room; it usually includes rolls/toast, cheese, jam or honey and coffee/tea. If you don't have a hotel breakfast, many bars and cafés serve rolls and sandwiches and some offer a set breakfast.

break-in: I've had a break-in er is bij mij ingebroken [bī mī **in**KHebrokuh]
breast de borst
breathe ademen [**ah**demuh]
breeze de bries [brees]
bridge (over river) de brug [br**oo**KH]
brief kort
briefcase de aktentas [**a**ktuhtas]
bright (light etc) fel
bright red felrood [felr**oht**]

brilliant (great) geweldig [KHev**el**dikH]
(idea) heel goed [hayl KHoot]
(person) briljant [bril-y**a**nt]
bring meebrengen [**may**brenguh]
I'll bring it back later ik breng het terug [ter**oo**KH]
Britain Groot–Brittannië [KHroht-britt**a**nnee-uh]
British Brits
brochure de brochure [brosh**oo**ruh]
broken kap**o**t
(leg etc) gebroken [KHebro**h**kuh]
brooch de broche [brosh]
brother de broer [broor]
brother-in-law de zwager [zv**ah**KHer]
brown bruin [br**ow**n]
bruise de blauwe plek [bl**ow**uh]
brush de borstel
(artist's) het penseel [pens**ay**l]
bucket de **e**mmer
buffet car de restauratiewagen [restowr**ah**tsee-vah-KHuh]
buggy (for child) de wandelwagen [**va**ndelvah-KHuh]
building het gebouw [KHeb**ow**]
bulb (flower) de bloembol [bl**oo**mbol]
(light bulb) de gloeilamp [KHl**oo**-eelamp]
bulb fields de bollenvelden [b**o**lluhvelduh]
bumper de bumper [b**oo**mper]
bunk (on train) de couchette
(on ship) de kooi [koy]

bureau de change het wisselkantoor [**visse**lkantohr] see **bank**

burglary de inbraak [**in**brahk]

burn de brandwond [**brant**vont] (verb) verbranden [verbr**a**nduh]

burnt: this is burnt dit is aangebrand [**ahn**kHebrant]

burst: a burst pipe een gesprongen leiding [uhn KHespr**o**nguh l**ī**ding]

bus de bus [b**ʊ**s]

what number bus is it to ...? wat is het busnummer van de bus naar ...? [vat is uht b**ʊ**snoommer van duh b**ʊ**s nahr]

when is the next bus to ...? hoe laat gaat de volgende bus naar ...? [hoo laht kHaht duh v**o**lkHenduh]

what time is the last bus? hoe laat vertrekt de laatste bus? [vertr**e**kt duh l**ah**tstuh]

dialogue

does this bus go to ...? is dit de bus naar ...? [duh b**ʊ**s nahr]

no, you need a number ... nee, u moet met bus nummer ... [nay ∞ moot met b**ʊ**s n**oo**mmer]

business zaken [**zah**kuh]

bus station het busstation [b**ʊ**s-st**a**shon]

bus stop de bushalte [b**ʊ**s-h**a**ltuh]

bust het borstbeeld [b**o**rstbaylt]

busy druk [dr**ʊ**k]

I'm busy tomorrow morgen kan ik niet [m**o**rkHuh kan ik neet]

but maar [mahr]

butcher's de slager [sl**ah**kHer]

butter de boter

button de knoop [k-nohp]

buy kopen [k**oh**puh]

where can I buy ...? waar kan ik ... kopen? [vahr]

by: by bus/car per bus/auto [b**ʊ**s/**o**wto]

written by ... geschreven door ... [kHeskHr**ay**vuh dohr]

by the window bij het raam [bī uht rahm]

by the sea aan zee [ahn zay]

by Thursday voor donderdag [vohr d**o**nderdakH]

bye tot ziens [zeens]

C

cabbage de kool [kohl]

cabin (on ship) de hut [h**ʊ**t]

café het café [kaf**ay**] see **bar**, **restaurant** and **snack**

cagoule de anorak

cake de taart [tahrt]

cake shop de banketbakkerij [bank**e**tbakkerī]

call het telefoongesprek [telef**oh**n-kHesprek] (verb: to phone) bellen [b**e**lluh]

what's it called? hoe heet

het? [hoo hayt]

he/she is called ... hij/zij heet ... [hī/zī]

please call the doctor zou u de dokter willen bellen? [zow oo duh dokter villuh]

please give me a call at 7.30am tomorrow zou u me morgen om half acht kunnen wekken? [zow oo muh morkHuh om hal-f akHt koonnuh vekkuh]

please ask him to call me zou u hem willen vragen om mij te bellen? [villuh vrahkHuh om mī tuh]

call back: I'll call back later ik kom straks wel terug [vel terookH]

(phone back) ik bel later wel terug [lahter]

call round: I'll call round tomorrow ik kom morgen even langs [morkHuh ayfvuh]

camcorder de camcorder

camera de camera, het fototoestel [fototoostel]

camera shop de fotowinkel [fotovinkel]

camp kamperen [kampayruh]

can we camp here? kunnen we hier kamperen? [koonnuh vuh heer]

camping gas de camping gas [gahs]

campsite de camping

can het blik

a can of beer een blikje bier [uhn blik-yuh beer]

can*: can you ...? (pol) kunt u ...? [koont oo]

(fam) kun je ...? [koon yuh]

can I have ...? mag ik ... hebben? [makH ik]

I can't ... ik kan niet ... [neet]

Canada Canada

Canadian Canadees [kanadays]

I'm Canadian ik kom uit Canada [owt]

canal (in city) de gracht [KHrakHt]

(shipping) het kanaal [kanahl]

canal bus de rondvaartboot [rontvahrtboht]

canal trip de tocht met de rondvaartboot [tokHt met duh]

cancel annuleren [annoolayruh]

candies het snoepgoed [snoopKHoot]

candle de kaars [kahrs]

cannabis de marihuana [maroowahna]

canoe de kano

canoeing kanoën [kahnowuh]

can-opener de blikopener

cap (hat) de pet

(of bottle) de dop

car de auto [owto]

by car met de auto

carafe de karaf

a carafe of house white, please een karaf witte huiswijn, alstublieft [vittuh howsvīn alstoobleeft]

caravan de caravan

caravan site de camping

carburettor de carburateur [karbooraturr]

card (birthday etc) de kaart [kahrt]

here's my (business) card hier is mijn visitekaartje [heer is muhn viseetuh-kahrt-yuh]

cardigan het vest

cardphone de kaarttelefoon [kahrt-telefohn]

careful voorzichtig [vohrziKHtiKH]

be careful! wees voorzichtig! [vays vohrziKHtiKH]

caretaker (man/woman) de toezichthouder/toezichthoudster [toozikHt-howder/toozikHt-howtster]

car ferry het autoveer [owtovayr]

carnation de anjer [anyer]

car park het parkeerterrein [parkayr-terrin]

carpet het tapijt [tapīt]

car rental de autoverhuur [owtoverhωr]

carriage (of train) de wagon [vaKHon]

carrier bag de plastic tas [plestik]

carrot de wortel [vortel]

carry dragen [drahKHuh]

carry-cot de reiswieg [rīsveeKH]

carton het pak

carwash de autowasserette [owtovasserettuh]

case (suitcase) de koffer [koffer]

cash (noun) het contant geld [KHelt]

will you cash this for me? kunt u dit voor mij

verzilveren? [koont ω dit vohr mī verzilveruh]

cash desk de kassa

cash dispenser de geldautomaat [KHeltowtomaht]

cassette de cassette [kassettuh]

cassette recorder de cassette-recorder [kassettuh–]

castle het kasteel [kastayl]

casualty department de eerste hulpafdeling [ayrstuh hωlpafdayling]

cat de kat

catch vangen [vanguh]

where do we catch the bus to ...? waar kunnen we de bus nemen naar ...? [vahr kωnnuh vuh duh bωs naymuh nahr]

cathedral de kathedraal [kahtaydrahl]

Catholic katholiek [kahtohleek]

cauliflower de bloemkool [bloomkohl]

cave de grot [KHrot]

CD de CD [say-day]

ceiling het plafond [plahfon]

celery de selderij [selderī]

cemetery de begraafplaats [bekHrahfplahts]

centigrade Celsius [selsi-ωs]

centimetre de centimeter [sentimayter]

central centraal [sentrahl]

central heating de centrale verwarming [sentrahluh vervarming]

centre het centrum [sentrωm]

how do we get to the city

centre? hoe komen we in het centrum? [hoo **koh**muh vuh]

certainly zeker [**zay**ker]

  certainly not beslist niet [neet]

chair de stoel [stool]

champagne de champagne [**shampan**-yuh]

change (small change) het kleingeld [**klīn**-KHelt]

  (money back) het wisselgeld [**vissel**-KHelt]

  (verb: money) wisselen [**vissel**uh]

  can I change this for ...? kan ik dit ruilen voor ...? [**row**luh vohr]

  I don't have any change ik heb helemaal geen kleingeld [hep helema**hl** KHayn klīn-KHelt]

  can you give me change for a 100-guilder note? kunt u een biljet van honderd gulden wisselen? [koont ∞ uhn bil-**yet** van **hon**dert KH∞lduh **vissel**uh]

dialogue

do we have to change (trains)? moeten we overstappen? [**moo**tuh vuh **oh**verstappuh]

yes, change at Utrecht/no, it's a direct train ja, u moet in Utrecht overstappen/ nee, de trein gaat rechtstreeks [ya ∞ moot in ∞treKHt– /nay duh trīn KHaht reKHtstra**yks**]

changed: to get changed zich omkleden [ziKH **o**mklayduh]

charge (cost) de prijs [prīs]

  (verb) rekenen [**ray**kenuh]

charge card see credit card

cheap goedkoop [KH∞t**koh**p]

  do you have anything cheaper? heeft u iets goedkopers? [hayft ∞ eets KH∞t**koh**pers]

check (US: noun) de cheque [shek]

  (bill) de rekening [**ray**kening]

check (verb) nakijken [**nah**kīkuh]

  could you check the ..., please? kunt u de ... nakijken, alstublieft? [k∞nt ∞ duh – alst∞bleeft]

check book het chequeboek [**shek**book]

check card de betaalpas [be**tahl**pas]

check in (at hotel) zich melden [ziKH]

  (at airport) inchecken [**in**chekuh]

  where do we have to check in? waar moeten we inchecken? [vahr **moo**tuh vuh]

check-in de check-in-balie ['check-in'-ba**hl**ee]

cheek de wang [vang]

cheerio! tot ziens! [zeens]

cheers! (toast) proost! [prohst]

  (thanks) bedankt! [be**dank**t]

cheese de kaas [kahs]

Most Dutch cheeses are based on Goudas and differences in taste come with the varying stages of maturity – **jonge** [yong-uh] young, **belegen** [belayкнuh] mature, or **oud** [owt] old. Jonge cheese has a mild flavour, belegen is much tastier, while oud can be pungent and strong, with a flaky texture not unlike Parmesan.

cheese shop de kaaswinkel [**kah**svinkel]
chemist's de apotheek [ahpoht**ayk**]
(non-dispensing) de drogisterij [drohк**H**isterī]
see **pharmacy**
cheque de cheque [shek]
do you take cheques? kan ik met een cheque betalen? [bet**ah**luh]
see **credit card**
cheque book het chequeboek [sh**ek**book]
cheque card de betaalpas [bet**ah**lpas]
cherry de kers [kairs]
chess het schaakspel [sкн**ah**kspel]
chest de borstkas [**bo**rstkas]
chewing gum de kauwgum [k**ow**-кнɷɷm]
chicken de kip
chickenpox de waterpokken [**vah**terpokkuh]
child het kind [kint]
children de kinderen

[**kind**eruh]
child minder de kinderoppas
children's pool het kinderbad [**kinderbat**]
children's portion de kinderportie [**kinder**porsee]
chin de kin
china het porselein [**porsel**īn]
Chinese Chinees [sheen**ays**]
chips de (patat) friet [freet] (US) de chips [ships]
chocolate de chocolade [shokol**ah**duh]
milk chocolate de melkchocolade [melkshokol**ah**duh]
plain chocolate de pure chocolate [p**ɷɷ**r]
a hot chocolate de warme chocolademelk [**v**armuh shokol**ah**duh-melk]
choose kiezen [**kee**zuh]
Christian name de voornaam [**vohr**nahm]
Christmas kairstmis
Christmas Eve kerstnacht [kairstna**кнt**]
merry Christmas! vrolijk kerstfeest! [**vroh**lik **kai**rstfayst]
chrysanthemum de chrysant [krees**ant**]
church de kerk
cider de cider [**see**der]
cigar de sigaar [seeк**Hahr**]
cigarette de sigaret [seeкн**aret**]

 It is extremely rare to find no-smoking areas designated in bars and restaurants – a **bruin café** (brown café) derives its name from the browned walls and ceilings caused by smoke and age. On public transport, on the other hand, there are strict no-smoking rules unless otherwise stated.

cigarette lighter de aansteker [**ah**nstayker]
cinema de bioscoop [biosk**oh**p]
cinnamon de kaneel [kahn**ayl**]
circle de cirkel
  (in theatre) het balk**o**n
city de stad [stat]
city centre het stadscentrum [stats-sentr**oo**m]
clean (adj) schoon [sk**H**ohn]
  can you clean these for me? zou u deze voor me kunnen schoonmaken? [zow **oo** d**ay**zuh vohr muh k**oo**nnuh sk**H**ohnmahkuh]
cleaning solution (for contact lenses) de lensvloeistof [lensvloo-**ee**stof]
cleansing lotion de reinigingsmelk [r**i**niк**H**ings-melk]
clear he**l**der
  (obvious) duidelijk [d**ow**delik]
clever slim, knap [k-nap]
cliff de steile rots [st**i**luh]
cling film de vershoudfolie [v**ai**rs-howtfohlee]
clinic de kliniek [kleen**eek**]
cloakroom de garderobe [к**H**arder**o**buh]
clock de klok
clogs de klompen [kl**o**mpuh]
close (verb) sluiten [sl**ow**tuh]

dialogue

what time do you close? hoe laat sluit u? [hoo laht slowt **oo**]
we close at 8pm on weekdays and 6pm on Saturdays door de week sluiten we om acht uur en op zaterdag om zes uur [dohr duh vayk sl**ow**tuh vuh om aк**H**t **oo**r en op z**ah**terdaк**H**]
do you close for lunch? gaat u tussen de middag dicht? [к**H**aht **oo** t**oo**ssuh duh m**i**ddaк**H** dik**H**t]
yes, between 1 and 3.30pm ja, tussen een en half vier [ya]

closed gesloten [к**H**esl**oh**tuh]
cloth (fabric) de stof
  (for cleaning etc) de doek [dook]
clothes de kleren [kl**ay**ruh]
clothes line de drooglijn [dr**oh**к**H**lin]
clothes peg de wasknijper [v**a**sk-niper]
cloud de wolk [volk]
cloudy bewolkt [bev**o**lkt]
clutch de k**o**ppeling
coach (bus) de touringcar [**too**ringkar]
  (on train) het rijtuig [r**i**towк**H**]
coach station het busstation [b**oo**s-stashon]
coach trip de bustocht [b**oo**s-toк**H**t]
coast de kust [k**oo**st]

on the coast aan de kust [ahn]
coat de jas [yas]
coathanger de kleerhanger
[klayrhanger]
cockroach de kakkerlak
cocoa de warme
chocolademelk [varmuh
shokolahduh-melk]
coconut de kokosnoot
[kohkosnoht]
code (for phoning) het
netnummer [netnoommer]
what's the (dialling) code for
Amsterdam? wat is het
netnummer voor
Amsterdam? [vat – vohr]
coffee de koffie [koffee]
two coffees, please twee
koffie, alstublieft [alstoobleeft]

 If you ask for 'koffie',
you'll be served strong,
black filter coffee with a
little tub of koffiemelk (evaporated
milk); ordinary milk is rarely used.
Koffie verkeerd [ferkayrt] (literally:
upside-down coffee) is a Dutch-style
café-au-lait with added froth. For
more specialist coffees, the
universal terms cappuccino, latte
and so on are used. Decaffeinated is
decafé [daykaffay].
A popular combination on offer in
most cafés and bars is koffie met
gebak [KHebak] coffee and cake.
This could range from the ever-
popular apple pie to Limburgse
vlaai [limboorKHsuh vlī] tart, the
most well-known one being

Rijstenvlaai [rīstuh-vlī], which is
made of rice.

coin de munt [moont]
cold koud [kowt]
 I'm cold ik heb het koud
 [hep]
 I have a cold ik ben
 verkouden [verkowduh]
collapse: he's collapsed hij is
 in elkaar gezakt [hī is in elkahr
 KHezakt]
collar (on coat) de kraag
 [krahKH]
 (on shirt) het boord [bohrt]
collect ophalen [ophahluh]
 I've come to collect ... ik
 kom ... ophalen
collect call het collect gesprek
 [KHesprek]
college de beroepsschool
 [beroops-sKHohl]
colour de kleur [klur]
 do you have this in other
 colours? heeft u dit ook in
 andere kleuren? [hayft oo dit
 ohk in anderuh kluruh]
colour film de kleurenfilm
 [kluruhfilm]
comb de kam
come komen [kohmuh]

dialogue

where do you come from?
waar komt u vandaan?
[vahr komt oo vandahn]
I come from Edinburgh ik
kom uit Edinburgh [owt]

come back terugkomen
[ter00KH-kohmuh]
I'll come back tomorrow ik
kom morgen terug [morkHuh
ter00KH]
come in binnenkomen
[binnenkohmuh]
comfortable comfortabel
[komfortahbel]
company (business) het bedrijf
[bedrīf]
compartment (on train) de
coupé [koopay]
compass het kompas
complain klagen [klahKHuh]
complaint de klacht [klakHt]
I have a complaint ik heb
een klacht [hep uhn]
completely helemaal
[haylemahl]
computer de computer
concert het concert [konsairt]
concussion de
hersenschudding [hersuh-
skH00ding]
conditioner (for hair) de
crèmespoeling [krem-spooling]
condom het condoom
[kondohm]
conference de conferentie
[konferensee]
confirm bevestigen [bevestiKHuh]
congratulations! gefeliciteerd!
[KHefaylisitayrt]
connecting flight de
aansluitende vlucht
[ahnsl0wtenduh vl00KHt]
connection (travel) de
aansluiting [ahnsl0wting]

conscious bij bewustzijn [bī
bev00stzīn]
constipation de constipatie
[konstipahtsee]
consulate het consulaat
[kons00laht]
contact contact opnemen
[opnaymuh]
contact lens de contactlens
contraceptive het
voorbehoedsmiddel
[vohrbehoots-middel]
convenient gelegen
[KHelayKHuh]
that's not convenient dat is
niet gelegen [neet]
cook koken [kohkuh]
not cooked niet gaar [neet
KHahr]
cooker het fornuis [fornows]
cookie het koekje [kook-yuh]
cooking utensils het
kookgerei [kohk-KHerī]
cool koel [kool]
cork de kurk [k00rk]
corkscrew de kurkentrekker
[k00rkuhtrekker]
corner: on the corner op de
hoek [duh hook]
in the corner in de hoek
cornflakes de cornflakes
correct (right) correct
corridor de gang [KHang]
cosmetics de cosmetica
[kosmaytika]
cost: how much does it cost?
wat kost het? [vat]
cot het kinderbedje [kinderbet-
yuh]

Co

cotton het katoen [kat**oo**n]
cotton wool de watten [**va**ttuh]
couch (sofa) de bank
couchette de slaapcoupé
[sl**ah**pkoopay]
cough de hoest [hoost]
cough medicine het
hoestdrankje [**hoo**stdrank-yuh]
could: could you ...? zou u ...
kunnen? [zow ⊙ ... k**ω**nnuh]
could I have ...? kan ik ...
krijgen? kr**ī**kHuh]
I couldn't ... ik kon niet ...
[neet]
country het land [lant]
(countryside) het platteland
[**pla**ttelant]
countryside het platteland
couple (two people) het paar
[pahr]
(married) het echtpaar
[**e**KHtpahr]
a couple of ... een paar ...
[uhn]
courgette de courgette
courier de koerier [koor**ee**r]
course: of course natuurlijk
[nat**ω**rlik]
of course not natuurlijk niet
[neet]
cousin (male/female) de
neef/nicht [nayf/ni**kH**t]
cow de koe [koo]
crab de krab
cracker (biscuit) de cracker
craft shop de
kunstnijverheidswinkel
[k**ω**nstn**ī**verh**ī**ds-vinkel]
crash de botsing

I've had a crash ik heb een
botsing gehad [hep uhn b**o**tsing
KHeh**a**t]
crazy gek [KHek]
cream (in cake) de room [rohm]
(lotion) de crème [krem]
(colour) roomkleurig
[**roh**mklurikH]
whipped cream de slagroom
[sla**KH**-rohm]
crèche de crèche
credit card de creditcard
do you take credit cards?
kan ik met een creditcard
betalen? [bet**ah**luh]

dialogue

can I pay by credit card?
kan ik met een creditcard
betalen?
which card do you want to
use? met welke kaart wilt
u betalen? [**ve**lkuh kahrt vilt
⊙]
Access/Visa
yes, sir ja, meneer [ya
men**ay**r]
what's the number? wat is
het nummer? [vat is uht
n**ω**mmer]
and the expiry date? en de
vervaldatum? [en duh
verv**a**ldat⊙m]

 Holland is a cash society
and quite a lot of smaller
shops still refuse all other
forms of payment (except for

Eurocheques). But most larger shops, hotels and restaurants will accept at least one of the major credit cards for a purchase of around ƒ50 or more. Subject to a minimum of roughly ƒ200, you can also get a (pricy) cash advance on all cards from GWK offices and many banks.

crisps de chips [ships]
crockery het aardewerk [ahrdeverk]
crocus de krokus [krohkœs]
crossing (by sea) de overtocht [ohvertoKHt]
crossroads het kruispunt [krowspœnt]
crowd de menigte [maynikHtuh]
crowded druk [drœk]
crown (on tooth) de kroon [krohn]
crutches de krukken [krœkkuh]
cry huilen [howluh]
cucumber de komkommer [komkommer]
cup de kop
 a cup of ..., please een kop ..., alstublieft [alstœbleeft]
cupboard de kast
cure genezen [KHenayzuh]
curly krullend [krœllent]
current de stroom [strohm]
curry de kerrie [kerree]
curtains de gordijnen [KHordīnuh]
cushion het kussen [kœssuh]
custom de gewoonte

[KHevohntuh]
Customs de douane [doowahnuh]
cut de snijwond [snīvont]
 (verb) snijden [snīduh]
 I've cut myself ik heb me gesneden [hep muh KHesnayduh]
cutlery het bestek
cycling fietsen [feetsuh]

Holland's largely flat landscape makes cycling an almost effortless pursuit and the short distances involved make it possible to see most of the country this way, using the nationwide system of well-marked cycle paths.

Bikes can be rented from main train stations. You have to leave a deposit and show some form of ID. The snag is that bikes must be returned to the station from which they were rented. Most bike shops rent bicycles out for around the same amount as train stations and they may be more flexible on deposits – some accept a passport in lieu of cash.

It is possible to take your bike on trains, but it isn't encouraged, and your train ticket will cost more. Space is limited and you're not allowed to load your bike on at all between 6.30am and 9am and 4.30pm and 6pm. You should never leave your bike unlocked, even for a few minutes. Almost all train stations have a **fietsenstalling** [feetsuh-stalling] where you can store your bike for a small fee.

cyclist de fietser [**fee**tser]

D

dad pa, papa
daffodil de narcis [**nar**sis]
daily dagelijks [**dah**KHeliks]
damage beschadigen [besKH**ah**dikHuh]
damaged beschadigd [besKH**ah**dikHt]
I'm sorry, I've damaged this neem me niet kwalijk, ik heb dit beschadigd [naym muh neet kv**ah**lik ik hep]
damn! verdomme! [verd**o**mmuh]
damp vochtig [**vo**KHtikH]
dance de dans
(verb) dansen [**dan**suh]
would you like to dance? wil je dansen? [vil yuh]
dangerous gevaarlijk [KHev**ah**rlik]
Danish Deens [dayns]
dark donker
it's getting dark het wordt donker [vort]
date*: what's the date today? welke datum is het vandaag? [**vel**kuh d**ah**toom is uht vand**ah**KH]
let's make a date for next Monday laten we een afspraak voor aanstaande maandag maken [**lah**tuh vuh

uhn **af**sprahk vohr **ah**nstahnduh m**ah**ndakH m**ah**kuh]
dates (fruit) de dadels [**dah**dels]
daughter de dochter [**do**KHter]
daughter-in-law de schoondochter [SKH**oh**ndoKHter]
dawn de zonsopgang [zons**op**KHang]
at dawn bij zonsopgang [bī]
day de dag [dakH]
the day after de volgende dag [**vo**lKHenduh]
the day after tomorrow overmorgen [**oh**vermorKHuh]
the day before de dag ervoor [erv**oh**r]
the day before yesterday eergisteren [ayrKH**i**steruh]
every day iedere dag [**ee**deruh]
all day de hele dag [**hay**luh]
in two days' time over twee dagen [**oh**ver tvay d**ah**KHuh]
have a nice day! prettige dag! [**pre**ttikHuh]
day trip de dagexcursie [dakH-exk**oor**see]
dead dood [doht]
deaf doof [dohf]
deal (business) de transactie [trans-**ak**see]
it's a deal dat is afgesproken [**af**KHesprohkuh]
decaffeinated coffee de cafeïnevrije koffie [kafay-**ee**nuh-vrī-uh k**o**ffee]
December december
decide beslissen [besl**i**ssuh]

we haven't decided yet we hebben nog geen beslissing genomen [vuh **he**bbuh noкн кнayn bes**li**ssing кнen**oh**muh]

decision de beslissing

deck (on ship) het dek

deckchair de dekstoel [**dek**stool]

deep diep [deep]

definitely beslist

definitely not beslist niet [neet]

degree (qualification) de graad [кнraht]

delay de vertraging [ver**trah**кнing]

deliberately opzettelijk [op**ze**ttelik]

delicatessen de delicatessenwinkel

delicious heerlijk [**hayr**lik]

deliver bezorgen [bez**or**кнuh]

delivery (of mail) de bestelling

Denmark Denemarken [**day**nemarkuh]

dental floss de tandzijde [**tant**ziduh]

dentist de tandarts

dialogue

it's this one here het is deze hier [**day**zuh heer]
this one? deze?
no, that one nee, die [nay dee]
here hier
yes ja [ya]

dentures het kunstgebit [k∞nstkнebit]

deodorant de deodorant

department de afdeling [**af**dayling]

department store het warenhuis [**vah**ruh-hows]

departure het vertrek [ver**trek**]

departure lounge de vertrekhal [ver**trek**hal]

depend: it depends het hangt ervan af [**air**van]

it depends on ... het hangt af van ...

deposit (as security) de waarborgsom [**vah**rborкнsom] (as part payment) de aanbetaling [**ahn**betahling]

dessert het nagerecht [nah-кнereкнt]

destination de bestemming

develop ontwikkelen [ont**vik**keluh]

dialogue

could you develop these films? kunt u deze filmrolletjes ontwikkelen? [koont ∞ **day**zuh filmrollet-yes]
yes, certainly ja zeker [ya **zay**ker]
when will they be ready? wanneer zijn ze klaar? [van**nayr** zin zuh klahr]
tomorrow afternoon morgenmiddag [morкнuh-**mid**daкн]
how much is the four-hour

service? wat kost de vier-uur-service? [vat kost duh veer-ꝏr-'service']

diabetic de suikerpatient [**sow**kerpahshent]

diabetic foods de etenswaren voor diabetici [**ay**tensvaruh vohr diab**ay**tici]

dial draaien [dr**ah**-yuh]

dialling code het netnummer [netnꝏmmer]

 To make a direct call to the UK, dial the international code as below, wait for the tone, then dial the subscriber number omitting the initial 0 of the area code. To make a direct call to the US, dial the code below, wait for the tone and then dial the area code and number. To make a reverse-charge or collect call, phone the operator on 06 0410 (they all speak English).

The international dialling codes are as follows:

Australia	00 61
Ireland	00 353
New Zealand	00 64
North America	00 1
UK	00 44

diamond de diamant

diaper de luier [**low**-yer]

diarrhoea de diarree [dee-ar**ray**]

do you have something for

diarrhoea? heeft u iets tegen diarree? [hayft ꝏ eets **tay**KHuh]

diary (business etc) de agenda [ahKHenda]

(for personal experiences) het dagboek [da**KH**book]

dictionary het woordenboek [**voh**rduhbook]

didn't* see not

die sterven [st**air**vuh]

diesel de diesel

diet het dieet [di**ay**t]

I'm on a diet ik ben op dieet

I have to follow a special diet ik volg een speciaal dieet [volk**H** uhn spesi**ah**l]

difference het verschil [versk**H**il]

what's the difference? wat is het verschil? [vat]

different: they are different ze zijn verschillend [zuh zin versk**H**illent]

this one is different deze is anders [**day**zuh]

a different table een andere tafel [uhn **a**nderuh]

difficult moeilijk [**moo**-eelik]

difficulty de moeilijkheid [**moo**-eelik-hit]

dinghy (rubber) de rubberboot [rꝏbber**boh**t]

dining room de eetzaal [**ay**tzahl]

dinner (evening meal) het diner [din**ay**]

to have dinner dineren [din**ay**ruh]

direct (adj) rechtstreeks

[reKHtstrayks]
is there a direct train? is er
een rechtstreekse trein? [uhn
reKHtstrayksuh trīn]
direction de richting [riKHting]
which direction is it? in
welke richting is het?
[velkuh]
is it in this direction? is het in
deze richting? [dayzuh]
directory enquiries
inlichtingen [inlikHtinguh]

The number for inland
directory enquiries is 06
8008 and the number for
overseas enquiries is 06 0418.

dirt het vuil [vowl]
dirty vuil
disabled gehandicapt
[KHehendikept]
**is there access for the
disabled?** is het voor
gehandicapten toegankelijk?
[vohr KHehendikeptuh tooKHankelik]
disappear verdwijnen
[verdvīnuh]
it's disappeared ik ben het
kwijt [kvīt]
disappointed teleurgesteld
[telurKHestelt]
disappointing teleurstellend
[telurstellent]
disaster de ramp
disco de disco
discount de korting
is there a discount? zit er
korting op?

disease de ziekte [zeektuh]
disgusting afschuwelijk
[afsKHOO-uhlik]
dish (meal) het gerecht
[KHereKHt]
(bowl) het bord [bort]
dishcloth de vaatdoek
[vahtdook]
disinfectant het
ontsmettingsmiddel
disk (for computer) de diskette
[diskettuh]
disposable diapers/nappies
de wegwerpluiers [veKHverp-
lOW-yers]
distance de afstand [afstant]
in the distance in de verte
[duh vairtuh]
district het district
disturb storen [stohruh]
diversion (detour) de
wegomlegging [veKH-
omlekHing]
diving board de duikplank
[dowkplank]
divorced gescheiden
[KHesKHīduh]
dizzy: I feel dizzy ik ben
duizelig [dowzelikH]
do doen [doon]
what shall we do? wat zullen
we doen? [vat zOOlluh vuh doon]
how do you do it? (pol) hoe
doet u het? [hoo doot OO]
(fam) hoe doe je het? [doo
yuh]
will you do it for me? wilt u
het voor me doen? [vilt OO uht
vohr muh doon]

Do

dialogues

how do you do?
aangenaam, hoe maakt u
het? [**ahn**κκHenahm hoo mahkt
∞]
nice to meet you
aangenaam kennis te
maken [tuh m**ah**kuh]
what do you do? (work)
wat doet u? [vat doot ∞]
I'm a teacher, and you? ik
ben leraar, en u? [**lay**rahr]
I'm a student ik ben
student
**what are you doing this
evening?** wat doe je
vanavond? [vat doo yuh
van**ah**vont]
**we're going out for a drink,
do you want to join us?** we
gaan ergens iets drinken,
ga je met ons mee? [vuh
κHahn **e**rκHens eets dr**i**nkuh κHa
yuh met ons may]

do you want mayonnaise?
wilt u mayonaise? [vilt ∞
mahyohn**ai**suh]
I do, but she doesn't ik
wel, maar zij niet [vel mahr
zī neet]

docks de haven [**hah**vuh]
doctor de dokter, de arts
we need a doctor we hebben
een dokter nodig [vuh h**e**bbuh
uhn d**o**kter n**oh**diκH]
please call a doctor zou u

een dokter willen bellen?
[zow ∞ uhn d**o**kter v**i**lluh]

dialogue

where does it hurt? waar
doet het pijn? [vahr doot uht
pīn]
right here hier [heer]
does that hurt now? doet
dat pijn? [doot]
yes ja [ya]
take this to the chemist ga
hiermee naar de apotheek
[κHa h**ee**rmay nahr duh apot**ayk**]

document het document
[dok∞m**ent**]
dog de hond [hont]
doll de pop
domestic flight de
binnenlandse vlucht
[**bi**nnuhlantsuh vl∞κHt]
don't!* niet doen! [neet doon]
don't do that! dat moet je
niet doen! [moot yuh]
see **not**
door de deur [durr]
doorman de portier [port**eer**]
double dubbel [d∞bbel]
double bed het
tweepersoonsbed
[tv**ay**persohns-bet]
double room de
tweepersoonskamer
[tv**ay**persohns-kahmer]
doughnut de doughnut
down neer [nayr]
down here hier beneden

[heer ben**ay**duh]

put it down over there zet
hier neer

it's down there on the right
het is daar rechts [dahr re**KH**ts]

it's further down the road het
is verderop [verder**op**]

downmarket (restaurant etc)
heel eenvoudig [hayl
aynv**ow**diKH]

downstairs beneden
[ben**ay**duh]

downstream stroomafwaarts
[strohm**af**vahrts]

dozen het dozijn [doz**ī**n]

half a dozen zes

drain (in sink) de afvoerbuis
[**af**voorb**ow**s]
(in road) het afvoerkanaal
[**af**voorkanahl]

draught beer bier van het vat
[beer van uht vat]

draughty: it's draughty het is
tochtig [**to**KHtiKH]

drawer de lade [**lah**duh]

drawing de tekening
[**tay**kening]

dreadful afschuwelijk [afsKH**oo**-
uhlik]

dream de droom [drohm]

dress de jurk [y**oo**rk]

dressed: to get dressed zich
aankleden [ziKH **ah**nklayduh]

dressing (for cut) het verband
[ver**ba**nt]
salad dressing de dressing

dressing gown de kamerjas
[**kah**mer-yas]

drink (alcoholic) de borrel

(non-alcoholic) de drank
(vorb) drinken [dri**ŋ**kuh]

a cold drink iets kouds te
drinken [eets k**ow**ts tuh]

can I get you a drink? wil je
iets drinken? [vil yuh]

**what would you like (to
drink)?** wat wilt u (drinken)?
[vat vilt **oo**]

no thanks, I don't drink nee
dank u, ik drink niet [nay
dank **oo** ik drink neet]

I'll just have a drink of water
ik wil graag een glas water
[vil KHrahKH uhn KHlas **vah**ter]
see **bar**

drinking water drinkwater
[**dri**nkvahter]

is this drinking water? is dit
drinkwater?

drive rijden [**rī**duh]

we drove here we zijn met
de auto [vuh zīn met duh
owto]

I'll drive you home ik zal je
naar huis rijden [yuh nahr
h**ow**s]

driver de bestuurder
[best**oo**rder]

driving licence het rijbewijs
[**rī**bevis]

drop: just a drop, please (of
drink) een klein beetje maar,
alstublieft [uhn klīn b**ay**t-yuh
mahr **a**lst**oo**bleeft]

drug (medicine) het medicijn
[medis**ī**n]

drugs (narcotics) de drugs
[dr**oo**gs]

Many Amsterdam **koffieshops** sell cannabis. People over 18 are legally allowed to buy five grammes (under one-fifth of an ounce) for personal use at any one time. Possession of amounts up to 28g (1oz) is ignored by the police. It's acceptable to smoke cannabis in bars that have a definite reputation for this, but when in doubt, don`t. Bear in mind, also, that a liberal attitude toward cannabis exists in Holland only in the capital and the large cities south of Amsterdam that form the Randstad.

drunk dronken [dr**o**nkuh]
drunken driving dronken achter het stuur [**a**kHter uht st**oo**r]
dry (adj) droog [drohkH]
dry-cleaner de stomerij [stohmer**ī**]
duck de eend [aynt]
due: he is due on Sunday hij komt op z**o**ndag aan [h**ī** – ahn]
when is the train due? hoe laat komt de trein aan? [hoo laht komt duh tr**ī**n]
he was due to arrive yesterday hij had gisteren aan moeten k**o**men [hat KH**i**steruh ahn m**oo**tuh]
dull (pain) vaag [vahkH] (weather) saai [s**ī**]
dummy (baby's) de fopspeen [f**o**pspayn]
during tijdens [t**ī**dens]

dust het stof
dustbin de vuilnisbak [v**ow**lnisbak]
dusty stoffig [st**o**ffikH]
Dutch Nederlands [**nay**derlants]
the Dutch de Nederlanders [**nay**derlanders]
Dutchman de Nederlander [**nay**derlander]
Dutchwoman de Nederlandse [**nay**derlantsuh]
duty-free (goods) belastingvrij [belastingvr**ī**]
duty-free shop de tax-free-winkel ['tax-fr**ee**'-vinkel]
duvet het dekbed [d**e**kbet]
dyke de dijk [d**ī**k]

E

each* (every: neuter) elk (common gender) elke [**e**lkuh]
each book elk boek
each time elke keer [kayr]
each of them (people) ieder van hen
how much are they each? hoeveel zijn ze per stuk? [hoov**ay**l z**ī**n zuh per st**oo**k]
ear het oor [ohr]
earache: I have earache ik heb oorpijn [hep **oh**rp**ī**n]
early vroeg [vrookH]
early in the morning 's morgens vroeg [sm**o**rkHens]
I called by earlier ik ben een poosje geleden langs geweest [uh p**oh**s-yuh

KHel**ay**duh langs KHev**ay**st]

earrings de oorringen
[**ohr**ringuh]

east het oosten [**oh**stuh]

in the east in het oosten

Easter Pasen [**pah**suh]

eastern oostelijk [**oh**stelik]

easy gemakkelijk [KHem**akk**elik]

eat eten [**ay**tuh]

we've already eaten, thanks
bed**a**nkt, maar wij hebben al
gegeten [mahr vuh h**e**bbuh al
KHeKH**ay**tuh]

eau de toilette de eau de
toilette

economy class economy-
class

eel de aal [ahl]

egg het ei [ī]

eggplant de aubergine
[**oh**berJ**ee**nuh]

either: either ... or ... of ...
of ...

either of them een van beide
[ayn van b**ī**duh]

elastic het elastiek [aylast**eek**]

elastic band het elastiekje
[aylast**eek**-yuh]

elbow de elleboog [**e**llebohKH]

electric elektrisch [aylektr**ees**]

electrical appliances de
elektrische appar**a**ten
[ayl**e**ktrishuh]

electric fire de elektrische
kachel [**ka**KHel]

electrician de electricien
[aylektrish**ye**n]

electricity de elektriciteit
[aylektrisit**ī**t]

see **voltage**

elevator de lift

else: something else iets
anders [eets]

somewhere else ergens
anders [**air**KHens]

dialogue

> **would you like anything**
> **else?** wilt u nog iets
> anders? [vilt ∞ noKH]
> **no, nothing else, thanks**
> nee, dat is alles, dank u
> [nay – ∞]

e-mail de e-mail

embassy de ambassade
[ambass**ah**duh]

emergency het spoedgeval
[sp**oot**KHeval]

this is an emergency! dit is
een spoedgeval!

emergency exit de
nooduitgang [**noht**-owtKHang]

empty leeg [layKH]

end het einde [**ī**nduh]

at the end of the street aan
het einde van de straat

when does it end? wanneer
is het afgelopen? [vann**ayr** is
het **af**KHelohpuh]

engaged (toilet, telephone) bezet
(to be married) verloofd [verl**oh**ft]

engine (car) de motor

England Engeland [**e**nguh-lant]

English Engels

I'm English ik kom uit
Engeland [owt]

do you speak English?
spreekt u Engels? [spraykt ∞]
enjoy: to enjoy oneself plezier
hebben [plez**eer**]

dialogue

how did you like the film?
hoe vond je de film? [hoo
vont yuh duh]
I enjoyed it very much, did
you enjoy it? ik heb ervan
genoten, vond jij hem
goed? [hep airvan KHen**oh**tuh
vont yī uhm KHoot]

enjoyable aangenaam
[**ah**nKHenahm]
enlargement (of photo) de
vergroting [verKHr**oh**ting]
enormous reusachtig
[r**ow**s**a**KHtiKH]
enough genoeg [KHen**oo**KH]
there's not enough er is niet
genoeg [neet]
it's not big enough het is niet
groot genoeg [KHroht]
that's enough dat is genoeg
entrance de ingang [**i**nKHang]
envelope de enveloppe
[envel**o**p]
epileptic de epilepticus
[aypil**e**ptik∞s]
equipment de uitrusting [**o**wt-
r∞sting]
eraser het gummetje [KH**ю**mmet-yuh]
error de fout [f**o**wt]
especially vooral [voh**ra**l]

essential essentieel [essensh**ay**l]
it is essential that ... het is
essentieel dat ...
EU de EU [ay-∞]
Eurocheque de Eurocheque
[**u**rroshek]
Eurocheque card de
Eurochequekaart [**u**rroshek-
kahrt]
Europe Europa [**u**rropa]
European (adj) Europees
[urrop**ay**s]
even zelfs
even if ... zelfs als ...
evening de avond [**ah**vont]
this evening vanavond
[van**ah**vont]
in the evening 's avonds
[**sah**vonts]
evening meal de
avondmaaltijd [**ah**vontmahltīt]
eventually uiteindelijk [owt-
īndelik]
ever ooit [oyt]

dialogue

have you ever been to
Maastricht? ben je ooit in
Maastricht geweest? [yuh
oyt in mahstriKHt KHe**vay**st]
yes, I was there two years
ago ja, ik ben er twee jaar
geleden geweest [ya –
KHel**ay**duh KHe**vay**st]

every* (neuter) ieder [**ee**der]
(common gender) iedere
[**ee**deruh]

every hotel ieder hotel

every day iedere dag [daKH]

everyone iedereen [eederayn]

everything alles

everywhere overal [ohveral]

exactly! precies! [presees]

exam het examen

example het voorbeeld [vohrbaylt]
for example bijvoorbeeld [bīvohrbaylt]

excellent uitstekend [owtstaykent]
(food) heel lekker [hayl]
excellent! prima!

except behalve [behalvuh]

excess baggage het overgewicht (van de bagage) [ohverkHevikHt (van duh bakHahJuh]

exchange rate de wisselkoers [visselkoors]

exciting (day) opwindend [opvindent]
(holiday) geweldig [KHeveldiKH]
(film) spannend [spannent]

excuse me (to get past, to get attention) pardon
(to say sorry) neemt u mij niet kwalijk [naymt ∞ mī neet kvahlik]

exhaust (pipe) de uitlaat [owtlaht]

exhausted (tired) uitgeput [owtKHepoot]

exhibition de tentoonstelling [tentohnstelling]

exit de uitgang [owtKHang]
where's the nearest exit? waar is de dichtstbijzijnde uitgang? [vahr is duh diKHtst- bizīnduh]

expect verwachten [vervaKHtuh]

expensive duur [d∞r]

experienced ervaren [ervahruh]

explain uitleggen [owtlekKHuh]
can you explain that? zou u dat uit kunnen leggen? [zow ∞ dat owt koonnuh lekKHuh]

express (mail) expresse [express]
(train) de sneltrein [sneltrīn]

extension (telephone) het toestel [toostel]
extension 221, please toestel twee, twee, een, alstublieft [tvay tvay ayn alst∞bleeft]

extension lead het verlengsnoer [verlengsnoor]

extra: can we have an extra one? kunnen we er een extra krijgen? [koonnuh vuh er ayn extra krīKHuh]
do you charge extra for that? brengt u daar een extra bedrag voor in rekening? [∞ dahr uhn extra bedraKH vohr in raykening]

extraordinary buitengewoon [bowtuhkHevohn]

extremely uiterst [owterst]

eye het oog [ohKH]
will you keep an eye on my suitcase for me? wilt u even op mijn koffer letten? [vilt ∞ ayvuh op mīn koffer letten]

eyebrow pencil het

wenkbrauwpotlood
[venkbrow-potloht]
eye drops de oogdruppels
[**oh**KH-drooppels]
eyeglasses (US) de bril
eyeliner de eyeliner
eye make-up remover de
oogmake-up remover [ohKH-
'make-up remover']
eye shadow de oogschaduw
[**oh**KH-sKHahdoo]

F

face het gezicht [KHezi**K**Ht]
factory de fabriek [fah**bree**k]
Fahrenheit Fahrenheit
faint (verb) flauwvallen
[**flow**valluh]
  she's fainted ze is
  flauwgevallen [zuh is
  flowKHevalluh]
  I feel faint ik voel me flauw
  [vool muh flow]
fair (funfair) de kermis
  (trade) de beurs [boors]
  (adj) eerlijk [**ayr**lik]
fairly vrij [vrī]
fake de vervalsing
fall vallen [**val**luh]
  she's had a fall zij is gevallen
  [zī is KHevalluh]
fall (US) de herfst [hairfst]
  in the fall in de herfst [duh]
false vals
family het gezin [KHezin]
famous beroemd [beroomt]
fan (electrical) de ventilator

[ventilahtor]
  (handheld) de waaier [vah-yer]
  (sports) de supporter
fan belt de ventilatorriem
[ventilahtor-reem]
fantastic fantastisch [fantastees]
far ver [vair]

dialogue

is it far from here? is het
ver hier vandaan? [heer
vandahn]
no, not very far nee, niet
zo ver [nay neet]
well, how far? hoe ver
dan? [hoo]
it's about 20 kilometres het
is ongeveer twintig
kilometer [onkHevayr –
kilomayter]

fare de (vervoer)prijs
[(vervoor)prīs]
farm de boerderij [boorderī]
fashionable modieus [modi-
ows]
fast snel
fat (person) dik
  (on meat) het vet
father de vader [**vah**der]
father-in-law de schoonvader
[sKH**ohn**vahder]
faucet de kraan [krahn]
fault: sorry, it was my fault
sorry, het was mijn fout [vas
mīn fowt]
  it's not my fault het is niet
  mijn schuld [neet mīn sKH**oo**lt]

faulty defect [deh-**fekt**]

favourite favoriet [fahvor**ee**t]

fax de fax

(verb) faxen [**fax**uh]

February februari [faybr∞-**ah**ri]

feel voelen [**voo**luh]

I feel hot ik heb het warm
[hep]

I feel unwell ik voel me niet
goed [vool muh neet KHoot]

I feel like going for a walk ik
heb zin om een wandeling
te maken [uhn vandeling]

how are you feeling? hoe
voelt u zich? [hoo voolt ∞ ziKH]

I'm feeling better ik voel me
beter [muh **bay**ter]

felt-tip (pen) de viltstift
[**vilt**stift]

fence de omheining
[omh**i**ning]

fender (US: of car) de bumper
[b∞mper]

ferry de veerboot [**vay**rboht]

festival het festival

fetch halen [**hah**luh]l

I'll fetch him ik ga hem wel
halen [KHa uhm vel]

**will you come and fetch me
later?** kom je me straks
ophalen? [yuh muh straks
ophahluh]

feverish koortsachtig
[kohrts**a**KHtiKH]

few: a few een paar [uhn pahr]

a few days een paar dagen
[**dah**KHuh]

fiancé de verloofde
[verl**oh**fduh]

fiancée de verloofde

field het veld [velt]

fight het gevecht [KHeve**KH**t]

figs de vijgen [v**ī**kHuh]

fill in invullen [**in**v∞lluh]

do I have to fill this in? moet
ik dit invullen? [moot]

fill up vullen [**v∞**lluh]

fill it up, please kunt u hem
vol tanken, alstublieft [koont
∞ uhm vol **te**nkuh alst∞bleeft]

filling (in tooth) de vulling
[**v∞**lling]

(in sandwich) het beleg [bele**KH**]

film de film

dialogue

**do you have this kind of
film?** heeft u dit type film?
[hayft ∞ dit **tee**puh]

yes, how many exposures?
ja, hoeveel **o**pnamen? [ya
hoo**vay**l]

36 zesendertig
[zesen**de**rtiKH]

film processing het
ontwikkelen [ont**vi**kkeluh]

filthy smerig [sm**ay**rikH]

find vinden [**vin**duh]

I can't find it ik kan het niet
vinden [neet]

I've found it ik heb het
gevonden [hep het KHev**o**nduh]

find out er achter komen
[**a**KHter]

could you find out for me?
zou u dat voor mij kunnen

uitzoeken? [zow ∞ dat vohr mī **koo**nnuh **ow**tzookuh]

fine (weather) mooi [moy]
(punishment) de bekeuring
[bek**u**ring]

dialogue

how are you? hoe gaat het met u? [hoo кнaht uht met ∞]
I'm fine, thanks uitstekend, dank u
[**ow**tst**ay**kent]

is that OK? is dat goed?
[кн**oo**t]
that's fine, thanks zo is het goed, dank u wel [∞ vel]

finger de vinger [**vi**ng-er]
finish aflopen [**a**flohpuh]
(completely) klaar zijn [klahr zīn]
I haven't finished yet ik ben nog niet klaar [nокн neet]
when does it finish? wanneer is het afgelopen? [vann**ay**r is het **a**fкнelohpuh]
fire het vuur [v∞r]
(blaze) de brand [brant]
fire! brand!
can we light a fire here? mogen we hier een vuur maken? [**moh**кнuh vuh heer uhn v∞r m**a**hkuh]
it's on fire het staat in brand [staht]
fire alarm het brandalarm [**bra**ntalarm]
fire brigade de brandweer

[**bra**ntvayr]

The general emergency number is 112. The number for the fire brigade in Amsterdam is 621 2121.

fire escape de brandtrap [brant-trap]
fire extinguisher het blusapparaat [bl∞s-appahraht]
first eerst [ayrst]
I was first ik was eerst [vas]
at first eerst
the first time de eerste keer [**ay**rstuh kayr]
first on the left de eerste straat links [straht]
first aid de eerste hulp [**ay**rstuh h∞lp]
first-aid kit de verbanddoos [verb**a**nt-dohs]
first-class (travel etc) eerste klas [**ay**rstuh]
first floor de eerste verdieping [verd**ee**ping]
(US) de begane grond [bekн**ah**nuh кнront]
first name de voornaam [**voh**rnahm]
fish de vis
fishmonger's de viswinkel [**vi**svinkel]
fit (attack) de aanval [**ah**nval]
(healthy) fit
fit: **it doesn't fit me** het past me niet [muh neet]
fitting room de paskamer
fix (arrange) regelen [**ray**кнeluh]

can you fix this? (repair) kunt u dit repareren? [koont ∞ dit raypar**ay**ruh]

fizzy bruisend [br**ow**sent]

fizzy orange de sinas met prik [**see**nas]

flag de vlag [vlakH]

flannel het washandje [**vas**hant-yuh]

flash (for camera) de flitser [**flit**ser]

flat (apartment) de flat
(adj) plat
I've got a flat tyre ik heb een lekke band [hep uhn **lek**kuh bant]

flavour de smaak [smahk]

flea de vlo

Flemish Vlaams [vlahms]

flight de vlucht [vl∞kHt]

flight number het vluchtnummer [vl**∞**kHt-noommer]

flood de overstroming [ohverstr**oh**ming]

floor (of room) de vloer [vloor]
(storey) de verdieping [ver**deep**ing]
on the floor op de grond [duh KHront]

florist de bloemist [bloom**ist**]

flour het meel [mayl]

flower de bloem [bloom]

flu de griep [KHreep]

fluent: he speaks fluent Dutch hij spreekt vloeiend Nederlands [hī spraykt vl**oo**-yent n**ay**derlants]

fly de vlieg [vleekH]

(verb) vliegen [vl**ee**kHuh]

fog de mist

foggy: it's foggy het is mistig [**mist**ikH]

folk dancing het volksdansen [**volks**dansuh]

folk music de volksmuziek [**volks**m∞zeek]

follow volgen [**vol**kHuh]
follow me volg mij [volkH mī]

food het voedsel [**vood**sel]
(in restaurant, at home) het eten [**ay**tuh]
(in shops) de levensmiddelen [**lay**vuhs-middeluh]

food poisoning de voedselvergiftiging [**vood**sel-verkHiftikHing]

food shop/store de levensmiddelenzaak [**lay**vuhs-middeluhzahk]

foot (of person, measurement) de voet [voot]
on foot te voet [tuh]

football het voetbal [**voot**bal]

football match de voetbalwedstrijd [**voot**bal-vedstrīt]

for: do you have something for ...? (headache/diarrhoea etc) heeft u iets voor ...? [hayft ∞ eets vohr]

dialogues

who's the pea soup for? voor wie is de erwtensoep? [vohr vay]
that's for me die is voor

mij [dee is vohr mī]
and this? en dit?
that's for her dat is voor
haar [hahr]

**where do I get the bus for
Artis?** waar vandaan
vertrekt de bus naar Artis?
[vahr vandahn vertrekt duh bōos
nahr]
**the bus for Artis leaves
from the central station** de
bus naar Artis vertrekt
vanaf het centraal station
[vanaf het sentrahl stahshon]

**how long have you been
here?** hoe lang bent u
hier al? [hoo lang bent ōo heer]
**I've been here for two
days, how about you?** ik
ben hier nu twee dagen,
en u? [heer nōo – ōo]
I've been here for a week
ik ben hier nu een week
[vayk]

forehead het voorhoofd
[vohrhohft]
foreign buitenlands
[bowtuhlants]
foreigner de buitenlander
[bowtuhlander]
forest het bos
forget vergeten [verKHaytuh]
I forget, I've forgotten ik ben
het vergeten
fork de vork
(in road) de tweesprong

[tvaysprong]
form (document) het formulier
[formōoleer]
formal (dress) formeel [formayl]
fortnight twee weken [tvay
vaykuh]
fortunately gelukkig
[KHelOOkkikH]
**forward: could you forward my
mail?** zou u mijn post
kunnen doorsturen? [zow ōo
mīn posst koonnuh dohrstōoruh]
forwarding address het adres
voor het nazenden van de
post [vohr het nahzenduh van duh
posst]
foundation (make-up) de
basiscrème [bahsiskrem]
fountain de fontein [fontīn]
foyer de foyer
fracture de breuk [browk]
France Frankrijk [frankrīk]
free vrij [vrī]
(no charge) gratis [KHrahtis]
is it free (of charge)? is het
gratis?
freeway de (auto)snelweg
[(Owto)snelvekH]
freezer de diepvries
[deepvrees]
French Frans
French fries de patat friet
[freet]
frequent vaak [vahk]
**how frequent is the bus to
Nijmegen?** hoe vaak gaat de
bus naar Nijmegen? [hoo vahk
KHaht duh bōos nahr]
fresh (air) fris

(fruit, milk etc) vers [vairs]

fresh orange juice vers sinaasappelsap [**see**nahsappelsap]

Friday de vrijdag [**vrī**daKH]

fridge de koelkast [**kool**kast]

fried gebakken [KHe**bak**kuh]

fried egg het gebakken ei [ī]

friend (male/female) de vriend/vriendin [vreent/vreen**din**]

a friend of mine (male/female) een vriend/vriendin van mij [mī]

friendly vriendelijk [**vreen**delik]

from van

when does the next train from Antwerp arrive? wanneer komt de volgende trein uit Antwerpen aan? [**van**nayr komt duh **vol**KHenduh trīn owt **ant**verpuh ahn]

from Monday to Friday van maandag tot vrijdag [**mah**ndaKH – **vrī**daKH]

from this Thursday vanaf donderdag [van**af**]

from next Thursday (a week on Thursday) vanaf volgende week donderdag [**vol**KHenduh vayk]

dialogue

where are you from? waar komt u vandaan? [vahr komt oo van**dahn**]

I'm from Slough ik kom uit Slough [owt]

front de voorkant [**vohr**kant]

in front vooraan [voh**rahn**]

in front of the hotel voor het hotel [vohr]

at the front aan de voorkant [ahn duh]

frost de vorst [vorst]

frozen bevroren [bev**roh**ruh]

frozen food de diepvrieseten [deep-vrees**ay**tuh]

fruit het fruit [frowt]

fruit juice het vruchtensap [vr**oo**KHtuhsap]

fry bakken [**bak**kuh]

frying pan de koekenpan [**koo**kuhpan]

full vol

it's full of ... het zit vol met ...

I'm full ik heb genoeg gegeten [hep KHe**nooKH** KHeKH**ay**tuh]

full board volpension [vol-pen**shon**]

fun: it was fun het was leuk [vas lurk]

funeral de begrafenis [beKH**rah**fuhis]

funny (strange) vreemd [vraymt]

(amusing) grappig [KH**rap**piKH]

furniture het meubilair [murbi**layr**]

further verder [**vair**der]

it's further down the road het is een eindje verderop [uhn **īnt**-yuh vairder**op**]

dialogue

how much further is it to Haarlem? hoe ver is het nog naar Haarlem [hoo vair is het noKH nahr]
about 5 kilometres ongeveer vijf kilometer [onKHevayr – kilomayter]

fuse de zekering [zaykering]
the lights have fused de zekeringen zijn gesprongen [zin KHespronguh]
fuse box de stoppenkast
fuse wire het smeltdraad [smeltdraht]
future de toekomst [tookomst]
in future van nu af aan [nœ af ahn]

G

game (cards etc) het spelletje [spellet-yuh]
(match) de partij [parti]
(meat) het wild [vilt]
garage (for fuel) het benzinestation [benzeenuh-stashon]
(for repairs, parking) de garage [KHahrahJuh]
garden de tuin [town]
garlic het knoflook [k-noflohk]
gas het gas [KHas]
(US: petrol) de benzine [benzeenuh]
gas cylinder (camping gas) de

gasfles [KHasfles]
gasoline de benzine [benzeenuh]
gas-permeable lenses de poreuze lenzen [porOWzuh]
gas station (for fuel) het benzinestation [benzeenuh-stashon]
gate het hek
(at airport) de gate
gay homo
gay bar het homocafé
gearbox de versnellingsbak [versnellingsbak]
gear lever de versnellingspook [versnellings-pohk]
gears de versnellingen [versnellinguh]
general algemeen [alkHemayn]
gents (toilet) het herentoilet [hayruh-twa-let]
genuine (antique etc) echt [eKHt]
German Duits [dowts]
Germany Duitsland [dowtslant]
get (fetch) halen [hahluh]
(find) krijgen [kriKHuh]
could you get me another one, please? wilt u er nog een voor mij halen, alstublieft? [vilt œ er noKH ayn vohr mi hahluh alstœbleeft]
how do I get to ...? hoe kom ik in ...? [hoo]
do you know where I can get them? weet u waar ik ze kan krijgen? [vayt œ vahr ik zuh kan kriKHuh]

dialogue

can I get you a drink? wil je iets drinken? [vil yuh eets]
no, I'll get this one, what would you like? nee, ik betaal voor deze, wat wil je hebben? [nay ik bet**ahl** vohr d**ay**zuh vat vil yuh]
a glass of red wine een glas rode wijn [KHlas r**oh**duh vin]

get back (return) terugkomen [ter∞KH-kohmuh]
get in (arrive) aankomen [**ahn**kohmuh]
get off uitstappen [**ow**tstappuh]
  where do I get off? waar moet ik uitstappen? [vahr moot]
get on (to train etc) instappen [**in**stappuh]
get out (of car etc) uitstappen [**ow**tstappuh]
get up (in the morning) opstaan [**op**stahn]
gift het cadeau [kahd**oh**]
gift shop de cadeauwinkel [kahd**oh**-vinkel]
gin de gin
  (Dutch) de jenever [yen**ay**ver]
  a gin and tonic, please een gin en tonic, alstublieft [uhn – alst∞bleeft]
girl het meisje [m**i**shuh]
girlfriend de vriendin [vreendin]
give geven [KH**ay**vuh]

can you give me some change? kunt u mij wat wisselgeld geven? [koont ∞ mī vat visselKHelt]
I gave it to him ik heb het aan hem gegeven [hep uht ahn hem KHeKH**ay**vuh]
will you give this to ...? wil je dit aan ... geven? [vil yuh dit]

dialogue

how much do you want for this? hoeveel wilt u hiervoor hebben? [hoov**ay**l vilt ∞ h**eer**vohr]
25 guilders vijfentwintig gulden [KH∞lduh]
I'll give you 10 guilders ik geef u tien gulden [KH**ay**f ∞]

give back teruggeven [ter∞KH-KH**ay**vuh]
glad blij [blī]
glass (material) het glas [KHlas]
  (for drinking) het (drink)glas
  a glass of wine een glas wijn [vin]
glasses de bril
gloves de handschoenen [hantsKH**oo**nuh]
glue de lijm [līm]
go gaan [KHahn]
  we'd like to go to the Efteling we willen graag naar de Efteling [vuh **vi**lluh KHrahKH nahr duh]
  where are you going? waar

gaat u heen? [vahr KHaht ∞ hayn]

where does this bus go? waar gaat deze bus heen? [vahr KHaht **day**zuh b∞s]

let's go! we gaan! [vuh KHahn]

she's gone (left) ze is weg [zuh is veKH]

where has he gone? waar is hij heen? [vahr is hī hayn]

I went there last week ik ben daar vorige week geweest [dahr **voh**rikHuh vayk KHe**vay**st]

hamburger to go de hamburger om mee te nemen [**h**amb∞rkHer om may tuh **n**aymuh]

go away weggaan [**ve**KH-KHahn]

go away! ga weg! [KHah veKH]

go back (return) teruggaan [ter∞KH-KHahn]

go down (the stairs etc) naar beneden gaan [nahr ben**ay**duh KHahn]

go in naar binnen gaan

go out (in the evening) uitgaan [**ow**tKHahn]

do you want to go out tonight? heb je zin om vanavond uit te gaan? [hep yuh zin om van**ah**vont owt tuh KHahn]

go through meemaken [**may**mahkuh]

go up (the stairs etc) naar boven gaan [nahr **bo**hvuh KHahn]

goggles (for swimming) de duikbril [**d**owkbril]

gold het goud [KH**ow**t]

golf het golfen [**g**olfuh]

golf course de golfbaan [**g**olfbahn]

good goed [KH**oo**t]

good! goed zo!

it's no good daar heb ik niets aan [dahr hep ik neets ahn]

goodbye tot ziens [zeens]

Although many people still stick to '**dag**' [bye] to wish someone goodbye, it's become a fashion amongst younger people to wish each other goodbye with a singsong '**doei!**' [doo-ee] or '**doei-doei!**' – words you'll hear a thousand times a day on every street corner and which, like the word '**doeg!**' [dookH] that some people use, mean 'cheerio!'

good evening goedenavond [KH**oo**yuh-**ah**vont]

Good Friday Goede Vrijdag [KH**oo**duh vr**ī**dakH]

good morning goedemorgen [KH**oo**yuh-**m**orkHuh]

good night goedenacht [KH**oo**yuh-na**KH**t]

goose de gans [KHans]

got: we've got to leave we moeten nu weg [vuh **m**ootuh n∞ veKH]

have you got any ...? heeft u ook ...? [hayft ∞ ohk]

government de regering [re**KH**ayring]

gradually geleidelijk [KHel**ī**delik]

grammar de grammatica

[KHramm**ah**tika]
gram(me) de gram [KHram]
granddaughter de
kleindochter [kl**ī**ndoKHter]
grandfather de grootvader
[KHr**oh**tvahder]
grandmother de grootmoeder
[KHr**oh**tmooder]
grandson de kleinzoon
[kl**ī**nzohn]
grapefruit de grapefruit
grapefruit juice het
grapefruitsap
grapes de druiven [dr**ow**vuh]
grass het gras [KHras]
grateful dankbaar [**dank**bahr]
gravy de jus [J∞]
great (excellent) geweldig
[KHev**el**dikH]
that's great! dat is fantastisch!
[fant**as**tees]
a great success een groot
succes [uhn KHroht s∞ks**es**]
Great Britain Groot-
Brittannië [KHroht-britt**anni**-uh]
Greece Griekenland
[KHr**ee**kuhlant]
greedy gulzig [KH∞lzikH]
Greek Grieks [KHreeks]
green groen [KHroon]
green card (car insurance) het
verzekeringsbewijs
[verz**ay**kerings-bewis]
greengrocer's de
groentewinkel [KHr**oon**tevinkel]

greeting people
When meeting or being
introduced to someone for

the first time you should introduce
yourself by stating your full name
and extending your hand for a
handshake. This applies to both
sexes. If the person you are meeting
is well known to you, the handshake
rule still applies.

grey grijs [KHr**ī**s]
grilled gegrild [KHeKHr**i**lt]
grocer's de
kruidenier(swinkel)
[kr**ow**duh**eer**(swinkel)]
ground de grond [KHront]
on the ground op de grond
ground floor de begane grond
[bek**ah**nuh]
group de groep [KHroop]
guarantee de garantie
[KHah**ran**see]
is it guaranteed? is dat
gegarandeerd? [KHeKHah**ran**-
d**ay**rt]
guest de gast [KHast]

If you're invited to
somone's home, you can
take a bottle of wine or a
bunch of flowers; some older people
still associate lilies or white roses
with funerals, but younger people
wouldn't be offended if you brought
these. Gift-giving has also expanded
to include trendier options such as
bottles of gourmet olive oil or
vinegar. Taking a box of chocolates
is seen as romantic.

guesthouse het pension

[penshon]

guide (person) de gids [KHits]

guidebook de reisgids [rīsKHits]

guided tour de rondleiding [rontlīding]

guilder de gulden [KHOOlduh]

guitar de gitaar [KHitahr]

gum (in mouth) het tandvlees [tantvlays]

gun de revolver

gym de gymnastiekzaal [KHimnasteek-zahl]

H

Hague: the Hague Den Haag [hahKH]

hair het haar [hahr]

hairbrush de haarborstel [hahrborstel]

haircut de coupe [koop]

hairdresser's (men's) de herenkapper [hayruhkapper] (women's) de dameskapper [dahmeskapper]

hairdryer de haardroger [hahrdrohkHer]

hair gel de haargel [hahrJel]

hairgrips de haarspelden [hahrspelduh]

hair spray de haarlak [hahrlak]

half* half [hal-f]

half an hour een half uur [uhn hal-f oor]

half a litre een halve liter [halfvuh]

about half that ongeveer de helft daarvan [onkHevayr duh

helft dahrvan]

half board halfpension [hal-f-penshon]

half-bottle de halve literfles [halfvuh]

half fare de halve prijs [prīs]

half-price tegen de halve prijs [tayKHuh]

ham de ham

hamburger de hamburger [hamboorkHer]

hammer de hamer [hahmer]

hand de hand [hant]

handbag de handtas [hant-tas]

handbrake de handrem [hantrem]

handkerchief de zakdoek [zakdook]

handle (on door) de deurknop [dur-k-nop] (on suitcase etc) het handvat [hantvat]

hand luggage de handbagage [hantbakHah.Juh]

hang-gliding het deltavliegen [deltavleeKHuh]

hangover de kater [kahter]

I've got a hangover ik heb een kater [hep]

happen gebeuren [KHeburuh]

what's happening? wat gebeurd er allemaal? [vat KHeboort er allemah!]

(what's on?) wat is er te doen? [tuh doon]

what has happened? wat is er gebeurd?

happy gelukkig [KHelookkikH]

I'm not happy about this ik

ben hier niet erg blij mee
[heer neet erkH blī may]
harbour de haven [hahvuh]
hard hard [hart]
(difficult) moeilijk [moo-eelik]
hard-boiled egg het
hardgekookt ei [hartKHekohkt ī]
hard lenses de harde lenzen
[harduh]
hardly nauwelijks [nOWeliks]
hardly ever haast nooit [hahst
noyt]
hardware shop de
ijzerwarenwinkel
[īzervaruhvinkel]
hat de hoed [hoot]
hate haten [hahtuh]
have* hebben [hebbuh]
can I have a ...? mag ik
een ... (hebben)? [maKH]
do you have ...? heeft u ...?
[hayft oo]
what'll you have? wat wil je
drinken? [vat vil yuh]
I have to leave now ik moet
nu weg [moot noo vekH]
do I have to ...? moet ik ...?
can we have some ...?
kunnen we wat ... krijgen?
[koonnuh vuh vat ... krīKHuh]
hayfever de hooikoorts
[hoykohrts]
hazelnuts de hazelnoten
[hahzelnohtuh]
he* hij [hī]
head het hoofd [hohft]
headache de hoofdpijn
[hohftpīn]
headlights de koplampen

[koplampuh]
headphones de koptelefoon
[koptelefohn]
health food shop de
reformwinkel [reformvinkel]
healthy gezond [KHezont]
hear verstaan [verstahn]

dialogue

can you hear me? kun je
me verstaan? [koon yuh muh
verstahn]
I can't hear you, could you
repeat that? ik kan je niet
verstaan, zou je dat
kunnen herhalen? [neet
verstahn zOW yuh dat koonnuh
hairhahluh]

hearing aid het
gehoorapparaat [KHehohr-
apparaht]
heart het hart
heart attack de hartaanval
[hartahnval]
heat de hitte [hittuh]
heater (in room) de kachel
[kaKHel]
(in car) de verwarming
heating de verwarming
heavy zwaar [zvahr]
heel (of foot) de hiel [heel]
(of shoe) de hak
could you heel these? zou u
hier hakken onder kunnen
zetten? [zOW oo heer hakkuh
onder koonnuh]
heelbar de hakkenbar

height (of person) de lengte [**leng**tuh]
(of mountain) de hoogte [**hoh**KHtuh]
helicopter de helikopter [**hay**likopter]
hello hallo
helmet (for motorcycle) de valhelm [**val**helm]
help de hulp [hoolp]
(verb) helpen [**hel**puh]
help! help!
can you help me? kunt u me helpen? [koont oo muh]
thank you very much for your help heel hartelijk dank voor uw hulp [hayl **har**telik dank vohr oo]
helpful behulpzaam [beh**oo**lp-zahm]
hepatitis de leverontsteking [**lay**fver-ontstayking]
her*: I haven't seen her ik heb haar niet gezien [hep hahr neet KHes**een**]
for her voor haar [vohr]
that's her dat is ze [zuh]
that's her bag dat is haar tas
herbal tea de kruidenthee [kr**ow**duhtay]
herbs de kruiden [kr**ow**duh]
here hier [heer]
here is/are ... hier is/zijn ... [zin]
here you are (offering: pol) alstublieft [**a**lstoobleeft]
(fam) alsjeblieft [**a**ls-yuhbleeft]
herring de haring [**ha**hring]
hers*: that's hers dat is van

haar [hahr]
hey! hé! [hay]
hi! (hello) hallo!
hide verbergen [ver**ber**KHuh]
high hoog [hohKH]
highchair de kinderstoel [**kinder**stool]
highway de (auto)snelweg [(**ow**to)snelveKH]
hill de heuvel [**hur**vel]
him*: I haven't seen him ik heb hem niet gezien [hep uhm neet KHes**een**]
for him voor hem [vohr hem]
that's him dat is hem [uhm]
hip de heup [hurp]
hire huren [**hoo**ruh]
for hire te huur [tuh hoor]
where can I hire a bike? waar kan ik een fiets huren? [vahr kan ik uhn feets]
see **rent**
his*: it's his car het is zijn auto [zin]
that's his dat is van hem
hit slaan [slahn]
hitchhike liften [**lif**tuh]
hobby de hobby
hold vasthouden [**vast**-howduh]
hole het gat [KHat]
holiday de vakantie [vak**an**see]
on holiday op vakantie
Holland Nederland [**nay**derlant]
home het huis [hows]
at home (in my house etc) thuis [tows]
(in England) bij ons in Engeland [bi]
we go home tomorrow we

gaan morgen terug naar huis
[vuh KHahn morkHuh ter00KH nahr hows]

honest eerlijk [**ay**rlik]
honey de honing [**hoh**ning]
honeymoon de huwelijksreis
[**hoo**-liksrīs]
hood (US: car) de motorkap
hope: I hope so ik hoop het
[hohp]
I hope not ik hoop van niet
[neet]
hopefully hopelijk [**hoh**pelik]
horn (of car) de toeter [**too**ter]
horrible afschuwelijk [afsKH00-uhlik]
horse het paard [pahrt]
horse riding paardrijden
[**pah**rt-rīduh]
hospital het ziekenhuis
[**zee**kenhows]
hospitality de gastvrijheid
[KHastvrī**h**it]
thank you for your hospitality
dank u voor uw gastvrijheid
[00 vohr 00]
hot heet [hayt]
(spicy) pittig [**pitt**ikH]
I'm hot ik heb het warm [hep het varm]
it's hot today het is warm
vand**aa**g
hotel het hotel
hotel room de hotelkamer
[**h**otel-kahmer]
hour het uur [00r]
house het huis [hows]
house wine de huiswijn
[**h**owsvīn]

hovercraft de hovercraft
[**h**00verkraft]
how hoe [hoo]
how many? hoeveel?
[hoo**vay**l]
how do you do? aangenaam
kennis te maken [**ah**nkHenahm
kennis tuh m**ah**kuh]

dialogue

how are you? hoe gaat het
met u? [hoo KHaht uht met 00]
fine, thanks, and you?
uitstekend, dank u, en
met u? [owtst**ay**kent]

how much is it? wat kost
het? [vat]
5.25 (guilders) vijf
(gulden) vijfentwintig
[KH00lduh vīf-uhnt**win**tikH]
I'll take it dan neem ik het
[naym]

humid vochtig [**vo**KHtikH]
hungry: I'm hungry ik heb
honger [hep]
are you hungry? heeft u trek?
[hayft 00]
hurry (zich) haasten [(zikH)
h**ah**stuh]
I'm in a hurry ik heb haast
[hep hahst]
there's no hurry er is geen
haast bij [KHayn hahst bī]
hurry up! schiet op! [sKHeet]
hurt (verb) pijn doen [pīn doon]
it really hurts het doet echt

pijn [doot eKHt]
husband de echtgenoot [eKHt-KHenoht]
hyacinth de hyacint [hee-ahsint]
hydrofoil de vleugelboot [vlowKHelboht]

I

I* ik
ice het ijs [īs]
  with ice met ijs
  no ice, thanks zonder ijs graag [KHrahKH]
ice cream het ijsje [īshuh]
ice-cream cone het horentje [horent-yuh]
ice lolly de ijslollie [īslollee]
ice rink de ijsbaan [īsbahn]
ice skates de schaatsen [sKHahtsuh]
ice skating schaatsen [sKHahtsuh]
idea het idee [eeday]
idiot de idioot [eedi-yoht]
if als
ignition de ontsteking [ontstayking]
ill ziek [zeek]
  I feel ill ik voel me niet goed [vool muh neet KHoot]
illness de ziekte [zeektuh]
imitation (leather etc) kunst- [kɔɔnst-]
immediately onmiddelijk [onmiddelik]
important belangrijk

[belangrīk]
  it's very important het is erg belangrijk [erKH]
  it's not important het is niet belangrijk [neet]
impossible onmogelijk [onmohKHelik]
impressive indrukwekkend [indrɔɔk-vekkent]
improve verbeteren [verbayteruh]
  I want to improve my Dutch ik wil mijn Nederlands verbeteren [vil muhn nayderlants]
in: it's in the centre het is in het centrum [sentrɔɔm]
  in my car in mijn auto
  in two days from now over twee dagen [over – dahKHuh]
  in five minutes over vijf minuten
  in May in mei [mī]
  in English in het Engels
  in Dutch in het Nederlands [nayderlants]
  is he in? is hij thuis? [is-ee tows]
inch de duim [dowm]
include bevatten [bevattuh]
  does that include meals? zijn de maaltijden daarbij inbegrepen? [zin duh mahltīduh dahrbī inbeKHraypuh]
  is that included? is dat erbij inbegrepen? [erbī]
inconvenient ongelegen [onKHelayKHuh]
incredible ongelooflijk

[onkHel**oh**felik]
Indian Indiaas [**i**ndiahs]
indicator de
richtingaanwijzer [**ri**KHting-
ahnvīzer]
indigestion
spijsverteringsproblemen
[sp**ī**svertayrings-problaymuh]
Indonesia Indonesië
[indon**ay**si-uh]
Indonesian Indisch [**i**ndees],
Indonesisch [indon**ay**sis]
indoor pool het binnenbad
[**bi**nnuhbat]
indoors binnen [**bi**nnuh]
inexpensive goedkoop
[KHootk**oh**p]
infection de infectie [inf**e**ksee]
infectious besmettelijk
[besm**e**ttelik]
inflammation de ontsteking
[onts**tay**king]
informal informeel [inform**ay**l]
information de informatie
[inform**ah**tsee]
  **do you have any information
about ...?** heeft u ook
informatie over ...? [hayft ∞
ohk – **o**ver]
information desk de
informatiebalie [inform**ah**tsee-
bahlee]
injection de injectie [in-y**e**ksee]
injured gewond [KHev**o**nt]
  she's been injured ze is
gewond [zuh]
in-laws de schoonouders
[sKH**oh**nowders]
inner tube de binnenband

[**bi**nnuhbant]
innocent onschuldig
[onsKH**∞**ldikH]
insect het insekt
insect bite de insektenbeet
[ins**e**ktuhbayt]
  **do you have anything for
insect bites?** heeft u iets
tegen insektenbeten? [∞ eets
tayKHuh ins**e**ktuh-baytuh]
insect repellent het
insektenwerend middel
[ins**e**ktuh-vayrent]
inside binnen [**bi**nnuh]
  inside the hotel in het hotel
  let's sit inside laten we
binnen zitten [**lah**tuh vuh]
insist aandringen [**ah**ndringuh]
  I insist ik sta erop
insomnia de slapeloosheid
[slahpel**oh**s-hīt]
instant coffee de oploskoffie
[**o**ploskoffee]
instead in plaats daarvan
[plahts d**ah**rvan]
  give me that one instead geef
me die er maar voor in de
plaats [KHayf muh dee er mahr vohr
in duh plahts]
  instead of ... in plaats van ...
insulin de insuline [ins**oo**leenuh]
insurance de verzekering
[verz**ay**kering]
intelligent intelligent
[intelli**ki**Hent]
interested: I'm interested in ...
ik ben geïnterresseerd in ...
[KHeh-interres**ay**rt]
interesting interess**a**nt

that's very interesting dat is erg interessant [erkH]

international internationaal [internahshonahl]

interpret tolken [tolkuh]

interpreter de tolk

intersection het kruispunt [krowspoont]

interval (at theatre) de pauze [powzuh]

into in

I'm not into ... ... interesseert mij niet [mī neet]

introduce voorstellen [vohrstelluh]

may I introduce ...? mag ik ... aan u voorstellen? [makH – ahn oo]

invitation de uitnodiging [owtnohdikHing]

invite uitnodigen [owtnohdikHuh]

Ireland Ierland [eerlant]

Irish Iers [eers]

I'm Irish ik kom uit Ierland [owt eerlant]

iron (for ironing) het strijkijzer [strīkīzer]

can you iron these for me? kunt u deze voor me strijken? [koont oo dayzuh vohr muh strīkuh]

is* is

island het eiland [īlant]

it het

it is ... het is ...

is it ...? is het ...?

where is it? waar is het? [vahr]

it's him hij is het [hī]

it was ... het was ... [vas]

Italian Italiaans [eetal-yahns]

Italy Italië [itahli-uh]

itch: it itches het jeukt [yowkt]

J

jack (for car) de krik

jacket het jack [yak]

(suit) het jasje [yas-yuh]

jam de jam [Jem]

jammed: it's jammed het zit vast

January januari [yanoo-ahri]

jar de pot

jaw de kaak [kahk]

jazz jazz

jealous jaloers [yaloors]

jeans de spijkerbroek [spīkerbrook]

jellyfish de kwal [kval]

jersey de trui [trow]

jetty de aanlegsteiger [ahnlekHstīkHer]

jeweller's de juwelier [yoo-uhleer]

jewellery de juwelen [yoo-ayluh]

Jewish Joods [yohts]

job de baan [bahn]

jogging joggen [joKHuh]

to go jogging gaan joggen [KHahn]

joke de grap [KHrap]

journey de reis [rīs]

have a good journey! goeie reis! [KHoo-yuh]

jug de kan
  a jug of water een kan water
  [uhn kan **vah**ter]
juice het (vruchten)sap
  [(vr**oo**KHtuh)sap]
July juli [**yoo**li]
jump springen [**spring**uh]
jumper de trui [trow]
jump leads de accukabels
  [**akk**oo**kabels**]
junction de kruising [kr**ow**sing]
June juni [**yoo**ni]
just (only) alleen [**allayn**]
  just two maar twee [mahr]
  just for me alleen voor mij
  [vohr mī]
  just here hier [heer]
  not just now nu even niet
  [noo **ay**vuh neet]
  we've just arrived we zijn net
  aangekomen [vuh zīn net
  ahnKHekomuh]

K

keep houden [**how**duh]
  keep the change zo is het
  goed [KHoot]
  can I keep it? mag ik het
  houden? [maKH]
  please keep it u kunt het
  houden [oo koont]
ketchup de ketchup
kettle de ketel [**kay**tel]
key de sleutel [**slow**tel]
  the key for room 201, please
  de sleutel voor kamer 201,
  alstublieft [vohr k**ah**mer tvay-

hondert-ayn alst**oo**bleeft]
keyring de sleutelring
  [**slow**telring]
kidneys de nieren [**neer**uh]
kill doden [**doh**duh]
kilo de kilo
kilometre de kilometer
  [**kilo**mayter]
  **how many kilometres is it
  to ...?** hoeveel kilometer is
  het naar ...? [**hoovayl** – nahr]
kind (generous) vriendelijk
  [**vreen**delik]
  that's very kind dat is erg
  vriendelijk [erkH]

dialogue

  which kind do you want?
  welke soort wilt u? [**velkuh**
  sohrt vilt oo]
  I want this/that kind ik wil
  deze/die soort [vil
  dayzuh/dee]

king de koning
kiosk de kiosk [k**oo**s]
kiss de kus [koos]
  (verb) kussen [**koos**suh]
kitchen de keuken [**kow**kuh]
kitchenette de kleine keuken
  [**klīn**uh]
knee de knie [k-nee]
knickers het damesslipje
  [**dah**mes-slip-yuh]
knife het mes
knock kloppen [**klop**puh]
knock down aanrijden
  [**ahn**rīduh]

he's been knocked down hij is aangereden [hī is **ah**nKHerayduh]

knock over (object) omgooien [**o**mKHoyuh]

(pedestrian) omverrijden [omv**e**rrīduh]

know (somebody, place) kennen [**ke**nnuh]

(something) weten [**vay**tuh]

I don't know ik weet het niet [vayt het neet]

I didn't know that dat wist ik niet [vist]

do you know where I can find ...? weet u waar ik ... kan vinden? [vayt ∞ vahr – v**i**nduh]

L

label het etiket

(for suitcase) de label

ladies' room, ladies' toilets het damestoilet [**dah**mes-twa-let]

ladies' wear de dameskleding [**dah**mes-klayding]

lady de dame [**dah**muh]

lager het pils

a glass of lager een pilsje [uhn p**i**lshuh]

see **beer**

lake het meer

lamb (meat) het lamsvlees [**l**amsvlays]

lamp de lamp

lane (on motorway) de rijstrook [rī-strohk]

(small road) het weggetje [**ve**KHet-yuh]

language de taal [tahl]

language course de taalcursus [**tahl**-k∞rs∞s]

large groot [KHroht]

last* (neuter) laatst [lahtst]

(common gender) laatste [**lah**tstuh]

last week vorige week [**voh**rikHuh vayk]

last Friday afgelopen vrijdag [**af**KHelopuh]

last night gisteravond [KHister**ah**vont]

what time is the last train to Groningen? hoe laat gaat de laatste trein naar Groningen? [hoo laht KHaht duh **lah**tstuh trīn nahr]

late laat [laht]

sorry I'm late sorry dat ik zo laat ben

the train was late de trein was te laat [vas tuh]

we must go – we'll be late we moeten gaan – anders komen we te laat [vuh m**oo**tuh KHahn]

it's getting late het wordt laat [vort]

later later [**lah**ter]

I'll come back later ik kom straks terug [ter∞KH]

see you later tot straks

later on later [**lah**ter]

latest laatste [**lah**tstuh]

by Wednesday at the latest

niet later dan woensdag [neet **lah**ter]

laugh lachen [la**KH**uh]

launderette, laundromat de wasserette [vasser**e**ttuh]

laundry (clothes) het wasgoed [**va**sKHoot]
(place) de wasserij [vasser**ī**]

lavatory de w.c. [vay-s**ay**]

law de wet [vet]

lawn het grasveld [**KH**r**a**svelt]

lawyer (man/woman) de advocaat/advocate [advok**ah**t/advok**ah**tuh]

laxative het laxeermiddel [lax**ay**rmiddel]

lazy lui [l**ow**]

lead (electrical) het (electrisch) snoer [(ayl**e**ktrees) snoor]
(verb) leiden [l**ī**duh]
where does this road lead to? waar gaat deze weg naartoe? [vahr KHaht dayzuh vekh nahrt**oo**]

leaf het blad [blat]

leaflet de brochure [brohsh**oo**ruh]

leak de lekkage [lekk**ah**sh-uh]
(verb) lekken [**le**kkuh]
the roof leaks het dak lekt

learn leren [**lay**ruh]

least: not in the least helemaal niet [helem**ah**l neet]
at least ten minste [**mi**nstuh]

leather het leer

leave vertrekken [vert**re**kkuh]
I am leaving tomorrow ik vertrek morgen [vert**re**k m**o**rKHuh]
he left yesterday hij is

gisteren vertrokken [hī is KHisteruh vertr**o**kkuh]
may I leave this here? kan ik dit hier laten liggen? [heer **lah**tuh li**KH**uh]
I left my coat in the bar ik heb mijn jas in de bar laten liggen [hep]
when does the bus for Breda leave? wanneer vertrekt de bus naar Breda? [vann**ay**r vertrekt duh b**oo**s nahr]

leeks de prei [prī]

left links
on the left, to the left aan de linkerkant [ahn duh]
turn left ga naar links [**KH**a nahr]
there's none left er is er geen een over [KHayn ayn **oh**ver]

left-handed linkshandig [links-h**a**ndiKH]

left luggage (office) het bagagedepot [bakHa**h**Juh-daypoh]

leg het been [bayn]

lemon de citroen [sitr**oo**n]

lemonade de limonade [limon**ah**duh]

lemon tea de citroenthee [sitr**oo**ntay]

lend lenen [**lay**nuh]
will you lend me your ... ? kunt u mij uw ... lenen? [koont oo mī oo]

lens (of camera) de lens

lesbian lesbisch [**le**sbees]

less minder
less than minder dan

less expensive niet zo duur [neet zo]

lesson de les

let (allow) laten [**lah**tuh]

will you let me know? laat u het me weten? [laht ∞ het muh **vay**tuh]

I'll let you know ik laat het u weten

let's go for something to eat laten we wat gaan eten [vuh vat KHahn **ay**tuh]

let off laten uitstappen [**lah**tuh **ow**tstappuh]

will you let me off at ...? wilt u mij uit laten stappen bij ...? [vilt ∞ mī owt **lah**tuh stappuh bī]

letter de brief [breef]

do you have any letters for me? is er post voor me? [posst vohr muh]

letterbox de brievenbus [**bree**vuhb∞s]

lettuce de sla

lever de hendel

library de bibliotheek [bibliot**ayk**]

licence de vergunning [verKH**∞**nning]

lid het deksel

lie (tell untruth) liegen [**lee**KHuh]

lie down gaan liggen [KHahn **li**KHuh]

life het leven [**lay**vuh]

lifebelt de reddingsgordel [**redding**sKHordel]

lifeguard de strandwacht [**strant**vaKHt]

life jacket het reddingsvest [**redding**svest]

lift (in building) de lift

could you give me a lift? zou u mij een lift kunnen geven? [zow ∞ mī uhn lift **koo**nnuh KH**ay**vuh]

would you like a lift? wil je een lift hebben? [vil yuh uhn]

light het licht [liKHt]

(not heavy) licht

do you have a light? (for cigarette) heeft u een vuurtje? [hayft ∞ uhn v**oo**rt-yuh]

light green lichtgroen [liKHtKHr**oon**]

light bulb de gloeilamp [KHl**oo**-eelamp]

I need a new light bulb ik heb een nieuwe gloeilamp nodig [hep uhn **new**-uh KHl**oo**-eelamp n**oh**diKH]

lighter (cigarette) de aansteker [**ahn**steker]

lightning de bliksem

like houden van [**how**duh van]

I like it (food) ik vind het lekker [vint]

(situation, activity) ik vind het leuk [lowk]

(view, ornament etc) ik vind het mooi [moy]

I like going for walks ik houd van wandelen [howt van **van**deluh]

I like you ik vind je aardig [yuh **ahr**diKH]

I don't like it (food) ik vind het niet lekker [neet]

(situation, activity) ik vind het niet leuk [lowk]
(view, ornament etc) ik vind het niet mooi [moy]
do you like ...? hou je van ...? [how yuh van]
I'd like a beer ik wil graag een biertje [vil KHrahKH uhn beert-yuh]
I'd like to go swimming ik wil graag gaan zwemmen [KHahn]
would you like a drink? wilt u iets drinken? [vilt ω eets]
would you like to go for a walk? zullen we een wandeling gaan maken? [zωlluh vuh uhn vandeling KHahn mahkuh]
what's it like? hoe is dat? [hoo]
I want one like this ik wil er zo een [vil er zo ayn]
lily de lelie [laylee]
lime de limoen [limoon]
lime cordial de limoensiroop [limoonsirohp]
line (on paper) de regel [rayKHel]
· (phone) de lijn [lin]
could you give me an outside line? kunt u mij een buitenlijn geven? [koont ω mī uhn bowtuhlīn KHayvuh]
lips de lippen [lippuh]
lip salve de lippenzalf
lipstick de lippenstift
liqueur de likeur [likur]
listen luisteren [lowsteruh]
litre de liter
a litre of white wine een liter

witte wijn
little klein [klīn]
just a little, thanks een klein beetje graag [bayt-yuh KHrahKH]
a little milk een klein scheutje melk [skhurt-yuh]
a little bit more ietsje meer [eets-yuh mayr]
live leven [layvuh]
we live together we wonen samen [vuh vohnuh sahmuh]

dialogue

where do you live? waar woon je? [vahr vohn yuh]
I live in London ik woon in Londen

lively (town) druk [drωk]
(person) levendig [layvendiKH]
liver de lever [layver]
loaf het brood [broht]
lobby (in hotel) de lounge
lobster de kreeft [krayft]
local in de omgeving [duh omKHayving]
can you recommend a local restaurant? kunt u een restaurant hier in de omgeving aanbevelen? [koont ω uhn restowrant heer in duh omKHayving ahnbevayluh]
local call het lokale gesprek [lokahluh KHesprek]
lock het slot
(on canal) de sluis [slows]
(verb) op slot doen [doon]
it's locked het zit op slot

lock in insluiten [**ins**l**o**wtuh]
lock out buitensluiten [**bow**tuhsl**o**wtuh]
I've locked myself out ik heb mezelf buitengesloten [hep muhz**el**f **bow**tuhkʜesl**o**htuh]
locker (for luggage etc) de bagagekluis [baкʜ**ah**Juh-klows]
lollipop de lollie [**l**ollee]
London Londen
long lang
how long will it take to fix it? hoe lang duurt het om het te maken? [hoo lang dœrt het om het tuh m**ah**kuh]
how long does it take? hoe lang duurt het?
a long time een lange tijd [uhn languh tīt]
one day/twee days longer een/twee dagen langer
long-distance call het interlokaal gesprek [interlok**ah**l кʜespr**e**k]
look: I'm just looking, thanks ik kijk alleen wat rond [kīk all**ay**n vat ront]
you don't look well je ziet er niet zo goed uit [yuh zeet er neet zo кʜoot owt]
look out! kijk uit!
can I have a look? mag ik even kijken? [maкʜ ik **ay**vuh kīkuh]
look after zorgen voor [**zor**кʜuh vohr]
look at kijken naar [kīkuh nahr]
look for zoeken [**zoo**kuh]
I'm looking for ... ik ben op zoek naar ... [zook nahr]
look forward to ergens naar uitkijken [**er**кʜens nahr **ow**tkīkuh]
I'm looking forward to it ik kijk ernaar uit [kīk ern**ah**r owt]
loose (handle etc) los
lorry de vrachtwagen [vr**a**кʜt-vaкʜuh]
lose verliezen [verl**ee**suh]
I've lost my way ik ben verdwaald [verdv**ah**lt]
I'm lost, I want to get to ... ik ben verdwaald, ik wil naar ... [vil nahr]
I've lost my bag ik ben mijn tas verloren [muhn tas verl**oh**ruh]
lost property (office) (het bureau voor) gevonden voorwerpen [(bœr**oh** vohr) кʜev**o**nduh **voh**rverpuh]
lot: a lot, lots veel [vayl]
not a lot niet veel [neet]
a lot of people veel mensen
a lot bigger veel groter [кʜr**oh**ter]
lotion de lotion [l**o**hshon]
loud luid [lowt]
lounge de lounge
love de liefde [**lee**fduh] (verb) houden van [**ho**wduh]
I love Holland ik hou van Nederland [how van n**ay**derlant]
lovely prachtig [pr**a**кʜtiкʜ]
low laag [lahкʜ]
luck het geluk [кʜel**oo**k]
good luck! veel succes! [vayl sœks**e**s]

luggage de bagage [baKHahJuh]
luggage trolley het bagagewagentje [baKHahJuh-vahKHent-yuh]
lump (on body) de bult [bœlt]
lunch de lunch [lœnsh]
lungs de longen [long-uh]
Luxembourg Luxemburg [lœxembœorKH]
luxurious luxueus [lœx-urs]
luxury luxe [lœxuh]

M

machine de machine [masheenuh]
mackerel de makreel [makrayl]
mad (insane) gek [KHek]
(angry) boos [bohs]
magazine het tijdschrift [tītsKHrift]
maid (in hotel) het kamermeisje [kahmer-mīshuh]
maiden name de meisjesnaam [mīshuhs-nahm]
mail de post [posst]
(verb) posten [posstuh]
is there any mail for me? is er post voor mij? [vohr mī]
see post office
mailbox de brievenbus [breevuhbœos]
main hoofd- [hohft-]
main course het hoofdgerecht [hohft-KHereKHt]
main post office het hoofdpostkantoor [hohft-posstkantohr]

main road de hoofdweg [hohft-veKH]
mains switch de elektriciteitsschakelaar [aylektrisitīts-sKHahkelahr]
make (brand name) het merk
(verb) maken [mahkuh]
I make it 95 guilders ik kom op vijfennegentig gulden [KHœolduh]
what is it made of? waar is het van gemaakt? [vahr is het van KHemahkt]
make-up de make-up
man de man
manager (hotel, business) de manager
(restaurant) de chef
can I see the manager? mag ik de chef even spreken? [maKH ik duh shef ayvuh spraykuh]
manageress (hotel, business) de manageress
(restaurant) de chef
many veel [vayl]
not many niet veel [neet]
map de kaart [kahrt]
network map de transportkaart [transportkahrt]
March maart [mahrt]
margarine de margarine [markHah-reenuh]
marijuana de marihuana [marœowahna]
market de markt
marmalade de marmelade [marmelahduh]
married: I'm married ik ben getrouwd [KHetrowt]

are you married? bent u getrouwd? [ᴏᴏ]

mascara de mascara [mask**ah**ra]

match (football etc) de wedstrijd [**ved**strīt]

matches de lucifers [lᴏᴏsifers]

material (fabric) de stof

matter: it doesn't matter het geeft niet [KH**ay**ft neet]

what's the matter? wat is er? [vat]

mattress de matras

May mei [mī]

may: may I have another one? mag ik er nog een? [maKH ik er noKH ayn]

may I come in? mag ik binnenkomen?

may I see it? mag ik het even zien? [**ay**vuh zeen]

may I sit here? mag ik hier gaan zitten? [heer KHahn]

maybe misschien [missKH**ee**n]

mayonnaise de mayonaise [mah-yon**ay**suh]

me* me [muh]

(emphatic) mij [mī]

that's for me dat is voor mij [vohr]

send it to me stuur het naar mij [st**ᴏᴏ**r het nahr]

me too ik ook [ohk]

meal de maaltijd [m**ah**ltīt]

dialogue

> **did you enjoy your meal?** heeft het gesmaakt? [hayft uht KHesm**ah**kt]
>
> **it was excellent, thank you** ja, het was heerlijk, dank u wel [ya het vas h**ay**rlik dank ᴏᴏ vel]

mean (verb) bedoelen [bed**oo**luh]

what do you mean? wat bedoelt u? [vat bed**oo**lt ᴏᴏ]

dialogue

> **what does this word mean?** wat betekent dit woord? [vat bet**ay**kent dit vohrt]
>
> **it means ... in English** in het Engels betekent het ...

measles de mazelen [m**ah**zeluh]

German measles de rodehond [r**oh**dehont]

meat het vlees [vlays]

mechanic de monteur [mont**u**r]

medicine het medicijn [maydees**ī**n]

medium (size) gemiddeld [KHem**i**ddelt]

medium-dry medium-dry

medium-rare medium

medium-sized middelgroot [m**i**ddelKHroht]

meet afspreken [**af**spraykuh]

nice to meet you aangenaam [**ah**nKHenahm]

where shall I meet you? waar

zullen we afspreken? [vahr **zoo**lluh vuh]

meeting de vergadering [verk**Hah**dering]

meeting place de ontmoetingsplaats [ontm**oo**tings-plahts]

melon de meloen [mel**oo**n]

men de mannen [**ma**nnuh]

mend maken [**mah**kuh]

  could you mend this for me? kunt u dit voor me maken? [koont ∞ dit vohr muh]

men's room het herentoilet [**hay**ruh-twa-let]

menswear de herenkleding [**hay**ruh-klayding]

mention noemen [**noo**muh]

  don't mention it geen dank [**KH**ayn]

menu het menu [men∞], de kaart [kahrt]

  may I see the menu, please? kan ik de kaart krijgen? [duh kahrt krī**kH**uh]

  see **menu reader** page 217

message de boodschap [**boht**skHap]

  are there any messages for me? heeft er iemand een boodschap voor me achtergelaten? [hayft er **ee**mant uhn b**oht**skHap vohr muh a**KH**terk**H**elahtuh]

  I want to leave a message for ... ik wil graag een boodschap **a**chterlaten voor ... [vil KHrah**KH**]

metal het metaal [may**tah**l]

metre de meter [**may**ter]

microwave (oven) de magnetron [mak**H**naytron]

midday middag [**mi**ddakH]

  at midday tussen de middag [**too**ssuh duh]

middle: in the middle in het midden [**mi**dduh]

  in the middle of the night middenin de nacht [duh na**KH**t]

  the middle one de middelste [**mi**ddelstuh]

midnight middernacht [**mi**dderna**KH**t]

  at midnight om twaalf uur 's nachts [t**vah**lf ∞r sna**KH**ts]

might: I might misschien [miss**KH**een]

  I might not misschien niet [neet]

  I might want to stay another day ik wil misschien een dag langer blijven [vil miss**KH**een ayn dakH **la**nger bl**ī**vuh]

migraine de migraine [meegr**ay**nuh]

mild zacht [za**KH**t]

mile de mijl [m**ī**l]

milk de melk

milkshake de milkshake

mill de molen [**mo**hluh]

millimetre de millimeter [**mi**llimayter]

minced meat het gehakt [KHe**ha**kt]

mind: never mind het geeft niks [KH**ay**ft]

I've changed my mind ik ben van gedachten veranderd [KHedakHtuh verandert]

dialogue

do you mind if I open the window? heeft u er bezwaar tegen als ik het raam open doe? [hayft ∞ er bezvahr taykHuh als ik uht rahm ohpuh doo]
no, I don't mind nee, ik vind het niet erg [nay ik vint uht neet airkH]

mine*: it's mine het is van mij [mi]
mineral water het spawater [spah-vahter]
fizzy mineral water spa rood [roht]
still mineral water spa blauw [blow]
mints de mentholsnoepjes [mentol-snoop-yes]
minute de minuut [min∞t]
in a minute zo meteen [metayn]
just a minute een ogenblikje [uhn ohkHenblik-yuh]
mirror de spiegel [speekHel]
Miss mevrouw [mevrow]
miss: I missed the bus ik hebt de bus gemist [duh b∞s kHemist]
missing ontbrekend [ontbraykent]
one of my ... is missing er

ontbreekt een van mijn ... [ontbraykt ayn van muhn]
there's a suitcase missing er is een koffer zoek [zook]
mist de mist
mistake de fout [fowt]
I think there's a mistake ik geloof dat er een fout in zit [KHelohf dat er uhn fowt]
sorry, I've made a mistake sorry, ik heb een fout gemaakt [hep uhn fowt KHemahkt]
misunderstanding het misverstand [misverstant]
mix-up: sorry, there's been a mix-up sorry, er is een vergissing gemaakt [uhn verKHissing KHemahkt]
mobile phone de GSM [KHay-ess-em], de mobiele telefoon [mobeeluh telefohn]
modern modern [mohdairn]
modern art gallery het museum van moderne kunst [m∞say-um van mohdairnuh k∞nst]
moisturizer de vochtinbrengende crème [vokHt-inbrengenduh krem]
moment: I won't be a moment ik ben zo terug [ter∞kH]
monastery het (mannen)klooster [(mannuh)klohster]
Monday maandag [mahndakH]
money het geld [KHelt]

Dutch currency is the guilder, written as '*f*', 'fl' or 'Dfl' and made up of 100 cents ('c'). It comes in coins worth 5c, 10c, 25c, *f*1, *f*2.50, and *f*5; denominations of bills are *f*10, *f*25, *f*50, *f*100, *f*250 and *f*1,000.

month de maand [mahnt]
monument het monument [mohnꝏment]
moon de maan [mahn]
moped de bromfiets [bromfeets]
more* meer [mayr]
  can I have some more water, please? mag ik nog wat water, alstublieft? [maKH ik noKH vat vahter alstꝏbleeft]
  more expensive/more interesting duurder/interessanter [dꝏrder]
  more than 50 meer dan vijftig
  more than that nog meer [noKH]
  a lot more veel meer [vayl]

dialogue

  would you like some more? wilt u nog wat (meer)? [vilt ꝏ noKH vat (mayr)]
  no, no more for me, thanks nee, voor mij niet, dank u wel [nay vohr mī neet dank ꝏ vel]

  how about you? en u?
  I don't want any more, thanks ik wil ook niet meer, dank u wel [vil ohk neet]

morning de morgen [morKHuh]
  this morning vanochtend [vanoKHtent]
  in the morning 's morgens [smorKHens]
mosquito de mug [mꝏKH]
most: I like this one most of all deze bevalt me het beste [dayzuh bevalt muh het bestuh]
  most of the time meestal [maystal]
  most tourists de meeste toeristen [maystuh]
mostly vooral [vohral]
mother de moeder [mꝏder]
mother-in-law de schoonmoeder [sKHohn-mꝏder]
motorbike de motorfiets [motorfeets]
motorboat de motorboot [motorboht]
motorway de (auto)snelweg [(owto)snelveKH]
mountain de berg [berKH]
mouse de muis [mows]
moustache de snor
mouth de mond
mouth ulcer de mondzweer [montzvayr]
move bewegen [bevayKHuh]
  he's moved to another room hij is naar een andere kamer

verhuisd [hī is nahr uhn **a**nderuh **ka**hmer verh**ow**st]

could you move your car?
zou u uw auto kunnen
verzetten? [zow ∞ ∞ **ow**to
k**oo**nnuh verz**e**ttuh]

could you move up a little?
zou u wat op kunnen
schuiven? [zow ∞ vat op
k**oo**nnuh sкн**ow**vuh]

where has it moved to? waar
is het heen verhuisd? [vahr is
uht hayn verh**ow**st]

where has it been moved to?
waar is het neergezet?
[**nay**rкнezet]

movie de film

movie theater de bioscoop
[biosk**oh**p]

Mr mijnheer [muhn**ayr**]

Mrs, Ms mevrouw [mevr**ow**]

much veel [vayl]

much better/worse veel
beter/slechter [**bay**ter/sle**кн**ter]

much hotter veel heter

not much niet veel [neet]

not very much niet zo veel

I don't want very much ik wil
niet zo veel

mud de modder

mug (for drinking) de beker
[**bay**ker]

I've been mugged ik ben
beroofd [ber**ohft**]

mum ma, mama

mumps de bof

museum het museum
[m∞**say**um]

mushrooms de champignons

[shampin-**yon**]

music de muziek [m∞**zeek**]

musician (man/woman) de
musicus/musicienne
[m**oo**sik∞s/m**oo**sish**e**nnuh]

Muslim Mohammedaans
[mohammed**ah**ns]

mussels de mosselen
[**mo**ssuhluh]

must*: I must ik moet [moot]

I mustn't drink alcohol ik
moet geen alcohol drinken
[**кн**ayn]

mustard de mosterd [**mo**stert]

my* mijn [mīn]

myself: I'll do it myself ik doe
het zelf [doo]

by myself alleen [all**ayn**]

N

nail (finger) de nagel [**nah**кнel]
(metal) de spijker [sp**ī**ker]

nailbrush het nagelborsteltje
[**nah**кнelborstelt-yuh]

nail varnish de nagellak
[**nah**кнellak]

name de naam [nahm]

my name's John ik heet John
[hayt]

what's your name? wat is uw
naam? [vat is ∞ nahm]

**what is the name of this
street?** hoe heet deze straat?
[hoo hayt **day**zuh straht]

napkin het servet

nappy de luier [**low**-yer]

narcissus de narcis

narrow (street) nauw [now]
nasty (person, weather) akelig
[**ah**kelikн]
(accident) ernstig [**ern**stikн]
national nationaal
[nashon**ahl**]
nationality de nationaliteit
[nashonali**tīt**]
natural natuurlijk [nat**oor**lik]
nausea de misselijkheid
[**miss**elikhīt]
navy (blue) donkerblauw
[donker**blow**]
near dichtbij [di**kн**tbī], vlakbij
[**vlak**bī]
is it near ...? is het vlakbij ...?
do you go near ...? komt u in
de buurt van ...? [oo in duh
b**oor**t]
where is the nearest ...? waar
is de dichtstbijzijnde ...? [vahr
is duh di**kн**tst-bī**zīn**duh]
nearby dichtbij [di**kн**tbī]
nearly bijna [**bī**na]
necessary noodzakelijk
[noht**zah**kelik]
neck de nek
necklace de halsketting
necktie de stropdas
need: I need ... ik moet ...
[moot]
do I need to pay? moet ik
betalen? [bet**ah**luh]
needle de naald [nahlt]
negative (film) het negatief
[nayкн**at**eef]
neither: neither (one) of them
geen van beiden [кн**ayn van
bī**duh]

neither ... nor ... noch ...
noch ... [noкн]
nephew de neef [nayf]
net (in sport) het net
Netherlands Nederland
[**nay**derlant]
never nooit [noyt]

dialogue

> have you ever been to
> Utrecht ? bent u wel eens
> in Utrecht geweest? [oo vel
> ayns in **oo**treкнt кнe**vayst**]
> no, never, I've never been
> there nee, daar ben ik nog
> nooit geweest [nay dahr ben
> ik noкн noyt]

new nieuw [new]
news (radio, TV etc) het nieuws
[news]
newsagent's de tijdschriftenwinkel [**tīt**skнriftuh-vinkel]
newspaper de krant
newspaper kiosk de
krantenkiosk
New Year Nieuwjaar [new-
yahr]
Happy New Year! Gelukkig
Nieuwjaar! [кнe**loo**kkiкн]
New Year's Eve
Oudejaarsavond [**ow**duh-yahrs-
ahvont]
New Zealand Nieuw-
Zeeland [new-**zay**lant]
New Zealander ik kom uit
Nieuw-Zeeland [owt]

next volgend [**vo**lKHent]
the next turning/street on
the left de volgende
bocht/straat links [**vo**lKHenduh
boKHt/straht]
at the next stop bij de
volgende halte [bī duh]
next week volgende week
[vayk]
next to naast [nahst]
nice (food) lekker
(looks) leuk [lowk]
(person) aardig [**ah**rdiKH]
(view) mooi [moy]
niece de nicht [niKHt]
night de nacht [naKHt]
at night 's nachts [snaKHts]
good night goedenacht
[KHooyuh-na**KH**t]

dialogue

do you have a single room
for one night? heeft u een
eenpersoonskamer voor
een nacht? [hayft ∞ uhn
aynpersohns-**kah**mer vohr ayn
naKHt]
yes, madam ja, mevrouw
[ya mevr**ow**]
how much is it per night?
wat kost het per nacht?
[vat]
it's 125 guilders for one
night het is
honderdvijfentwintig
gulden per nacht
[KH**oo**lduh]
thank you, I'll take it dank

u wel, dan neem ik hem
[∞ vel dan naym]

nightclub de nachtclub
[**na**KHtkl∞p]
nightdress de nachtjapon
[na**KH**t-yahpon]
night porter de nachtportier
[na**KH**tporteer]
no nee [nay]
I've no change ik heb geen
wisselgeld [hep KHayn
visselKHelt]
there's no ... left er is geen ...
meer [mayr]
no way! het is niet waar!
[neet vahr]
oh no! (upset) o nee toch!
[nay toKH]
nobody niemand [**nee**mant]
there's nobody there er is
niemand
noise het lawaai [lavī]
noisy: it's too noisy het is te
lawaaierig [tuh lav**ah**-yuhriKH]
non-alcoholic niet-
alcoholisch [neet-alkoho**lee**s]
none niets [neets]
non-smoking compartment de
niet-roken coupé [neet-**roh**kuh
koop**ay**]
noodles de noedels [**noo**dels]
noon middag [**mi**ddaKH]
at noon om twaalf uur
's middags [tvahlf ∞r smiddaKHs]
no-one niemand [**nee**mant]
nor: nor do I ik ook niet [ohk
neet]
normal normaal [norm**ah**l]

north het noorden [**noh**rduh]
 in the north in het noorden
 to the north naar het
 noorden [nahr]
 north of Amsterdam ten
 noorden van Amsterdam
northeast het noordoosten
 [nohrt**oh**stuh]
northern noordelijk
 [**noh**rdelik]
Northern Ireland Noord-
 Ierland [nohrt-**eer**lant]
North Sea de Noordzee
 [**noh**rtzay]
northwest het noordwesten
 [nohrd**ve**stuh]
Norway Noorwegen
 [**noh**rvaykHuh]
Norwegian Noors [nohrs]
nose de neus [nows]
nosebleed de neusbloeding
 [**no**wsblooding]
not* niet [neet]
 I don't want to ik wil niet
 it's not necessary het is niet
 nodig [neet n**oh**dikH]
 I didn't know that dat wist ik
 niet [vist]
 no, I'm not hungry nee, ik heb
 geen honger [nay ik hep kHayn]
 not that one – this one niet
 die – maar deze [dee mahr
 d**ay**zuh]
note (banknote) het bankbiljet
 [**bank**bil-yet]
notebook (paper) het
 notitieboekje [noht**eet**see-book-
 yuh]
notepaper (for letters) het

schrijfpapier [sKHr**ī**fpapeer]
nothing niets [neets]
 nothing for me, thanks voor
 mij niet, dank u wel [vohr mī
 neet dank ∞ vel]
 nothing else niets anders
novel de roman [**roh**man]
November november
now nu [noo]
number het nummer
 [**noo**mmer]
 (figure) het cijfer [s**ī**fer]
 I've got the wrong number ik
 heb het verkeerde nummer
 gedraaid [hep het verk**ay**rduh
 n**oo**mmer kHedr**ī**t]
 what is your phone number?
 wat is uw telefoonnummer?
 [vat is ∞ telef**oh**n-noommer]
number plate de
 nummerplaat [**noo**mmer-
 plaht]
nurse (man/woman) de
 verpleger/verpleegster
 [verpl**ay**kHer/verpl**ay**kHster]
nursery (for plants) de kwekerij
 [kwayker**ī**]
nut (for bolt) de moer [moor]
nutmeg de nootmuskaat
 [nohtm∞sk**ah**t]
nuts de noten [n**oh**tuh]

O

occupied (toilet, phone) bezet
o'clock* uur [∞r]
October oktober
odd (strange) vreemd [vraymt]

103

of* van
off (lights) uit [owt]
  it's just off Leidseplein het is
  vlakbij het Leidseplein
  [vlakbī]
  we're off tomorrow we
  vertrekken morgen [vuh
  vertrekkuh morkHuh]
offensive (language, behaviour)
  beledigend [belaydikHent]
office (place of work) het
  kantoor [kantohr]
officer (said to policeman) agent
  [ahkHent]
often vaak [vahk]
  not often niet vaak [neet]
  how often are the buses?
  hoe vaak gaan de bussen?
  [hoo vahk kHahn duh boossuh]
oil (for car) de olie [ohlee]
  (for salad) de slaolie [slah-ohlee]
ointment de zalf
OK oké
  are you OK? bent u in orde?
  [oo in orduh]
  is that OK with you? vindt u
  dat goed? [vint oo dat kHoot]
  is it OK to park here? mag ik
  hier parkeren? [makH ik heer
  parkayruh]
  that's OK, thanks het geeft
  niet dank u [kHayft neet dank oo]
  I'm OK (nothing for me) ik heb
  genoeg gehad [hep kHenookH
  kHehat]
  (I feel OK) met mij is het goed
  [mī is het kHoot]
  is this train OK for ...? is dit
  de trein naar ...? [duh trīn nahr]

I said I'm sorry, OK? ik zei
  toch dat het me spijt? [zī tokH
  dat uht muh spīt]
old oud [owt]

dialogue

how old are you? hoe oud
ben je? [hoo owt ben yuh]
I'm 25 ik ben
vijfentwintig
and you? en jij? [yī]

old-fashioned ouderwets
  [owdervets]
old town (old part of town) het
  oude stadsdeel [owduh
  statsdayl]
  in the old town in het oude
  stadsdeel
olives de olijven [ohlīvuh]
omelette de omelet
on* op
  on the street/beach op
  straat/het strand
  is it on this road? ligt het aan
  deze weg? [likHt uht ahn dayzuh
  vekH]
  on the plane in het vliegtuig
  on Saturday op zaterdag
  on television op de televisie
  [televeesee]
  I haven't got it on me ik heb
  het niet bij me [hep het neet bī
  muh]
  this one's on me (drink) deze
  betaal ik [dayzuh betahl]
  the light wasn't on het licht
  was niet aan [likHt vas neet ahn]

what's on (TV) tonight? wat is er vanavond op TV? [van**ah**vont op tay**vay**]

once (one time) een keer [ayn keer]

at once (immediately) meteen [met**ayn**]

one* een [ayn]
 the white one de witte [duh **vit**tuh]

one-way ticket: a one-way ticket to ... een enkele reis naar... [uhn **e**nkeluh rīs nahr], een enkeltje naar... [**e**nkelt-yuh]

onion de ui [OW]

only maar [mahr]
 only one maar een [ayn]
 it's only 6 o'clock het is pas zes uur [OOr]
 I've only just got here ik ben hier nog maar net aangekomen [heer noKH mahr net **ah**nKHekohmuh]

on/off switch de aan/uit–schakelaar [ahn/OWt–sKH**ah**kelahr]

open (adjective) geopend [KHuh-**oh**pent]
 (verb: door) open doen [doon]
 (of shop) openen [**oh**penuh]
 when do you open? wanneer gaat u open? [vann**ay**r KHaht OO]
 I can't get it open ik kan het niet open krijgen [neet **oh**puh krī́KHuh]
 in the open air in de buitenlucht [duh b**OW**tuhlOOKHt]

opening times de openingstijden [**oh**penings-

tīduh]

open ticket het ticket geldig voor onbepaalde duur [KH**e**ldiKH vohr onbep**ah**lduh dOOr]

opera de opera

operation (medical) de operatie [oper**hat**see]

operator (telephone: man/woman) de telefonist/telefoniste [telefon**is**tuh]

The operator's number is 0800 0410.

opposite: the opposite direction de tegenovergestelde richting [tayKHen**oh**ver-KHestelduh ri**KH**ting]
 the bar opposite de bar hier tegenover [heer tayKHen**oh**ver]
 opposite my hotel tegenover mijn hotel

optician de opticien [opt**ees**hen]

or of

orange (fruit) de sinaasappel [**see**nahsappel]
 (colour) oranje [or**an**-yuh]

orange cordial de sinaasappellimonade [**see**nahs-appel-limonahduh]

orange juice het sinaasappelsap [**see**nahs-appelsap]

orchestra het orkest

order: can we order now? (in restaurant) kunnen we nu bestellen? [**koo**nnuh vuh nOO]
 I've already ordered, thanks ik heb al besteld, dank u [hep

al bestelt dank ∞]

I didn't order this ik heb dit
niet besteld [neet]

out of order defect

ordinary gewoon [KHevohn]

other andere [anderuh]

the other one de andere

the other day pas

I'm waiting for the others ik
wacht op de anderen [vakHt
op duh]

do you have any others?
heeft u ook andere? [hayft ∞
ohk]

otherwise anders

our* (common gender) onze
[onzuh]

(neuter) ons

our flat onze flat

our house ons huis

ours* van ons

out: he's out hij is er niet [hī is
er neet]

three kilometres out of town
drie kilometer buiten de
stad [kilomayter bowtuh duh stat]

outdoors buiten [bowtuh]

outside buiten [bowtuh
can we sit outside? kunnen
we buiten zitten? [koonnuh
vuh]

oven de oven [ohvuh]

over: over here hier [heer]

over there daar [dahr]

over 500 meer dan
vijfhonderd [mayr]

it's over het is voorbij [vohrbī]

overcharge: you've
overcharged me u heeft

teveel in rekening gebracht
[∞ hayft tevayl in raykening
KHebrakHt]

overcoat de overjas [over-yas]

overlooking: I'd like a room
overlooking the courtyard ik
wil graag een kamer met
uitzicht op de binnenplaats
[vil KHrahKH uhn kahmer met
owtzikHt op duh binnuhplahts]

overnight (travel) 's nachts
[snakHts]

overnight train de nachttrein
[nakHt-trīn]

overtake inhalen [inhahluh]

owe: how much do I owe you?
hoeveel krijgt u van me?
[hoovayl krīkHt ∞ van muh]

own: my own ... mijn eigen ...
[mīn īkHuh]

are you on your own? bent u
alleen? [∞ allayn]

I'm on my own ik ben alleen

owner (man/woman) de
eigenaar/eigenaresse
[īkHenahr/īkHenaressuh]

P

pack pakken [pakkuh]
a pack of ... een pakje ... [uhn
pak-yuh]

package (parcel) het pakje

package holiday de volledig
verzorgde vakantie [vollaydikH
verzorkHduh vahkansee]

packed lunch het
lunchpakket [loonshpakket]

packet: a packet of cigarettes het pakje sigaretten [**pak**-yuh seeкнаr**ettuh**]

padlock het hangslot

page (of book) de bladzijde [**blatz**īduh]

  could you page Mr ...? kunt u de heer ... oppiepen? [koont ∞ duh hayr ... **o**ppeepuh]

pain de pijn [pīn]

  I have a pain here het doet hier pijn [doot heer]

painful pijnlijk [**pīn**lik]

painkillers de pijnstillers [**pīn**stillers]

paint de verf [vairf]

painting het schilderij [**skн**ilderī]

pair: a pair of ... een paar ... [uhn pahr]

Pakistani Pakistaans [pakist**ahns**]

palace het paleis [pal**īs**]

pale bleek [blayk]

  pale blue lichtblauw [**likн**tbl**ow**]

pan de pan

panties het damesslipje [**dah**muhs-slip-yuh]

pants (underwear: men's) de onderbroek [**o**nderbrook]

  (women's) het damesslipje [**dah**muhs-slip-yuh]

  (US: trousers) de broek [brook]

pantyhose de panty [**pent**ī]

paper het papier [pap**eer**]

  (newspaper) de krant

  a piece of paper een papiertje [uhn pap**eert**-yuh]

paper handkerchiefs papieren zakdoekjes [pap**eer**uh z**ak**dook-yuhs]

parcel het pakk**et**

pardon (me)? (didn't understand/hear) pardon (wat zei u)? [vat zī ∞]

parents de ouders [**ow**ders]

parents-in-law de schoonouders [skн**ohn**-owders]

park het park

  (verb) parkeren [park**ayr**uh]

  can I park here? mag ik hier parkeren? [makн ik heer]

parking lot het parkeerterrein [park**ayr**-terrīn]

part het deel [dayl]

partner (boyfriend, girlfriend etc) de partner

party (group) het gezelschap [кнezelskнap]

  (celebration) het feest [fayst]

pass (in mountains) de bergpas [berкнpas]

passenger de passagier [passa**J**eer]

passport het paspoort [**pas**pohrt]

past*: in the past in het verleden [verl**ay**duh]

  just past the information office net voorbij het informatiekantoor [vohrbī het inform**ah**tsee-kantohr]

path het pad [pat]

pattern het patroon [pahtr**ohn**]

pavement de stoep [stoop]

  on the pavement op de stoep

pay betalen [bet**ah**luh]

can I pay, please? kan ik
afrekenen, alstublieft?
[afraykenuh **alst**oobleeft]
it's already paid for het is al
betaald [bet**ah**lt]

dialogue

who's paying? wie betaalt
er? [vee]
I'll pay ik betaal [bet**ah**l]
no, you paid last time, I'll
pay nee, jij hebt de
afgelopen keer betaald, ik
betaal [nay yī hebt duh
afkHelohpuh kayr bet**ah**lt]

payphone (coin-operated) de
munttelefoon [m**oo**nt-telefohn]
(cardphone) de kaarttelefoon
[k**ah**rt-telefohn]
peaceful vredig [**vray**diкH]
peach de perzik [**pair**zik]
peanuts de pinda's [**pin**das]
pear de peer [payr]
peas de doperwten [**do**pertuh]
peculiar (taste, custom)
merkwaardig [merk**vah**rdiкH]
pedalboat de waterfiets
[**vah**terfeets]
pedestrian crossing de
voetgangersoversteekplaats
[**voot**кHangers-**oh**verstayk-plahts]
pedestrian precinct het
voetgangersgebied
[**voot**кHangers-кHeb**eet**]
peg (for washing) de wasknijper
[**vask**-nīper]
(for tent) de haring [**hah**ring]

pen de pen
pencil het potlood [**pot**loht]
penfriend (male/female) de
penvriend/penvriendin
[**pen**vreend/**pen**vreendin]
penicillin de penicilline
[payneeseel**ee**nuh]
penknife het zakmes
pensioner de gepensioneerde
[кHepenshon**ayr**-duh]
people mensen [**men**suh]
the other people in the hotel
de andere mensen in het
hotel [**an**deruh]
too many people te veel
mensen [tuh vayl]
pepper (spice) de peper
[**pay**per]
(vegetable) de paprika
[**pah**prika]
peppermint (sweet) de
pepermunt [**pay**perm**oo**nt]
per: per night per nacht
[nakHt]
how much per day? hoeveel
per dag? [hoov**ay**l per daкH]
per cent procent
perfect perfect
perfume de parfum [parf**oo**m]
perhaps misschien [miss**кH**een]
perhaps not misschien niet
[neet]
period (of time) de periode
[payri-**oh**duh]
(menstruation) de menstruatie
[menstroo-**ah**tsee]
perm het permanent
permit de vergunning
[verk**Hoo**nning]

person de persoon [pers**ohn**]
personal stereo de stereo [st**ay**ree-o]
petrol de benzine [benz**ee**nuh]
petrol can het benzineblik [benz**ee**nuh-blik]
petrol station het benzinestation [benz**ee**nuh-stash**on**]
pharmacy de apotheek [apot**ayk**]

 Opening hours are similar to those of other shops: Mon–Sat 9am–5.30 or 6pm, closing a little earlier on Saturdays. There are no late-night pharmacies. If medicine is required, the first-aid post at the local hospital is the only place to go.

phone de telefoon [telef**ohn**]
(verb) telefoneren [telefon**ay**ruh]

 Most of the plentiful green-trim telephone booths take phonecards only; these are available from post offices, VVVs and train stations and cost f5, f10, f25, f50 and f100. If you're using one of the much less widespread payphones, insert the money before making the call and a digital display tells you the amount of credit remaining. The slots take 25c, f1 and f2.50 coins. If you are calling home, in the larger cities it is sometimes easier to use a post

office (except in Amsterdam where there's a separate place known as 'Telehouse'), where you can make your call from a booth and settle up afterwards. These are open at least the same hours as post offices, sometimes later.
When answering the phone, Dutch people almost always give only their name – men quite often just their surname, women their title and surname –often prefixed by **met** (with).

phone book het telefoonboek [telef**ohn**book]
phone box de telefooncel [telef**oh**n-sel]
phonecard de telefoonkaart [telef**ohn**kahrt]
phone number het telefoonnummer [telef**ohn**-noommer]
photo de foto
excuse me, could you take a photo of us? pardon, wilt u misschien een foto van ons maken? [vilt ōō missKH**ee**n uhn foto van ons m**ah**kuh]
phrasebook de taalgids [t**ahl**KHits]
piano de piano
pickpocket de zakkenroller
pick up: will you be there to pick me up? komt u me afhalen? [ōō muh **af**hahluh]
picnic de picknick
picture (painting) het schilderij [sKHilder**ī**]

(photo) de foto
(drawing) de tekening
[**tay**kening]
pie (meat) de pastei [pas**ti**]
(fruit) de vlaai [**vli**]
piece het stuk [st**oo**k]
  a piece of ... een stuk ...
pill de pil
  I'm on the pill ik gebruik de
  pil [KHebr**ow**k duh]
pillow het kussen [k**oo**ssuh]
pillow case het kussensloop
  [k**oo**ssuh-slohp]
pin de speld [spelt]
pineapple de ananas
pineapple juice het ananas-
  sap
pink roze [**ro**zuh]
pipe (for smoking) de pijp [**pip**]
(for water) de leiding [**li**ding]
pity: it's a pity het is jammer
  [**y**ammer]
pizza de pizza [**peet**sah]
place de plaats [plahts]
  at your place bij jou thuis [**bi**
  yow tows]
  at his place bij hem thuis
plain (not patterned) effen
(food) eenvoudig [aynv**ow**diKH]
plane het vliegtuig
  [**vlee**KHtowKH]
  by plane met het vliegtuig
plant de plant
plaster cast het gipsverband
  [**KHip**sverbant]
plasters de pleisters [**pli**sters]
plastic het plastic [**ple**stik]
(credit cards) het plastic (geld)
  [KHelt]

plastic bag de plastic tas
plate het bord
platform het perron
  which platform is it for
  Gouda? vanaf welk perron
  gaat de trein naar Gouda?
  [van**af** velk perr**on** KHaht duh trin
  nahr KH**ow**dah]
play (verb) spelen [**spay**luh]
(noun: in theatre) het toneelstuk
  [ton**ayl**stook]
playground de speelplaats
  [**spayl**plahts]
pleasant aangenaam
  [**ahn**KHenahm]
please alstublieft [alst**oo**bleeft]
  yes, please ja, graag [ya
  KHrahKH]
  could you please ...? kunt
  u ..., alstublieft? [koont **oo**]
  please don't niet doen,
  alstublieft [neet doon]
pleased: pleased to meet you
  aangenaam (kennis te
  maken) [**ahn**KHenahm (kennis tuh
  mahkuh)]
pleasure: my pleasure graag
  gedaan [KHrahKH KHed**ahn**]
plenty: plenty of ... volop ...
  there's plenty of time er is
  nog genoeg tijd [noKH
  KHen**ooKH** tit]
  that's plenty, thanks dat is
  meer dan genoeg, dank u
  [mayr dan KHen**ooKH** dank oo]
pliers de buigtang [**bow**KHtang]
plug (electrical) de stekker
(for car) de bougie [boo**Jee**]
(in sink) de stop

plumber de loodgieter [loht-KHeeter]

pm*: 2pm twee uur 's middags [ōr smiddaKHs]
5pm vijf uur 's middags
8pm acht uur 's avonds [sahvonts]

poached egg het gepocheerde ei [KHepohshayrduh ī]

pocket de zak

point: two point five twee komma vijf
there's no point het heeft geen zin [hayft KHayn zin]

points (in car) de contactpunten [kontakt-pōontuh]

poisonous giftig [KHiftikH]

police de politie [poleetsee]
call the police! bel de politie! [duh]

The general emergency number is 211. The number for the police in Amsterdam is 622 2222.

policeman de politieagent [poleetsee-ahkHent]

police station het politiebureau [poleetsee-bōoroh]

policewoman de politieagente [poleetsee-ahkHentuh]

polish de schoensmeer [skHoonsmayr]

polite beleefd [belayft]

polluted verontreinigd [veront-rīnikHt]

pond de vijver [vīver]

pony de pony [ponnee]

pool (for swimming) het zwembad [zvembat]

poor (not rich) arm (quality) slecht [slekHt]

pop music de popmuziek [popmōozeek]

pop singer (man/woman) de popzanger/popzangeres

popular populair [popōolayr]

pork het varkensvlees [varkensvlays]

port (for boats) de haven [hahvuh]
(drink) de port

porter (in hotel) de portier [porteer]

portrait het portret

posh (restaurant, people) chic

possible mogelijk [mohkHelik]
is it possible to ...? is het mogelijk om te ...? [tuh]
as ... as possible zo ... mogelijk

post (mail) de post [posst]
(verb) posten [posstuh]
could you post this for me? zou u dit voor mij kunnen posten? [zow ōo dit vohr mī koonnuh]

postbox de brievenbus [breevuhbōos]

postcard de briefkaart [breefkahrt]

postcode de postcode [posstkohduh]

poster de poster
poste restante poste-restante
[posst-restant]
post office het postkantoor
[posstkantohr]

Dutch post offices usually open Mon–Fri 8.30am–5pm, plus Sat 8.30am–noon, in most larger towns and cities. Be sure to join the right queue if you want only stamps (**postzegels** [posstzaykHels]). Letterboxes in Holland are red. The left-hand slot, marked **streekpost**, is for local mail within the town or city you are in; the right-hand slot, marked **overige bestemmingen**, is for everywhere else.
see **stamp**

potato de aardappel
[ahrdappel]
pots and pans de potten en pannen
pottery (objects) het aardewerk
[ahrdeverk]
pound (money, weight) het pond
[pont]
power cut de elektriciteitsstoring
[aylektrisitīts–]
power point het stopcontact
practise: I want to practise my Dutch ik wil mijn Nederlands oefenen [vil muhn nayderlants oofenuh]
prawns de garnalen
[KHarnahluh]

prefer: I prefer ... ik heb liever ... [hep leever]
pregnant zwanger [zvanger]
prescription (for medicine) het recept [resept]
present (gift) het cadeau [kahdoh]
president (of country) de president
(US: of company) de directeur [deerektur]
pretty mooi [moy]
it's pretty expensive het is vrij duur [vrī door]
price de prijs [prīs]
priest de priester [preester]
prime minister de minister-president
printed matter drukwerk [drookverk]
priority (in driving) voorrang [vohr-rang]
prison de gevangenis [KHevangenis]
private particulier [partikooleer]
private bathroom de eigen badkamer [īkHuh]
probably waarschijnlijk [vahrskHīnlik]
problem het probleem [problaym]
no problem! geen probleem! [KHayn]
program(me) het programma [proKHramma]
promise: I promise ik beloof het [belohf het]
pronounce: how is this pronounced? hoe spreek je

dit uit? [hoo sprayk yuh dit owt]

properly (repaired, locked etc) goed [KHoot]

protection factor de beschermingsfactor [besKHermings-faktor]

Protestant protestant

public holiday de feestdag [faystdaKH]

The following days are public holidays in Holland:
New Year's Day
Good Friday (many shops open)
Easter Sunday and Monday
30 April (Queen's Day, many shops open)
5 May (Liberation Day)
Ascension Day (fortieth day after Easter)
Whit Sunday and Monday
5 December (St Nicholas' Day, shops close early)
Christmas Day
26 December

public toilets de openbare toiletten [openbahruh tva-lettuh]

public transport het openbaar vervoer [openbahr vervoor]

For enquiries on public transport ring 06 9292

pudding (dessert) het toetje [toot-yuh]

pull trekken [trekkuh]

pullover de pullover [poolohver]

puncture de lekke band [lekkuh bant]

purple violet [vee-ohlet]

purse (for money) de portemonnee [portuhmonnay] (US: handbag) de handtas [hant-tas]

push duwen [doowuh]

pushchair de wandelwagen [vandelvahKHuh]

put zetten [zettuh]

where can I put ...? waar kan ik ... zetten? [vahr]

could you put us up for the night? kunt u ons onderdak verlenen voor vannacht? [koont oo ons onderdak verlaynuh vohr vannaKHt]

pyjamas de pyjama [pee-yahmah]

Q

quality de kwaliteit [kvalitīt]

quarantine de quarantaine [kahrantaynuh]

quarter het kwart [kvart]

quayside: on the quayside op de kade [duh kahduh]

question de vraag [vrahKH]

queue de rij [rī]

quick snel

that was quick dat was snel [vas]

what's the quickest way there? wat is de snelste weg daar naartoe? [vat is duh snelstuh veKH dahr nahrtoo]

fancy a quick drink? heb je

zin om even wat te drinken?
[hep yuh zin om **ay**vuh vat tuh]
quickly snel
quiet (place, hotel) rustig
[**r**ʊstikH]
quiet! stilte! [st**il**tuh]
quite (fairly) tamelijk [**tah**melik]
(very) heel [hayl]
that's quite right dat is zo
quite a lot heel wat [hayl vat]

R

rabbit het konijn [kon**ī**n]
race (for runners, cars) de race
racket (tennis, squash) het
  racket
radiator (in room) de radiator
  [rah-di-a**h**tor]
  (of car) de radiateur [rah-
  di**a**t**oor**]
radio de radio [**rah**-dio]
  on the radio op de radio
rail: by rail per spoor [spohr]
railway de spoorweg
  [sp**oh**rvekH]
rain de regen [**ray**KHuh]
  in the rain in de regen
  it's raining het regent
  [**ray**KHent]
raincoat de regenjas [**ray**KHen-
  yas]
rape de verkrachting
  [verkra**KH**ting]
rare (uncommon) zeldzaam
  [**zeltzahm**]
  (steak) rood [roht]
rash (on skin) de huiduitslag

[h**ow**t-owtslakH]
raspberry de framboos
  [fram**b**ohs]
rat de rat
rate (for changing money) de
  koers [koors]
rather: it's rather good het is
  tamelijk goed [**tah**melik KHoot]
  I'd rather ... ik heb liever ...
  [hep **lee**ver]
razor het scheerapparaat
  [sKH**ayr**-apparaht]
razor blades de scheermesjes
  [sKH**ayr**-meshus]
read lezen [**lay**zuh]
ready klaar [klahr]
  are you ready? ben je klaar?
  [yuh]
  I'm not ready yet ik ben nog
  niet klaar [noKH neet]

dialogue

when will it be ready?
wanneer is het klaar?
[van**neer**]
it should be ready in a
couple of days als het
goed is, is het over een
paar dagen klaar [KHoot –
ohver uhn pahr da**h**KHuh]

real echt [eKHt]
really echt
  I'm really sorry het spijt me
  echt [sp**ī**t muh]
  that's really great dat is echt
  geweldig [KHev**eld**iKH]
  really? (doubt) echtwaar?

[eKHtv**ahr**]
(polite interest) o ja? [**ya**]
rear lights de achterlichten
[a**KH**ter-li**KH**tuh]
rearview mirror de
achteruitkijkspiegel
[a**KH**ter**ow**tkik-speek**H**el]
reasonable (prices etc) redclijk
[**ray**delik]
receipt het ontvangstbewijs
[ontv**a**ngst-bev**ī**s]
(at cash desk) de kassabon
recently onlangs
reception de receptie [res**e**psee]
at reception bij de receptie
[b**ī**]
reception desk de receptie
receptionist de receptioniste
[resepshon**i**stuh]
recognize herkennen
[hair**k**ennuh]
**recommend: could you
recommend ...?** zou u ... aan
kunnen bevelen? [z**ow** ∞ ...
ahn **koo**nnuh bev**ay**luh]
record (music) de plaat [**plaht**]
red rood [**roht**]
red wine de rode wijn [**r**ohduh
v**ī**n]
refund de vergoeding
[ver**kH**o**o**ding]
can I have a refund? kan ik
het vergoed krijgen?
[ver**kH**o**o**t kr**ī**kHuh]
region de streek [**strayk**]
registered: by registered mail
per aangetekende post
[**ah**n**kH**etaykenduh poss**t**]
registration number het

kentekennummer [**k**entaykuh-
noommer]
relative het familielid
[fam**ee**leelit]
religion de godsdienst
[**KH**otsdeenst]
remember: I don't remember
ik kan het me niet
herinneren [muh neet]
I remember ik weet het nog
[vayt het no**KH**]
do you remember? weet jij
het nog? [y**ī**]
rent (for apartment etc) de huur
[h**oo**r]
(verb: car etc) huren [h**oo**ruh]
for rent te huur [tuh]

dialogue

I'd like to rent a car ik wil
graag een auto huren [vil
KHrah**KH** uhn **ow**to h**oo**ruh]
for how long? voor hoe
lang? [vohr hoo]
two days twee dagen
[**dah**KHuh]
this is our range dit
hebben we staan [vuh stahn]
I'll take the ... ik neem
de ... [naym duh]
**is that with unlimited
mileage?** is dat met een
onbeperkt aantal
kilometers? [**ah**ntal
kilomayters]
it is ja [ya]
**can I see your licence
please?** mag ik uw

rijbewijs even zien? [maKH
ik ∞ rībevīs **ay**vuh zeen]
and your passport en uw
paspoort [**p**aspohrt]
is insurance included? is
het inclusief verzekering?
[inkl∞s**eef** verz**ay**kering]
**yes, but you pay the first
200 guilders** ja, maar u
betaalt de eerste
tweehonderd gulden [ya
mahr ∞ bet**ah**lt duh **ay**rstuh –
KH**oo**lduh]
**can you leave a deposit of
500 guilders?** kunt u een
borgsom van vijfhonderd
gulden achterlaten? [koont
∞ uhn bor**KH**som van –
a**KH**terlahtuh]

rented car de huurauto
[h**oo**rowto]
repair repareren [raypar**ay**ruh]
can you repair it? kunt u het
maken? [koont ∞ het m**ah**kuh]
repeat herhalen [herh**ah**luh]
could you repeat that? zou u
dat kunnen herhalen? [z**ow** ∞
dat k**oo**nnuh]
reservation de reservering
[raysairv**ay**ring]
I'd like to make a reservation
ik wil graag iets reserveren
[vil KHr**ah**KH eets raysairv**ay**ruh]

dialogue

I have a room reservation
ik heb een kamer

gereserveerd [hep uhn
k**ah**mer KHeraysaiv**ay**rt]
yes sir, what name please?
goed meneer, wat is de
naam? [KH**oo**t m**uhnay**r vat is
duh nahm]

reserve (verb) reserveren
[raysairv**ay**ruh]

dialogue

**can I reserve a table for
tonight?** kan ik voor
vanavond een tafel
reserveren? [vohr van**ah**vont
uhn **tah**fel]
**yes madam, for how many
people?** ja mevrouw, voor
hoeveel personen? [ya
mevr**ow** vohr hoov**ay**l
pers**oh**nuh]
for two voor twee
and for what time? en
voor hoe laat? [vohr hoo
laht]
for eight o'clock voor acht
uur [**oo**r]
**and could I have your
name please?** en mag ik
uw naam even? [m**a**KH ik ∞
nahm **ay**vuh]
see alphabet for spelling

rest: I need a rest ik wil graag
even uitrusten [vil KHr**ah**KH
ayvuh **ow**tr∞stuh]
the rest of the group de rest
van de groep [duh KHr**oo**p]

restaurant het restaurant
[rest0Wrant]

Dutch food tends to be higher in protein content than in variety: steak, chicken and fish, along with filling soups and stews, are staple fare, usually served up in enormous quantities.

The majority of bars serve food, everything from sandwiches to a full menu, in which case they may be known as an **eetcafé** [**ay**tkafay]. These places tend to be open all day, serving both lunch and dinner. Full-blown restaurants, on the other hand, tend to open in the evening only, usually from around 5.30pm or 6pm until around 11pm. Bear in mind that the Dutch tend to eat early, usually between 6.30pm and 8pm, and that after about 10pm you'll find many restaurant kitchens closed.

If you're on a budget, stick to the **dagschotel** [da**K**H-s**K**Hohtel] (dish of the day) wherever possible; you get a meat or fish dish, heavily garnished with potatoes and other vegetables and salad; note, though, that it's often only served at lunchtime or between 6 and 8pm. The three-course tourist menu, which you'll see displayed at some mainstream restaurants, is reasonable value, but the food is often dull.

restaurant car de restauratiewagen
[rest0W**rah**tsee-vah**K**Huh]

rest room het toilet [twa-l**e**t]
see **toilet**

retired: I'm retired ik ben gepensioneerd
[**K**Hepenshon**ayr**t]

return: a return to ... een retour naar ... [uhn ret**oo**r nahr]

return ticket het retourtje
[ret**oo**rt-yuh]
see **ticket**

reverse charge call het collect gesprek [**K**Hespr**e**k]

reverse gear de achteruitversnelling
[a**K**Hter**oW**t-versnelling]

revolting walgelijk [**va**l**K**Helik]

rib de rib

rice de rijst [r**ī**st]

rich (person) rijk [r**ī**k]
(food) machtig [**ma**K**H**tik**H**]

ridiculous belachelijk
[bela**K**Helik]

right (correct) juist [y**0**wst]
(not left) rechts [re**K**Hts]

you were right je had gelijk
[yuh hat **K**Hel**ī**k]

that's right dat klopt

this can't be right dit kan nooit goed zijn [n**oy**t **K**Hoot z**ī**n]

right! oké! [okay]

is this the right road for ...? is dit de weg naar ...? [duh ve**K**H nahr]

on the right, to the right rechts

turn right ga naar rechts [**K**Ha

nahr]

right-hand drive met het stuur
aan de rechterkant [stoor ahn
duh reкHterkanT]

ring (on finger) de ring
I'll ring you ik bel je [yuh]

ring back terugbellen [terooкH-
belluh]

ripe (fruit) rijp [rīp]

rip-off: it's a rip-off het is
afzetterij [afzetterī]
rip-off prices nepprijzen
[nepprīzuh]

risky riskant [riskant]

river de rivier [riveer]

road de weg [veкH]
is this the road for ...? is dit
de weg naar ...? [duh veкH
nahr]
down the road verderop
[verderop]

road accident het
wegongeluk [veкH-onкHelooк]

road map de wegenkaart
[vayкHenkahrt]

roadsign het verkeersbord
[verkayrsbort]

rob: I've been robbed ik ben
bestolen [bestohluh]

rock de rots
(music) rock(muziek)
[rok(moozeek)]
on the rocks (with ice) met ijs
[īs]

roll (bread) het broodje [broht-
yuh]

roof het dak

roof rack de imperiaal
[impayriah]

room de kamer [kahmer]
in my room in mijn kamer
[mīn]

dialogue

do you have any rooms?
heeft u ook kamers vrij?
[hayft oo ohk kahmers vrī]
for how many people?
voor hoeveel personen?
[vohr hoovayl persohnuh]
for one/for two voor een
persoon/voor twee
personen [ayn persohn]
yes, we have rooms free
ja, we hebben wel een
paar kamers vrij [ya vuh
hebbuh vel uhn pahr]
**for how many nights will it
be?** voor hoeveel nachten
moet het zijn? [vohr hoovayl
naкHtuh moot uht zīn]
just for one night voor
maar een nacht [mahr ayn
naкHt]
how much is it? wat kost
het? [vat]
**... with bathroom and ...
without bathroom** met
badkamer ... en zonder
badkamer ... [batkamer]
**can I see a room with
bathroom?** mag ik een
kamer met badkamer
zien? [maкH ik uhn – zeen]
OK, I'll take it oké, ik
neem hem [okay ik naym
uhm]

room service de kamerservice [kahmer-'service']

rope het touw [tow]

rose de roos [rohs]

rosé rosé [rosay]

roughly (approximately) ongeveer [onkHevayr]

round: it's my round ik betaal dit rondje [betahl dit ront-yuh]

roundabout (for traffic) de rotonde [rohtonduh]

round-trip ticket het retourtje ... [retoort-yuh]

a round-trip ticket to ... een retour naar ... [uhn retoor nahr]

route de route [rootuh]

what's the best route? wat is de beste route? [vat is duh bestuh]

rubber (material) rubber [robber]

(eraser) het gummetje [KHoommet-yuh]

rubber band het elastiekje [aylasteek-yuh]

rubbish (waste) het afval [afval]

(poor quality goods) de rotzooi [rotzoy]

rubbish! (nonsense) onzin!

rucksack de rugzak [rookHzak]

rude onbeleefd [onbelayft]

ruins de ruïne [roo-eenuh]

rum de rum [room]

rum and Coke® de rum-cola [rennuh]

run (person) rennen [rennuh]

how often do the buses run? hoe vaak rijden de bussen? [hoo vahk rīduh duh boossuh]

I've run out of money ik heb geen geld meer [hep KHayn KHelt mayr]

rush hour het spitsuur [spitsoor]

S

sad bedroefd [bedrooft]

saddle het zadel [zahdel]

safe veilig [vīlikH]

safety pin de veiligheidsspeld [vīlikHhīds-spelt]

sail het zeil [zīl]

sailboard de (wind)surfplank [(vint)soorfplank]

sailboarding het windsurfen [vintsoorfuh]

salad de salade [salahduh]

salad dressing de dressing

sale: for sale te koop [tuh kohp]

salmon de zalm

salt het zout [zowt]

same: the same hetzelfde [uhtzelfduh]

the same as this hetzelfde als dit

the same again, please graag nog een keer hetzelfde [KHrahKH noKH uhn kayr]

it's all the same to me het maakt mij niets uit [mahkt mī neets owt]

sand het zand [zant]

sandals de sandalen [sandahluh]

sandwich de sandwich, de

dubbele boterham [d**oo**bbeluh b**oh**terham]

sanitary napkins/towels het maandverband [**mah**ntverband]

sardines de sardientjes [sard**ee**nt-yuhs]

Saturday zaterdag [**zah**terdaкн]

sauce de saus [sows]

saucepan de steelpan [stay**l**pan]

saucer het schoteltje [skн**oh**telt-yuh]

sauna de sauna [s**ow**na]

sausage de worst [vorst]

say zeggen [**ze**кнuh]

how do you say ... in Dutch? hoe zeg je ... in het Nederlands? [hoo zeкн yuh ... in uht n**ay**derlants]

what did he say? wat zei hij? [vat zī hī]

she said ... ze zei ... [zuh]

could you say that again? zou u dat kunnen herhalen? [zow oo dat k**oo**nnuh herh**ah**luh]

scarf (for neck) de sjaal [shahl] (for head) de hoofddoek [h**oh**ftdook]

scenery het landschap [lantsкн**a**p]

schedule (US) de dienstregeling [d**ee**nst-ray**кн**eling]

scheduled flight de lijnvlucht [l**ī**nvl** œ**кнt]

school de school [sкн**oh**l]

scissors de schaar [sкн**a**hr]

scooter de scooter

scotch de whisky

Scotland Schotland [sкн**o**tlant]

Scottish Schots [sкн**o**ts]

I'm Scottish ik kom uit Schotland [owt sкн**o**tlant]

scrambled eggs het roerei [**roo**rī]

scratch de schram [sкнram]

screw de schroef [sкнroof]

screwdriver de schroevendraaier [sкнr**oo**vuhndrī-er]

sea de zee [zay]

by the sea aan zee [ahn]

seafood het zeebanket [**zay**banket]

seafood restaurant het visrestaurant [**vi**srestowrant]

seafront de boulevard [boolevar]

on the seafront op de boulevard

search zoeken [**zoo**kuh]

seasick: I feel seasick ik voel me zeeziek [vool muh **zay**zeek]

I get seasick ik heb last van zeeziekte [hep last van **zay**zeektuh]

seaside: by the seaside aan zee [ahn zay]

seat de zitplaats [**zi**tplahts]

is this seat taken? is deze plaats bezet? [**day**zuh plahts]

seat belt de veiligheidsgordel [v**ī**liкнhīts-кнordel]

secluded afgezonderd [**a**fкнezondert]

second (adj) tweede [tv**ay**duh] (of time) de seconde [sek**o**nduh]

just a second! een ogenblik,

alstublieft! [uhn **oh**KHenblik
a**l**stœbleeft]

second class (travel etc)
tweede klas [t**vay**duh]

second floor de tweede
verdieping [verd**ee**ping]
(US) de eerste verdieping
[**ay**rstuh]

second-hand tweedehands
[t**vay**duh-hants]

see zien [zeen]
can I see? mag ik even
kijken? [maKH ik **ay**vuh k**ī**kuh]
have you seen ...? heeft u ...
gezien? [hayft œ ... KHe**zeen**]
I saw him this morning ik
heb hem vanochtend gezien
[hep uhm van**o**KHtent]
see you! tot ziens! [zeens]
I see (I understand) ik begrijp
het [bekH**r**īp]

self-catering apartment de flat
met eigen kookgelegenheid
[**ī**KHuh k**oh**k-KHelayKHenhīt]

self-service de zelfbediening
[**ze**lfbedeening]

sell verkopen [ver**koh**puh]
do you sell ...? verkoopt
u ...? [ver**koh**pt œ]

send versturen [ver**stœ**ruh]
I want to send this to England
ik wil dit naar Engeland
versturen [vil dit nahr **e**ngelant]

senior citizen de bejaarde
[buh-**yah**rduh]

separate apart

separated: I'm separated ik
ben gescheiden [KHesKH**ī**duh]

separately (pay, travel)

afzonderlijk [**af**zonderlik]

September sept**e**mber

septic septisch [**sep**tees]

serious (situation, illness) ernstig
[**ai**rnstikH]
(person) serieus [sayri-**urs**]

service charge het
bedieningsgeld [bed**ee**nings-
KHelt]

service station het
servicestation ['service'-
stash**on**]

serviette het serv**e**t

set menu het vaste menu
[**va**stuh men**œ**]

several verscheidene
[versKH**ī**denuh]

sew naaien [**nah**-yuh]
could you sew this back on?
zou u dit er weer aan
kunnen naaien? [zow œ dit er
vayr ahn **koo**nnuh]

sex sex

sexy sexy

shade: in the shade in de
schaduw [duh sKH**ah**dœ]

shallow (water) ondiep
[**on**deep]

shame: what a shame! wat
jammer! [vat y**a**mmer]

shampoo de shampoo
[sham**poh**]
shampoo and set wassen en
watergolven [**va**ssuh en
v**ah**terKHolvuh]

share (room, table etc) delen
[**day**luh]

sharp (knife, taste) scherp
[sKH**ai**rp]

(pain) stekend [**stay**kuht]

shattered (very tired) doodop [**doh**top]

shaver het scheerapparaat [SKH**ay**r-apparaht]

shaving foam het scheerschuim [SKH**ay**r-SKH**OW**m]

shaving point het stopcontact voor scheerapparaten [vohr SKH**ay**r-apparahtuh]

she* ze [zuh]
(emphatic) zij [zī]
is she here? is ze hier? [zuh heer]

sheet (for bed) het laken [**lah**kuh]

shelf de plank

shellfish de schelpdieren [SKH**el**pdeeruh]

sherry de sherry

ship het schip [SKH**i**p]
by ship per schip

shirt het overhemd [**oh**verhemt]

shit! verdomme! [verd**o**mmuh]

shock de schok [SKH**o**k]
I got an electric shock from the ... ik kreeg een elektrische schok van de ... [kraykH uhn ayl**e**ktreesuh SKH**o**k van duh]

shock-absorber de schokbreker [SKH**o**kbrayker]

shocking schokkend [SKH**o**kkent]

shoe de schoen [SKH**oo**n]
a pair of shoes een paar schoenen [uhn pahr SKH**oo**nuh]

shoelaces de schoenveters [SKH**oo**nvayters]

shoe polish de schoensmeer [SKH**oo**nsmayr]

shoe repairer de schoenmaker [SKH**oo**nmahker]

shop de winkel [**vi**nkel]

 Business hours are usually from 9am to 5.30 or 6pm; certain shops stay open later on Thursday or Friday evenings for **koopavond** (shopping night). **Avondwinkels** are night shops found in major cities, notably Amsterdam, that usually open at 6pm and close at 1 or 2am. Things shut down a little earlier on Saturday, and only die-hard money makers open on a Sunday; many shops stay closed on Monday morning, even in major cities. see **public holidays**

shopping: I'm going shopping ik ga winkelen [KHah **vi**nkeluh]

shopping centre het winkelcentrum [**vi**nkel-sentr**oo**m]

shop window de etalage [aytal**ah**Juh]

shore de oever [**oo**ver]

short (person) klein [klīn]
(time, journey) kort

shortcut de kortere weg [**ko**rteruh vekH]

shorts de korte broek [**ko**rtuh brook]

should: what should I do? wat moet ik doen? [vat moot ik doon]

you should ... je moet ... [yuh]
you shouldn't ... je moet niet ... [neet]
he should be back soon als het goed is, is hij zo terug [KHoot – hī zo terOOKH]
shoulder de schouder [sKHOWder]
shout schreeuwen [sKHrayoowuh]
show (in theatre) de voorstelling [vohrstelling]
could you show me? kunt u mij dat laten zien? [koont OO mī dat lahtuh zeen]
shower (in bathroom) de douche [doosh]
(of rain) de regenbui [rayKHenbow]
with shower met douche
shower gel de douchegel [dooshJel]
shut (verb) sluiten [slowtuh]
when do you shut? hoe laat sluit u? [hoo laht slowt OO]
when does it shut? hoe laat sluit het?
they're shut ze zijn gesloten [zuh zīn KHeslohtuh]
shut up! houd je kop! [howt yuh]
shutter (on camera) de sluiter [slowter]
(on window) het luik [lowk]
shy verlegen [verlayKHuh]
sick (ill) ziek [zeek]
I'm going to be sick (vomit) ik moet overgeven [moot ohverKHayvuh]

side de kant
the other side of the street de andere kant van de straat [anderuh kant van duh straht]
side lights de stadslichten [stats-likHtuh]
side salad het schaaltje salade [sKHahlt-yuh salahduh]
side street de zijstraat [zīstraht]
sidewalk de stoep [stoop]
on the sidewalk op de stoep
sight: the sights of ... de bezienswaardigheden van ... [bezeens-vahrdikH-hayduh]
sightseeing: we're going sightseeing we gaan de bezienswaardigheden bekijken [vuh KHahn duh – bekīkuh]
sightseeing tour (by bus) de toeristische rondrit [toorīsteesuh rontrit]
(by boat) de toeristische rondvaart [rontvahrt]
sign (roadsign etc) het verkeersbord [verkayrsbort]
signal: he didn't give a signal hij gaf geen signaal [hī KHaf KHayn sin-yahl]
signature de handtekening [hant-taykening]
signpost de wegwijzer [veKHvīzer]
silence de stilte [stiltuh]
silk de zijde [zīduh]
silly dwaas [dvahs]
silver het zilver
similar soortgelijk [sohrtKHelīk]
a similar dress een

Si

soortgelijke jurk [ayn sohrtkHeli̇kuh yoork]

they look similar ze lijken op elkaar [zuh li̇kuh op elkahr]

simple (easy) eenvoudig [aynvowdikH]

since: since last week sinds vorige week [vohrikHuh vayk]

since I got here sinds ik hier aangekomen ben [heer ahnkHekohmuh]

sing zingen [zing-uh]

singer (man/woman) de zanger/zangeres [zing-uh]

single: a single to ... een enkele reis naar ... [uhn enkeluh ri̇s nahr], een enkeltje naar... [enkelt-yuh]

I'm single ik ben niet getrouwd [neet kHetrowt]

single bed het eenpersoonsbed [aynpersohns-bet]

single room de eenpersoonskamer [aynpersohns-kahmer]

single ticket de enkele reis [enkeluh ri̇s], het enkeltje [enkelt-yuh]

sink (in kitchen) de gootsteen [kHohtstayn]

(in bathroom) de wasbak [vasbak]

sister de zus [zoos]

sister-in-law de schoonzus [skHohnzoos]

sit: can I sit here? kan ik hier zitten? [heer]

is anyone sitting here? zit

hier iemand? [eemant]

sit down gaan zitten [kHahn]

sit down! ga zitten! [kHah]

size de maat [maht]

skinny mager [mahkHer]

skirt de rok

sky de hemel [haymel]

sleep slapen [slahpuh]

did you sleep well? heb je goed geslapen? [hep yuh kHoot kHeslahpuh]

sleeper (on train) de couchette

sleeping bag de slaapzak [slahpzak]

sleeping car de slaapwagen [slahpvahkHuh]

sleeping pill de slaappil [slahp-pil]

sleepy: I'm feeling sleepy ik voel me slaperig [vool muh slahperikH]

sleeve de mouw [mow]

slice de plak

(of bread) de snee [snay]

slide (photographic) de dia [dee-ah]

slip (garment) de onderjurk [onder-yoork]

slippery glad [kHlat]

slow langzaam [lankzahm]

slow down! langzamer!

slowly langzaam [lankzahm]

very slowly heel langzaam [hayl]

could you speak more slowly? kunt u wat langzamer spreken? [koont oo vat lankzahmer spraykuh]

small klein [kli̇n]

smell: it smells (smells bad) het stinkt

smile glimlachen [KHlimlakHuh]

smoke de rook [rohk]

  do you mind if I smoke? heeft u er bezwaar tegen als ik rook? [hayft ʊ er bez**vahr** tay**kHuh als ik rohk**]

  I don't smoke ik rook niet [neet]

  do you smoke? rookt u? [ʊ]

snack: just a snack alleen een snack [al**layn uhn**]

Chips are the most common snack (**Vlaamse** [vlahmsuh] or 'Flemish' **frites/friet** [freet] are the best), sprinkled with salt and smothered with mayonnaise (**fritesaus** [freetsows]) or alternatively, curry, satay, goulash, or tomato sauce. If you just want salt, ask for '**patat zonder**'. A popular mixture of tomato ketchup and mayonnaise is called **patatje oorlog** [patat-yuh ohrloкH] (literally: chip war). Chips are complemented with **kroketten** [krohketten], spiced minced meat covered with breadcrumbs and deep-fried, or a frankfurter-like sausage.

Tastier, and good both as a snack and a full lunch, are the fish specialities sold by street vendors: **gezoute haring** [кHezowtuh hahring] salted raw herring, **gerookte paling** [кHerohktuh pahling] smoked eel, **broodje**

makreel [broht-yuh makrayl] mackerel in a roll, **mosselen** mussels, and various kinds of deep-fried fish (**speciaaltje** [spayshahlt-yuh]). Look out, too, for **maatjes** [maht-yuhs] (green) herring, eaten raw with onions in early summer. Another fast food you'll see everywhere is **shoarma** – kebabs, sold in numerous Middle Eastern-style restaurants and takeaways. Other street foods include waffles doused with syrup, and **poffertjes** [poffert-yuhs] – shell-shaped dumplings served with masses of melted butter and powdered sugar.. As for the kind of food you can expect to encounter in bars, there are sandwiches and rolls (**boterhammen** and **broodjes** [broht-yuhs]); a sandwich made with French bread is known as a **stokbrood** [stokbroht]. In the winter, **erwtensoep** [airtensoop] (or **snert**) – thick pea soup with smoked sausage – is available in most bars and is a great buy for lunch. Or there's an **uitsmijter** [owtsmiter] (literally, 'bouncer'): one, two or three fried eggs on buttered bread, topped with a choice of ham, cheese or roast beef – another good budget lunch.

sneeze niezen [**nee**zuh]

snow de sneeuw [**snay**-oo]

  it's snowing het sneeuwt [**snay**-oot]

so: it's so expensive het is zo

duur

not so much niet zo veel [neet zo vayl]

not so bad niet zo slecht [sleKHt]

so am I, so do I ik ook [ohk]

so-so zo-zo

soaking solution (for contact lenses) de lensvloeistof [lensvloo-eestof]

soap de zeep [zayp]

soap powder het waspoeder [vaspooder]

sober nuchter [noOKHter]

sock de sok

socket (electrical) het stopcontact

soda (water) het sodawater [sohda-vahter]

sofa de sofa

soft (material etc) zacht [zaKHt]

soft-boiled egg het zachtgekookt ei [zaKHt-KHekohkt ī]

soft drink het glas fris [KHlas]

soft lenses de zachte lenzen [zaKHtuh]

sole (of shoe) de zool [zohl] (of foot) de voetzool [vootzohl]

could you put new soles on these? kunt u hier nieuwe zolen onder zetten? [koont oo heer new-uh]

some: can I have some water/rolls? kan ik wat water/broodjes krijgen? [vat – krīKHuh]

can I have some? kan ik er een paar krijgen? [uhn pahr]

somebody, someone iemand [eemant]

something iets [eets]

something to eat iets te eten [tuh aytuh]

sometimes soms

somewhere ergens [erKHens]

son de zoon [zohn]

song het lied [leet]

son-in-law de schoonzoon [sKHohnzohn]

soon gauw [KHOW]

I'll be back soon ik blijf niet lang weg [blīf neet lang veKH]

as soon as possible zo snel mogelijk [mohKHelik]

sore: it's sore het doet zeer [doot zayr]

sore throat de zere keel [zayruh kayl]

sorry: (I'm) sorry sorry

sorry? (didn't understand) pardon, wat zei u? [vat zī oo]

sort: what sort of ...? wat voor soort ...? [vohr]

soup de soep [soop]

sour (taste) zuur [zoor]

south het zuiden [zowduh]

in the south in het zuiden

South Africa Zuid-Afrika [zowt-ahfrika]

South African Zuid-Afrikaans [zowt-afrikahns]

I'm South African ik kom uit Zuid-Afrika [owt zowt-ahfrika]

southeast het zuidoosten [zowt-ohstuh]

southern zuidelijk [zowdelik]

southwest het zuidwesten

[zowt-**ve**stuh]

souvenir het souvenir

Spain Spanje [span-yuh]

Spanish Spaans [spahns]

spanner de moersleutel
[moors**lur**tel]

spare part het
reserveonderdeel [res**ai**rvuh-
onderdayl]

spare tyre de reserveband
[res**ai**rvuh-bant]

spark plug de bougie [booJee]

speak: do you speak English?
spreekt u Engels? [spraykt ∞]
I don't speak ... ik spreek
geen ... [sprayk KHayn]
can I speak to ...? kan ik ...
spreken? [spraykuh]

dialogue

can I speak to Jan? kan ik
Jan even spreken? [**ay**vuh]
who's calling? met wie
spreek ik? [vee]
it's Patricia met Patricia
I'm sorry, he's not in, can I
take a message? sorry, hij
is niet thuis, kan ik een
boodschap aannemen? [hī
is neet tows – uhn **boh**tskHap
ahnnaymuh]
no thanks, I'll call back
later nee bedankt, ik bel
straks wel terug [nay
bedankt ik bel straks vel tr∞KH]
please tell him I called zou
u hem willen vertellen
dat ik gebeld heb? [zow ∞

hem villuh ver**te**lluh dat ik
KHe**be**lt hep]

spectacles de bril

speed de snelheid [**sne**lhīt]

speed limit de maximum
snelheid [**ma**xim∞m]

speedometer de snelheids-
meter [**sne**lhīts-mayter]

spell: how do you spell it? hoe
spel je het? [hoo spel yuh]
see alphabet

spend uitgeven [**ow**tkHayfvuh]

spices de specerijen [spayserī-
uh]

spider de spin

spin-dryer de droogtrommel
[dr**oh**KHtrommel]

spirits
The indigenous spirit is
jenever [yenayver] or
Dutch gin – not unlike British gin,
but a bit weaker and oilier, made
from molasses and flavoured with
juniper berries: it's served in small
glasses and is traditionally drunk
straight, often in one gulp. There are
a number of varieties: oude [owduh]
(old) is smooth and mellow, jonge
[yung-uh] (young) packs more of a
punch. Zeer oude jenever [zayr
owduh] is very old jenever.
Other drinks you'll see include
numerous Dutch liqueurs, notably
advocaat or eggnog, the sweet blue
curaçao and luminous green pisang
ambon, as well as an assortment of
luridly coloured fruit brandies.

splinter de splinter

spoke (in wheel) de spaak [spahk]

spoon de lepel [**lay**pel]

sport de sport

sprain: I've sprained my ... ik heb mijn ... verstuikt [hep muhn ... verst**ow**kt]

spring (season) de lente [**len**tuh]

(of car, seat) de springveer [**spring**vayr]

in the spring in de lente

square (in town) het plein [plin]

stairs de trap

stale oud [owt]

stall: the engine keeps stalling de motor slaat steeds af [duh **moh**tor slaht stayts]

stamp de postzegel [**post**zaykHel]

dialogue

a stamp for England, please een postzegel voor Engeland, alstublieft [uhn **post**zaykHel vohr **e**ngelant alst∞bleeft]

what are you sending? wat stuurt u? [vat st∞rt ∞]

this postcard deze ansichtkaart [**day**zuh **a**nziKHt-kahrt]

 You can buy stamps most easily from post offices; newsagents and postcard

shops also sell them, but quite often insist that you also buy a postcard at the same time.

standby standby

star de ster

start het begin [bekH**i**n]

(verb) beginnen [bekH**i**nnuh]

when does it start? hoe laat begint het? [hoo laht bekH**i**nt]

the car won't start de auto wil niet starten [duh **ow**to vil neet]

starter (of car) de startmotor [**start**mohtor]

(food) het voorgerecht [**voh**rkHerekHt]

starving: I'm starving ik heb ontzettende honger [hep ontz**e**ttenduh]

state (country) de staat [staht]

the States (USA) de Verenigde Staten [ver**ay**nikHduh st**ah**tuh]

station het station [stash**o**n]

statue het standbeeld [**stant**baylt]

stay: where are you staying? waar logeert u? [vahr lo**J**ayrt ∞]

I'm staying at ... ik logeer in ... [l**o**h-jayr]

I'd like to stay another two nights ik wil graag nog twee nachten blijven [vil kHrahkH nokH tvay n**a**kHtuh bl**i**vuh]

steak de biefstuk [**beef**st∞k]

steal stelen [**stay**luh]

my bag has been stolen mijn tas is gestolen [min tas is

KHest**oh**luh]

steep (hill) steil [stil]

steering de stuurinrichting
[st**oo**r-inriKHting]

step: on the steps (of building)
op de trap [duh]

stereo de stereo [**stay**ree-o]

sterling sterling

steward (on plane) de steward

stewardess de stewardess

still: I'm still here ik ben er
nog [noKH]

is he still there? is hij er nog?
[is ee air]

keep still! niet bewegen! [neet
bev**ay**KHuh]

sting: I've been stung ik ben
gestoken [KHest**oh**kuh]

stockings de kousen [**kow**suh]

stomach de maag [mahKH]

I have a stomach upset ik
heb last van mijn maag [hep
last van muhn]

stomachache de maagpijn
[**mah**KHpin]

stone (rock) de steen [stayn]

stop stoppen [st**o**ppuh]

please, stop here (to taxi driver
etc) kunt u hier stoppen,
alstublieft? [koont oo heer
st**o**ppuh alst**oo**bleeft]

do you stop near ...? stopt u
in de buurt van ...? [oo in duh
b**oo**rt]

stop it! houd op! [howt]

stopover de reisonderbreking
[r**i**s-onderbrayking]

storm de storm

straight (whisky etc) puur [p**oo**r]

it's straight ahead het is
recht door [reKHt dohr]

straightaway onmiddellijk
[onmiddelik]

strange (odd) vreemd [vraymt]

stranger de vreemdeling
[**vray**mdeling]

I'm a stranger here ik ben
hier vreemd [heer vraymt]

strap (on watch) het
horlogebandje [horl**oh**Juh-bant-
yuh]

(on suitcase) de riem [reem]

(on dress) het bandje [b**a**nt-yuh]

strawberry de aardbei [**ahr**tbi]

stream de stroom [strohm]

street de straat [straht]

on the street op straat

streetmap het stratenplan
[stra**h**tuhplan]

string het touw [tow]

strong sterk

stuck klem

it's stuck het zit klem

student de student [st**oo**dent]

stupid stom

suburb de buitenwijk
[**bow**tuhvik]

subway (US: railway) de metro
[**may**tro]

suddenly plotseling

suede suede

sugar de suiker [**sow**ker]

suit het pak

it doesn't suit me (jacket etc)
het staat me niet [staht muh
neet]

it suits you het staat je [staht
yuh]

suitcase de koffer
summer de zomer [**zoh**mer]
  in the summer 's zomers [**soh**mers]
sun de zon
  in the sun in de zon
  out of the sun uit de zon [owt duh]
sunbathe zonnen [**zo**nnuh]
sunblock (cream) het sun block [soon]
sunburn de zonnebrand [**zo**nnuh-brant]
sunburnt door de zon verbrand [dohr duh zon verbr**a**nt]
Sunday zondag [**zo**ndakH]
sunglasses de zonnebril [**zo**nnebril]
sun lounger de ligstoel [l**i**kH-stool]
sunny: it's sunny het is zonnig [**zo**nnikH]
sunroof het schuifdak [skH**ow**fdak]
sunset de zonsondergang [zons-**o**nderkHang]
sunshine de zonneschijn [**zo**nnuh-skH**i**n]
sunstroke de zonnesteek [**zo**nnuh-stayk]
suntan de bruine kleur [br**ow**nuh klur]
suntan lotion de zonnebrandcrème [**zo**nnuh-brant-krem]
suntanned bruingebrand [br**ow**n-kH**e**brant]
suntan oil de zonnebrandolie [**zo**nnuh-brantohlee]

super geweldig [KHev**e**ldikH]
supermarket de supermarkt [s**oo**permarkt]
supper het avondmaal [**ah**vontmahl]
supplement (extra charge) de toeslag [**too**slakH]
sure: are you sure? weet je het zeker? [vayt yuh uht z**ay**ker]
  sure! zeker!
surname de achternaam [**a**kHternahm]
sweater de sweater
sweatshirt het sweatshirt
Sweden Zweden [**zvay**duh]
Swedish Zweeds [zvayts]
sweet (taste) zoet [zoot]
  (dessert) het toetje [**too**t-yuh]
sweets het snoepgoed [sn**oo**pkHoot]
swelling de zwelling [zv**e**lling]
swim zwemmen [zv**e**mmuh]
  I'm going for a swim ik ga zwemmen [KHa]
  let's go for a swim laten we gaan zwemmen [l**ah**tuh vuh KHahn]
swimming costume het zwempak [zv**e**mpak]
swimming pool het zwembad [zv**e**mbat]
swimming trunks de zwembroek [zv**e**mbrook]
Swiss Zwitsers [zv**i**tsers]
switch de schakelaar [skH**ah**kelahr]
switch off uitschakelen [**ow**tskHahkeluh]
switch on (TV, lights) aan doen

[ahn doen]
(engine) aanzetten [**ah**nzettuh]
Switzerland Zwitserland
[**zvit**serlant]
swollen opgezet [**o**pKHezet]

T

table de tafel [**tah**fel]
 a table for two een tafel voor
 twee [vohr]
tablecloth het tafel-laken
table tennis het tafeltennis
table wine de tafelwijn
 [**tah**felvīn]
tailback (of traffic) de file
 [**fee**luh]
tailor de kleermaker
 [**klay**rmahker]
take (lead) nemen [**nay**muh]
 (accept) accepteren
 [aksept**ay**ruh]
 can you take me to the ...?
 wilt u me naar het ...
 brengen? [vilt ∞ muh nahr]
 do you take credit cards?
 accepteert u creditcards?
 [aksept**ay**rt ∞]
 fine, I'll take it goed, ik neem
 het [KHoot ik naym]
 can I take this? (leaflet etc)
 mag ik dit zo meenemen?
 [maKH ik dit zo **may**naymuh]
 how long does it take? hoe
 lang duurt het? [hoo lang d∞rt]
 it takes three hours het duurt
 drie uur [∞r]
 is this seat taken? is deze

plaats bez**et**? [**day**zuh plahts]
hamburger to take away een
 hamburger om mee te
 nemen [uhn h**am**b∞rkHer om may
 tuh n**ay**muh]
 can you take a little off here?
 (to hairdresser) kunt u er hier
 een stukje afhalen? [koont ∞ er
 heer uhn st**oo**k-yuh **af**hahluh]
talcum powder de talkpoeder
 [**ta**-lkpooder]
talk praten [**prah**tuh]
tall (person) lang
 (building) hoog [hohKH]
tampons de tampons
tan de bruine kleur [**brow**nuh
 klur]
 to get a tan bruin worden
 [brown **vor**duh]
tank (of car) de tank
tap de kraan [krahn]
 tap water het kraanwater
 [**krahn**vahter]
tape (for cassette) het
 cassettebandje [kass**e**ttuh-bant-
 yuh]
tape measure de centimeter
 [**senti**mayter]
tape recorder de
 cassetterecorder [kass**e**ttuh-
 reekorder]
taste de smaak [smahk]
 can I taste it? kan ik het
 proeven? [**proo**vuh]
taxi de taxi
 will you get me a taxi? kunt
 u voor mij een taxi regelen?
 [koont ∞ vohr mī uhn taxi
 rayKHeluh]

where can I find a taxi? waar kan ik een taxi vinden? [vahr – vinduh]

dialogue

to the airport/to the Krasnapolsky Hotel, please naar het vliegveld/naar Hotel Krasnapolsky graag [nahr uht vleeKHvelt – KHrahkH]

how much will it be? hoeveel gaat het kosten? [hoovayl KHaht]

30 guilders dertig gulden [KHooïlduh]

that's fine right here, thanks hier is het goed, bedankt [heer is uht KHoot]

taxi-driver de taxi-chauffeur
taxi rank de taxi-standplaats [-stantplahts]
tea (drink) de thee [tay]
tea for one/two, please een/twee thee, alstublieft [ayn/tvay tay alstoobleeft]

 If you ask for '**thee**' [tay], you'll get a cup of hot water with a teabag on the side; if you want some milk, you should add '**met melk, alstublieft**' [melk alstoobleeft] (with milk, please). Herbal tea **kruidenthee** [krowdentay] is very popular: the best-known varieties are **pepermunt** [paypermoont]

peppermint, **lindenbloesem** [linduhbloesem] lime, **kamille** [kamilluh] camomile and **rozenbottel** [rohzuhbottel] rosehip. Don't confuse herbal tea with flavoured tea (**thee met een smaakje** [tay met uhn smahk-yuh], which is black tea flavoured with, most commonly, **jasmijn** [yasmīn] jasmine, **sinaasappel** [sinahsappel] orange, **bosvruchten** [bosvrooKHtuh] fruits of the forest or **kaneel** [kanayl] cinnamon.

teabags de theezakjes [tayzak-yuhs]
teach: could you teach me? kunt u het me leren? [koont oo uht muh layruh]
teacher (man/woman: junior) de onderwijzer/onderwijzeres [ondervīzer/ondervīzeres] (secondary) de leraar/lerares [layrahr/layrahres]
team de ploeg [plooKH]
teaspoon de theelepel [taylaypel]
tea towel de theedoek [taydook]
teenager de tiener [teener]
telegram het telegram [teleKHram]
telephone de telefoon [telefohn]
see **phone**
television de televisie [televeesee]
tell: could you tell him ...? zou u hem willen vertellen ...?

[zow ∞ hem villuh vertelluh]

temperature (weather) de temperatuur [temperatoor]
(fever) de verhoging [verhoh-KHing]

tennis het tennis

tennis ball de tennisbal

tennis court de tennisbaan [tennisbahn]

tennis racket het tennisracket

tent de tent

terminus (rail) het eindstation [int-stashon]

terrible verschrikkelijk [versKHrikkelik]

terrific fantastisch [fantastees]

than* dan
  smaller than kleiner dan [klïner]

thank: thank you (pol) dank u wel [∞ vel]
  (fam) dankjewel [dank-yevel]
  thanks bedankt
  thank you very much (pol) dank u vriendelijk [∞ vreendelik]
  (fam) dank je vriendelijk [yuh]
  thanks for the lift bedankt voor de lift [vohr duh]
  no, thanks nee, bedankt [nay]

dialogue

thanks bedankt
that's OK, don't mention it
geen dank, graag gedaan
[KHayn dank KHrahKH KHedahn]

that: **that boy** die jongen [dee

yonguh]
  that girl dat meisje [mïshuh]
  that one die [dee]
  I hope that ... ik hoop dat ... [hohp]
  that's ... dat is ...
  is that ...? is dat...?
  that's it (that's right) juist [yowst]

the* (sing, common gender) de [duh]
  (sing, neuter) het
  (pl) de

theatre de schouwburg [sKHOw-bOOrKH]

their* hun [hoon]

theirs* van hen

them* hen
  for them voor hen [vohr]
  who? – them wie? – zij [vee – zï]

then (at that time) toen [toon]
  (after that) dan

there daar [dahr]
  over there daarginds [dahrKHins]
  up there daarboven [dahrbohvuh]
  is there ...? is er ...?
  are there ...? zijn er ...? [zïn]
  there is ... er is ...
  there are ... er zijn ... [zïn]
  there you are (giving something: pol) alstublieft [alstoobleeft]
  (fam) alsjeblieft [als-yebleeft]

thermometer de thermometer [termomayter]

Thermos® flask de thermosfles [termosfles]

these*: these men/women
deze mannen/vrouwen
[dayzuh]
I'd like these ik wil deze
graag hebben [vil dayzuh
hrahkн]
they* ze [zuh]
(emphatic) zij [zī]
thick dik
(stupid) dom
thief de dief [deef]
thigh de dij [dī]
thin (material) dun [dOOn]
(person) mager [mahkнer]
thing het ding
my things mijn spullen [mīn
spOOlluh]
think denken [denkuh]
I think so ik denk van wel
[vel]
I don't think so ik denk van
niet [neet]
I'll think about it ik zal erover
nadenken [erohver]
third party insurance de
aansprakelijkheidsverzekering
[ahnsprahkelik-hīts-verzaykering]
thirsty: I'm thirsty ik heb dorst
[hep]
this: this boy deze jongen
[dayzuh yonguh]
this girl dit meisje [mīshuh]
this one deze
this is my wife dit is mijn
vrouw [mīn vrow]
is this ...? is dit ...?
those: those men/women die
mannen/vrouwen [dee]
which ones? – those welke?

– die [velkuh]
thread de draad [draht]
throat de keel [kayl]
throat pastilles de keelpastilles
[kaylpastee-yuhs]
through door [dohr]
does it go through ...? (train,
bus) gaat de trein/bus via ...?
[KHaht duh trīn/bOOs via]
throw gooien [KHohyuh]
throw away weggooien [veкн-
KHohyuh]
thumb de duim [dowm]
thunderstorm de onweersbui
[onvayrsbow]
Thursday donderdag
[donderdaкн]
ticket het kaartje [kahrt-yuh]
(for plane) de ticket

dialogue

a return to Rotterdam een
retourtje Rotterdam [uhn
retoort-yuh]
coming back when?
wanneer reist u terug?
[vannayr rīst OO terOOкн]
today/next Tuesday
vandaag/volgende week
dinsdag
[vandahкн/volкнenduh vayk]
that will be 15.50 dat is
dan vijftien vijftig [vīfteen
vīftikн]

ticket office (bus, rail) het loket
tide het getij [кнetī]
tie de stropdas

tight (clothes etc) strak
  it's too tight het zit te strak
  [tuh]
tights de panty [penti]
till de kassa
time* de tijd [tīt]
  what's the time? hoe laat is
  het? [hoo laht]
  this time deze keer [dayzuh]
  last time de vorige keer
  [vohriKHuh]
  next time de volgende keer
  [volKHenduh]
  three times drie keer
timetable de dienstregeling
  [deenst-rayKHeling]
tin (can) het blik
tinfoil het aluminiumfolie
  [alʘminium-fohlee]
tin-opener de blikopener
tiny heel klein [hayl klīn]
tip (to waiter etc) de fooi [foy]

Tipping is very common in
Holland. If out for a meal,
rounding the bill up to the
nearest ten guilders is the least that
would be tipped. It is customary to
give taxi drivers a tip of a couple of
guilders for short trips; for longer
journeys a 15 per cent tip is usually
expected.

tired moe [moo]
  I'm tired ik ben moe
tissues de papieren
  zakdoekjes [papeeruh zakdook-
  yuhs], de Kleenex®
to: to London naar Londen

[nahr]
to Holland/England naar
  Nederland/Engeland
  [nayderlant/engelant]
to the post office naar het
  postkantoor
toast (bread) het geroosterd
  brood [KHerohstert broht]
tobacco de tabak [tahbak]
today vandaag [vandahKH]
toe de teen [tayn]
together samen [sahmuh]
  we're together (in shop etc) wij
  zijn samen [vī zīn]
toilet het toilet [twa-let]
  where is the toilet? waar is
  het toilet? [vahr]
  I have to go to the toilet ik
  moet naar het toilet [moot
  nahr]

Generally, public toilets
are meticulously clean, if
not very numerous. Most
department stores have excellent
facilities. In Amsterdam there are
numerous semi-open street toilets
for men.

toilet paper het toiletpapier
  [twa-let-papeer]
tomato de tomaat [tomaht]
tomato juice het tomatensap
tomato ketchup de
  tomatenketchup [tomatuh-
  ketchup]
tomorrow morgen [morKHuh]
  tomorrow morning
  morgenochtend

[morKHen**o**KHtent]

the day after tomorrow
overmorgen [**oh**vermorKHuh]
toner (cosmetic) de toner
tongue de tong
tonic (water) de tonic
tonight vanavond [van**ah**vont]
tonsillitis de
amandelontsteking
[ahm**a**ndelontst**ay**king]
too (excessively) te [tuh]
(also) ook [ohk]
too hot te heet
too much te veel [vayl]
me too ik ook [ohk]
tooth de tand [tant]
toothache de kiespijn
[**kee**spīn]
toothbrush de tandenborstel
toothpaste de tandpasta
top: on top of ... bovenop ...
[boven**o**p]
at the top bovenaan
[boven**ah**n]
top floor de bovenste
verdieping [**bo**vuhstuh
verd**ee**ping]
topless topless
torch de zaklantaarn
[**za**klant**ah**rn]
total het totaal [tot**ah**l]
tour de rondreis [**ro**ntris]
is there a tour of ...? is er een
excursie naar ...? [uhn
eksk**oor**see nahr]
tour guide de gids [KHits]
tourist de toerist [**too**rist]
tourist information office het
toeristenbureau [toor**i**stuh-

bOOroh]

 Just about every town
(and most large villages)
will have a VVV tourist
information office, either in the
centre of town or near the train
station. In addition to handing out
basic maps (often free) and English
information on the main sights, the
VVV keeps a list of local
accommodation and, for a small fee,
will book rooms for you. Most VVV
offices also keep information on
neighbouring towns, which can be a
great help for forward planning.

tour operator de
reisorganisatie [**rī**s-
orKH**a**nisatsee]
towards in de richting van
[duh r**i**KHting]
towel de handdoek [**ha**ndook]
town de stad [stat]
in town in de stad
just out of town even buiten
de stad [**ay**vuh b**ow**tuh duh]
town centre het stadscentrum
[st**a**ts-sentr**OO**m]
town hall het stadhuis
[st**a**thOws]
toy het stuk speelgoed [stOOk
sp**ay**lKH**OO**t]
toys het speelgoed
track (US: platform) het perr**o**n
which track is it for Zwolle?
vanaf welk perron gaat de
trein naar Zwolle? [van**a**f velk
perr**o**n KHaht duh trīn nahr]

tracksuit het trainingspak [**tray**ningspak]
traditional traditioneel [tradishon**ayl**]
traffic het verkeer [verk**ayr**]
traffic jam de verkeersopstopping [verk**ayrs**opstopping]
traffic lights de verkeerslichten [verk**ayrs**likHtuh]
trailer (for carrying tent etc) de aanhangwagen [**ahn**hangvakHuh]
(US) de caravan
trailer park de camping [**kemping**]
train de trein [trīn]
by train met de trein [duh]

dialogue

is this the train for Vlissingen? is dit de trein naar Vlissingen? [duh trīn nahr]
sure jazeker [ya**zay**ker]
no, you want that platform there nee, dan moet u naar dat perron [nay dan moot ∞ nahr]

trainers (shoes) de gymschoenen [KHim-skHoonuh]
train station het station [**stahsh**on]
tram de tram
tram stop de tramhalte [**trem**haltuh]

translate vertalen [vert**ah**luh]
could you translate that? zou u dat kunnen vertalen? [zow ∞ dat **koon**nuh]
translation de vertaling [vert**ah**ling]
translator (man/woman) de vertaler/vertaalster [vert**ah**ler/vert**ah**lster]
trash het afval [**af**-val]
trashcan de vuilnisbak [**vow**lnisbak]
travel reizen [**rī**zuh]
we're travelling around we trekken rond [vuh tr**ek**kuh ront]
travel agent's het reisbureau [**rīs**b∞roh]
traveller's cheque de reischeque [**rīs**-shek]
tray het dienblad [**deen**blat]
tree de boom [bohm]
tremendous fantastisch [fant**a**stees]
trendy modern [mohd**ai**rn]
it is trendy het is in
trim: just a trim, please (to hairdresser) alleen bijknippen, alstublieft [all**ay**n bī-k-nippuh alst∞bleeft]
trip (excursion) de reis [rīs]
I'd like to go on a trip to ... ik wil graag een reis maken naar ... [vil KHrahKH uhn rīs **mah**kuh nahr]
trolley (in shop) het winkelwagentje [**vin**kelvahkHuht-yuh]
(at airport) het bagagewagentje [bakH**a**juh-vakHuht-yuh]

trouble de moeilijkheid [**moo**-eelik-hīt]
I'm having trouble with ... ik heb moeilijkheden met ... [hep **moo**-eelik-hayduh]
trousers de broek [brook]
true waar [vahr]
that's not true dat is niet waar [neet]
trunk (US: of car) de kofferbak
trunks (swimming) de zwembroek [**zv**embrook]
try proberen [pro**bay**ruh]
can I try it? kan ik het eens proberen? [uht uhs]
try on aanpassen [**ahn**passuh]
can I try it on? kan ik het passen?
T-shirt het T-shirt
Tuesday dinsdag [**dins**dakH]
tulip de tulp [tʊlp]
tuna de tonijn [toník]
tunnel de tunnel [**tʊ**nnel]
turn: turn left/right ga naar links/rechts [kHa nahr links/re**kH**ts]
turn off: where do I turn off? waar moet ik afslaan? [vahr moot ik **af**slahn]
can you turn the heating off? kunt u de verwarming uitdoen? [koont oo duh ver**var**ming **owt**doon]
turn on: can you turn the heating on? kunt u de verwarming aandoen? [**ahn**doon]
turning (in road) de bocht [bokHt]

TV de TV [tay-**vay**]
tweezers het pincet [pinset]
twice twee keer [tvay kayr]
twice as much twee keer zoveel [zo**vayl**]
twin beds twee eenpersoonsbedden [tvay **ayn**persohns-bedduh]
twin room de kamer met twee eenpersoonsbedden [**kah**mer met tvay **ayn**persohns-bedduh]
twist: I've twisted my ankle ik heb mijn enkel verzwikt [hep muhn **e**nkel verzvikt]
type het soort [sohrt]
another type of ... een ander soort ...
typical typisch [**ti**pees]
tyre de band [bant]

U

ugly lelijk [**lay**lik]
UK het Verenigd Koninkrijk [ver**ay**nikHt **koh**ninkrīk]
ulcer (stomach) de maagzweer [**mah**kH-zvayr]
umbrella de paraplu [parapl**oo**]
uncle de oom [ohm]
unconscious bewusteloos [bev**oo**stelohs]
under (in position) onder
(less than) minder dan
underdone (meat) niet gaar [neet kHahr]
underground (railway) de metro [**may**tro]

underpants de onderbroek
[**o**nderbrook]

understand: I understand ik
begrijp het [be**k**H**rī**p]

I don't understand ik begrijp
het niet [neet]

do you understand? begrijpt
u het? [ꝏ]

unemployed werkeloos
[**v**erkelohs]

unfashionable niet modieus
[neet modi-**urs**]

United States de Verenigde
Staten [ver**ay**nikHduh st**ah**tuh]

university de universiteit
[ꝏniversit**īt**]

unleaded petrol de loodvrije
benzine [**loh**tvrī-uh benz**ee**nuh]

unlimited mileage het
onbeperkt aantal kilometers
[**ah**ntal kilomayters]

unlock openmaken
[**o**penmahkuh]

unpack uitpakken [**ow**tpakkuh]

until tot

unusual ongewoon
[onkHev**oh**n]

up omhoog [omh**oh**KH]

up there daarboven
[dahrb**oh**vuh]

he's not up yet (not out of bed)
hij is nog niet op [hī is nokH
neet op]

what's up? (what's wrong?) wat
is er aan de hand? [vat is er ahn
duh hant]

upmarket (restaurant, hotel etc)
chic

upset stomach de

maagstoornis [m**ah**KH-stohrnis]

upside down ondersteboven
[ondersteb**oh**vuh]

upstairs boven [**boh**vuh]

upstream stroomopwaarts
[strohm**o**pvahrts]

urgent dringend [**dri**ngent]

us* ons

with us met ons

for us voor ons [vohr]

USA de V.S. [**vay**-ess]

use gebruiken [KHebr**ow**kuh]

may I use ...? kan ik ...
gebruiken?

useful nuttig [n**ꝏ**ttikH]

usual gebruikelijk
[KHebr**ow**kelik]

the usual (drink) het drankje
wat ik altijd drink [dr**a**nk-yuh
vat ik alt**ī**t]

V

**vacancy: do you have any
vacancies?** (hotel) heeft u
nog kamers vrij? [hayft ꝏ nokH
k**ah**mers vrī]

see room

vacation de vakantie
[vak**a**nsee]

on vacation op vakantie

vaccination de vaccinatie
[vaksin**ah**tsee]

vacuum cleaner de stofzuiger
[st**o**fzowKHer]

valid (ticket etc) geldig [KH**e**ldikH]

how long is it valid for? hoe
lang is het geldig? [hoo –

KHeldiKH]

valley het dal

valuable waardevol [vahrdevol]

can I leave my valuables here? kan ik mijn waardevolle spullen hier achterlaten? [min vahrdevolluh spolluh heer aKHterlahtuh]

value de waarde [vahrduh]

van de bestelwagen [bestelvahKHuh]

vanilla de vanille [vanee-yuh]

a vanilla ice cream het vanille-ijsje [vanee-yuh–ishuh]

vary: it varies het verschilt [uht versKHilt]

vase de vaas [vahs]

veal het kalfsvlees [kalfsvlays]

vegetables de groenten [KHroontuh]

vegetarian de vegetariër [vayKHetahri-er]

(adj: food) vegetarisch [vayKHetahrees]

vending machine de automaat [owtomaht]

very erg [airKH]

very little for me voor mij maar een heel klein beetje [vohr mi mahr uhn hayl klin baytyuh]

I like it very much (food) ik vind het heel lekker [vint uht hayl]

(situation, activity) ik vind het heel leuk [lurk]

(view, ornaments) ik vind het heel mooi [moy]

vest (under shirt) het hemd

[hemt]

via via [vee-a]

video (film) de video

(recorder) de video-recorder

view het uitzicht [owtzikHt]

village het dorp

vinegar de azijn [azin]

visa het visum [veesoom]

visit bezoeken [bezookuh]

I'd like to visit ... ik zou graag ... bezoeken [zow KHrahKH]

vital: it's vital that ... het is van essentieel belang dat ... [essenshayl]

vodka de wodka [vodka]

voice de stem

voltage het voltage [voltajuh]

 The voltage is 220v AC; British equipment needs only a plug adaptor; American apparatus requires a transformer and an adaptor.

vomit overgeven [overkHayvuh]

W

waist de taille [tayuh]

waistcoat het vest

wait wachten [vakHtuh]

wait for me wacht op mij [vakHt op mi]

don't wait for me wacht niet op mij [neet]

can I wait until my wife/partner gets here? kan

ik even wachten tot mijn vrouw/partner hier is? [ayvuh vakHtuh tot muhn vrOw/partner heer]

can you do it while I wait? kunt u het doen terwijl ik wacht? [koont ळ uht doen tervil ik vakHt]

could you wait here for me? kunt u hier even op me wachten? [heer ayvuh op muh]

waiter de kelner

waiter! ober!

waitress de serveerster [servayrster]

waitress! juffrouw! [yळffrow]

wake: can you wake me up at 5.30? kunt u me om half zes wekken? [koont ळ muh – vekkuh]

wake-up call het telefoontje om u te wekken [telefohnt-yuh om ळ tuh]

Wales Wales

walk: is it a long walk? is het een lange wandeling? [uhn languh vandeling]

it's not far to walk het is niet ver lopen [neet vair]

I'll walk ik ga lopen [KHa]

I'm going for a walk ik ga een eindje wandelen [KHa uhn int-yuh vandeluh]

wall de muur [mळr]

wallet de portefeuille [portuh-fur-yuh]

wander: I like just wandering around ik hou ervan om gewoon wat rond te

zwerven [hOW airvan om KHevohn vat ront tuh zvairvuh]

want: I want a ... ik wil graag een ... [vil KHrahKH uhn]

I don't want any ... ik wil geen ... [KHayn]

I want to go home ik wil naar huis [nahr hOWs]

I don't want to ik wil niet [neet]

he wants to ... hij wil ... [hi]

what do you want? wat wil je? [vat vil yuh]

ward (in hospital) de afdeling [afdayling]

warm warm [varm]

I'm so warm ik heb het warm [hep]

was*: I was ik was [vas] **he/she/it was** hij/zij/het was [hi/zi]

wash wassen [vassuh]

can you wash these? kunt u deze wassen? [koont ळ dayzuh vassuh]

washhand basin de wasbak [vasbak]

washing (clothes) de was [vas], het wasgoed [vasKHoot]

washing machine de wasmachine [vasmasheenuh]

washing powder het waspoeder [vaspooder]

washing-up: to do the washing-up de afwas doen [afvas doon]

washing-up liquid het afwasmiddel [afvasmiddel]

wasp de wesp [vesp]

watch (wristwatch) het horloge

[horl**oh**Juh]

will you watch my things for
me? wilt u even op mijn
spullen letten? [vilt ∞ **ay**vuh op
muhn sp**oo**lluh]

watch strap het
horlogebandje [horl**oh**Juh-bant-
yuh]

water het water [**vah**ter]
may I have some water? kan
ik wat water krijgen? [vat
vahter kr**ī**KHuh]

waterproof waterdicht
[**vah**terdiKHt]

waterskiing het waterskiën
[**vah**terski-uh]

wave (in sea) de golf [KHolf]

way: it's this/that way het is
deze/die kant uit [**day**zuh/dee
kant owt]

is it a long way to ...? is het
ver naar ...? [vair nahr]

no way! vergeet het maar!
[verKH**ayt** uht mahr]

dialogue

could you tell me the way
to ...? kunt u mij de weg
naar ... vertellen? [koont ∞
muh duh veKH nahr ... vertelluh]
go straight on until you
reach the traffic lights ga
rechtuit totdat u bij de
stoplichten komt [KHa
reKHt**ow**t **tot**dat ∞ bī duh
st**o**pliKHtuh komt]
turn left ga naar links [KHa
nahr links]

---

take the first on the right
neem de eerste straat
rechts [naym duh **ayr**stuh
straht reKHts]
see where

---

we* we [vuh]
 (emphatic) wij [vī]
weak zwak [zvak]
weather het weer [vayr]

dialogue

what's the weather
forecast? wat is de
weersvoorspelling? [vat is
duh **vayr**svohr-spelling]
it's going to be fine het
wordt mooi weer [vort moy
vayr]
it's going to rain het gaat
regenen [KHaht **ray**KHenuh]
it'll brighten up later het
zal later opklaren [**lah**ter
opklahruh]

---

wedding de trouwerij [trow**erī**]
wedding ring de trouwring
[**trow**ring]
Wednesday woensdag
[**voo**nsdaKH]
week de week [vayk]
a week (from) today vandaag
over een week [vand**ah**KH **oh**ver
ayn]
a week (from) tomorrow
morgen over een week
[m**o**rKHuh]
weekend het weekend

[veekent]
at the weekend in het weekend
weight het gewicht [KHevikHt]
weird raar [rahr]
weirdo: he's a weirdo hij is een raar figuur [hī is uhn rahr fikHOOr]
welcome: you're welcome (don't mention it) graag gedaan [KHrahkH kHedahn]
well: I don't feel well ik voel me niet lekker [vool muh neet]
she's not well ze is niet erg lekker [zuh is neet erkH]
you speak English very well u spreekt erg goed Engels [OO spraykt erkH kHoot]
well done! goed zo!
this one as well deze ook [dayzuh ohk]
well, well! (surprise) wel, wel! [vel vel]

dialogue

how are you? (pol) hoe maakt u het? [hoo mahkt OO] (fam) hoe gaat het ermee? [KHaht uht ermay]
very well, thanks, and you? uitstekend, en met u? [Owtstaykent en met OO]

well-done (meat) goed doorbakken [KHoot dohrbakkuh]
Welsh Wels [vels]
I'm Welsh ik kom uit Wales [owt]

were*: we/they were wij/ze waren [vi/zuh vahruh]
you were u was [OO vas]
west het westen [vestuh]
in the west in het westen
western westelijk [vestelik]
West Indian Westindisch [vestindees]
wet nat
what? wat? [vat]
what's that? wat is dat?
what should I do? wat moet ik doen? [moot ik doon]
what a view! wat een uitzicht! [ayn OwtzikHt]
what bus do I take? welke bus moet ik nemen? [velkuh bOOs moot ik naymuh]
wheel het wiel [veel]
wheelchair de rolstoel [rolstool]
when? wanneer? [vannayr]
when we get back wanneer we terugkomen [vuh terOOkH-kohmuh]
when's the train/ferry? hoe laat gaat de trein/boot? [hoo laht KHaht duh trīn/boht]
where? waar? [vahr]
I don't know where it is ik weet niet waar het is [vayt neet]

dialogue

where is the cathedral? waar is de kathedraal? [kataydrahl]
it's over there (die staat) daar [(dee staht) dahr]

could you show me where it is on the map? kunt u het me op de kaart aanwijzen? [koont oo uht muh op duh kahrt **ah**nvīzuh]
it's just here het is hier [heer]
see **way**

which: which bus? welke bus? [**ve**lkuh bOOs]

dialogue

which one? welke?
that one die [dee]
this one? deze? [**day**zuh]
no, that one nee, die [nay]

while: while I'm here terwijl ik hier ben [terv**ī**l ik heer]
whisky de whisky
white wit [vit]
white wine de witte wijn [**vi**ttuh vīn]
who? wie? [vee]
who is it? wie is daar? [vee is dahr]
the man who ... de man die ... [dee]
whole: the whole week de hele week [**hay**luh vayk]
the whole lot alles
whose: whose is this? van wie is dit? [vee]
why? waarom? [**vah**rom]
why not? waarom niet? [neet]
wide wijd [vīt]
wife: my wife mijn vrouw

[muhn vrOW]
will*: will you do it for me? wilt u dat voor mij doen? [vilt oo dat vohr muh doon]
wind de wind [vint]
windmill de molen [**moh**luh]
window het raam [rahm]
(of shop) de etalage [aytal**ah**Juh]
near the window bij het raam [bī uht]
in the window (of shop) in de etalage [duh]
window seat de plaats bij het raam [plahts bī uht rahm]
windscreen de voorruit [**vohr**rOWt]
windscreen wiper de ruitenwisser [**rOW**tuhvisser]
windsurfing windsurfen [**vi**ntsOOrfuh]
windy: it's so windy het is zo winderig [**vi**nderikH]
wine de wijn [vīn]
can we have some more wine? kunnen we nog wat wijn krijgen? [**koo**nnuh vuh noKH vat vīn krīKHuh]
wine list de wijnkaart [**vī**nkahrt]
winter de winter [**vi**nter]
in the winter 's winters [svinters]
winter holiday de wintervakantie [**vi**ntervakansee]
wire het ijzerdraad [**ī**zerdraht]
(electric) het snoer [snoor]
wish: best wishes de beste wensen [**be**stuh **ve**nsuh]

with met
I'm staying with ... ik logeer
bij ... [lohJ**a**yr b**ī**]
without z**o**nder
witness de getuige
[KHet**o**wKHuh]
will you be a witness for me?
wilt u mijn getuige zijn? [vilt
ǿ m**ī**n KHet**o**wKHuh zin]
woman de vrouw [vr**o**w]
wonderful geweldig
[KHev**e**ldikH]
(weather) prachtig [pr**a**KHtikH
won't*: it won't start het wil
niet starten [vil neet]
wood (material) het hout [h**o**wt]
woods (forest) de bossen
[b**o**ssuh]
wool de wol [vol]
word het woord [v**oh**rt]
work het werk [vairk]
it's not working het werkt
niet [vairkt neet]
I work in ... ik werk in ...
world de wereld [**va**yrelt]
worry: I'm worried ik maak
me zorgen [mahk muh z**o**rKHuh]
worse: it's worse het is erger
[**ai**rKHer]
worst het ergste [**ai**rKHstuh]
worth: is it worth a visit? is het
de moeite waard om het te
bezoeken? [duh m**oo**-ee-tuh
vahrt om uht tuh bez**oo**kuh]
**would: would you give this
to ...?** zou u dit aan ...
kunnen geven? [z**o**w ǿ dit
ahn ... k**oo**nnuh KH**a**yvuh]
wrap: could you wrap it up?

kunt u het **i**npakken? [koont
ǿ]
wrapping paper het
inpakpapier [**i**npakpapeer]
wrist de pols
write schrijven [sKH**rī**vuh]
could you write it down?
kunt u het opschrijven?
[koont ǿ uht **o**psKHr**ī**vuh]
how do you write it? hoe
schrijf je het? [hoo sKHr**ī**f yuh]
writing paper het schrijfpapier
[sKHr**ī**fpapeer]
wrong: it's the wrong key het
is niet de goede sleutel [neet
duh KH**oo**duh sl**u**rtel]
this is the wrong train dit is
de verkeerde trein [duh
verk**a**yrduh tr**ī**n]
the bill's wrong de rekening
klopt niet [**ra**ykening klopt neet]
sorry, wrong number sorry, ik
ben verkeerd verbonden
[verk**a**yrt verb**o**nduh]
sorry, wrong room sorry,
verkeerde kamer [verk**a**yrduh
k**a**hmer]
**there's something wrong
with ...** er is iets mis met ...
[eets]
what's wrong? wat is er? [vat]

X

X-ray de röntgenfoto
[r**øø**ntKHuhfoto]

Y

yacht het jacht [yaKHt]
yard de tuin [town]
year het jaar [yahr]
yellow geel [KHayl]
yes ja [ya]
yesterday gisteren [KHisteruh]
  yesterday morning
  gistermorgen [KHistermorKHuh]
  the day before yesterday
  eergisteren [ayrKHisteruh]
yet nog [noKH]
  (in questions) al

dialogue

is it here yet? is het er al?
no, not yet nee, nog niet
[nay noKH neet]
**you'll have to wait a little
longer yet** u zult nog even
moeten wachten [oo zoolt
noKH ayvuh mootuh vaKHtuh]

yoghurt de yoghurt [yoKHhoort]
you* (pol) u [oo]
  (sing, fam) je [yuh]
  (pl, fam) jullie [yoollee]
  this is for you (pol/fam) dit is
  voor u/jou [vohr oo/yow]
  with you (pol/fam) met u/jou

 There are five words for
'you' in Dutch. **Je** [yuh]
(or **jij** [yī]) is the familiar
form used when speaking to
someone you know; **jullie** [yoollee] is

the plural familiar form. **U** [oo] is
the polite formal word for 'you'
(whether speaking to one person or
more than one). **U** may be dying out
among the younger generation, but
must be still be used when dealing
with business contacts and on
formal occasions. When used as an
indirect object (I give the book to
you), the singular familiar words for
'you' are **je** [yuh] or **jou** [jow]. **Jou**
is used when the pronoun is
emphasized (see grammar, page 20).
The plural form is **jullie**.

young jong [yong]
your* (pol) uw [oo]
  (sing, fam) jouw [yow]
  (pl, fam) jullie [yoollee]
yours* (pol) van u [oo]
  (sing, fam) van jou [yow]
  (pl, fam) van jullie [yoollee]
youth hostel de jeugdherberg
[yurKHt-hairberKH]

Z

zero nul [nool]
zip de ritssluiting [ritsslowting]
  could you put a new zip on?
  kunt u er een nieuwe
  ritssluiting inzetten? [koont oo
  er uhn new-uh ritsslowting]
zip code de postcode
[posstkohduh]
zoo de dierentuin [deeruhtown]
zucchini de courgette

Dutch

→

English

Colloquialisms

The following are words you might well hear. You shouldn't be tempted to use any of the stronger ones unless you are sure of your audience.

boeien! [**boo**yuh] who cares?
donder op! bugger off!
effe dimme cool it
flex cool
fout [fowt] uncool
gaaf [KHahf] cool
geintje! [KH**ī**ntjuh] just joking
godverdomme! [KHotverd**o**mmuh] bloody hell!, fucking hell!
hufter! arsehole!
je bent gek! [KHek] you're mad!
klootzak! stupid prick! (only to males)
klote wijf! [kl**o**htuh vīf] mean bitch!
krijg de tyfus! [**tee**fœs] sod you!
kroeg (de) [krooKH] pub, bar
kut met peren! bullshit!
kutwijf [k**œ**tvīf] cunt (only to females)
lieve hemel! [l**ee**vuh h**ay**mel] good heavens!
lul! arsehole!, dickhead!
luldebehanger! stupid bugger! (only to males)
neem je me in de zeik? [naym yuh muh in duh zīk] are you having me on?
oprotten! get lost!
plee (de) [play] loo, john
rot op! get lost!
rotzak! bastard!
smeris [sm**ay**ris] cop, pig
sodemieter op! [s**oh**duhmeeter] fuck off!
tof great
trut! [trœt] stupid bitch!
verdomme! [ferd**o**mmuh] damn!, shit!
verrek! damn!; sod you!
vet [vayt] cool

A

aan [ahn] to; on
aan zee by the sea
 aan de kassa betalen pay at
 the cashdesk
aan/uit-schakelaar (de)
 [ahn/OWt-sKHahkelahr] on/off
 switch
aanbellen to ring
aanbetaling (de) [ahnbetaling]
 deposit
aanbieding offer
aandoen [ahndoon] to turn
 on; to put on
aangebrand [ahnKHebrant]
 burnt
aangenaam [ahnKHenahm]
 enjoyable, pleasant; pleased
 to meet you
aangenaam kennis te maken
 [tuh mahkuh] pleased to meet
 you, how do you do?
aangenaam, hoe maakt u het?
 [hoo mahkt ∞] how do you
 do?
aangetekende post (de)
 [ahnKHetaykenduh posst]
 registered mail
aanhangwagen (de) [ahnhang-
 vahKHuh] trailer (for carrying tent
 etc)
aankleden: zich aankleden
 [ziKH ahnklayduh] to get
 dressed
aankomen [ahnkohmuh] to
 arrive
aankomst (de) [ahnkomst]
 arrival
aankomsthal (de) arrivals hall
aankoop (de) purchase
aanlegsteiger (de)
 [ahnleKHstiKHer] jetty
aanmeldingspunt (het) check-
 in
aanpassen [ahnpassuh] to try
 on; to adapt
aanrijden [ahnrīduh] to hit, to
 collide with
aanrijding (de) collision
aansluitende vlucht (de)
 [ahnslOWtenduh vlOOKHt]
 connecting flight
aansluiting (de) [ahnslOWting]
 connection
aansprakelijkheidsverzekering
 (de) [ahnsprahkelik-
 hītsverzaykering] personal
 liability insurance
aanstaande [ahnstahnduh] next
aansteker (de) [ahnstayker]
 cigarette lighter
aantal (het) [ahntal] number,
 amount
aantekenen: een brief laten
 aantekenen [ahntaykenuh] to
 register a letter
aantrekkelijk [ahntrekkelik]
 attractive
aanval (de) [ahnval] fit, attack
aanzetten [ahnzettuh] to
 switch on
aardewerk (het) [ahrdevairk]
 crockery; pottery;
 earthenware
aardig [ahrdiKH] nice
 ik vind je aardig [yuh ahrdiKH] I

like you
abdij (de) [abdī] abbey
abonnementen season tickets
accepteren [akseptayruh] to accept, to take
accu (de) [akkoo] battery (for car)
accukabels (de) [akkookahbels] jump leads
achter [aKHter] behind; at the back
  achter mij [mī] behind me
achterkant (de) [aKHterkant] back (part)
  aan de achterkant at the back
achterlaten [aKHterlahtuh] to leave, to leave behind
achterlichten (de) [aKHter-liKHtuh] rear lights
achternaam (de) [aKHternahm] surname, family name
achteruitkijkspiegel (de) [aKHterowtkīk-speeKHel] rearview mirror
achteruitversnelling (de) [aKHterowt-versnelling] reverse gear

adres (het) address
adresboek (het) [adresbook] address book
advocaat/advocate (de) [atvohkaht/atvohkahtuh] lawyer (man/woman)
afdeling (de) [afdayling] department; ward (in hospital)
afgelopen [afKHelopuh] to end
afgelopen vrijdag [afKHelopuh] last Friday

afgeprijsd reduced
afgesproken [afKHesprohkuh] agreed
afgezien van [afKHezeen van] apart from
afgezonderd [afKHezondert] secluded
afhalen [afhahluh] to pick up
aflopen [aflohpuh] to finish
afrekenen [afraykenuh] to pay
afschuwelijk [afsKHoo-uhlik] awful, dreadful
afslag (de) [afslakH] exit
afspraak (de) [afsprahk] appointment; date
afspreken [afspraykuh] to meet
afstand (de) [afstant] distance
  afstand houden keep your distance
afval (het) [af-val] rubbish, trash
afvalbak (de) bin
afvalzakken (de) bin liners
afvoerbuis (de) [afvoorbows] drain (in sink)
afvoerkanaal (het) [afvoorkanahl] drain (in road)
afwas: de afwas doen [afvas doon] to do the washing-up
afwasmiddel (het) [afvasmiddel] washing-up liquid
afzender (de) sender
afzonderlijk [afzonderlik] separately
agenda (de) [aKHenda] diary
akelig [ahkeliKH] nasty
aktentas (de) [aktuhtas] briefcase
al already; yet

algemeen [alkHem**ayn**] general; generally

Algemene Nederlandse Wielrijders Bond Dutch motoring organization

alle [**all**uh] all

alle richtingen all directions

alleen [all**ayn**] alone, by oneself; just, only

alleen op dokter's voorschrift only on prescription

alleen volgens voorschrift take only as prescribed

alleen voor uitwendig gebruik for external use only

allemaal [allem**ahl**] all of them

allergisch [all**air**KHees] allergic

alles all of it; everything

dat is alles that's all

alles inbegrepen everything included

allesreiniger all-purpose cleaner

als if

alsjeblieft [**als**-yebleeft] here you are

alstublieft [**alst**oobleeft] please; here you are

altijd [**alt**ït] always

aluminiumfolie (**het**) [al**oo**mnium-**foh**lee] tinfoil

amandelontsteking (**de**) [ah**ma**ndel-ontstayking] tonsillitis

ambassade (**de**) [ambass**ah**duh] embassy

Amerikaans [amayrik**ah**ns] American

ander, andere [**a**nderuh] different; other; others

een ander another

andere richtingen other directions

anders different; otherwise

anjer (**de**) [**a**nyer] carnation

annuleren [ann**oo**layruh] to cancel

antiekwinkel (**de**) [ant**ee**kvinkel], **antiquair** (**de**) [anti**kair**] antique shop

antiseptisch [antis**e**ptees] antiseptic

antivriesmiddel (**het**) [antiv**ree**smiddel] antifreeze

ANWB Dutch motoring organization

apart distinctive; separate

apart wassen wash separately

aparte bedden separate beds

apotheek (**de**) [apot**ayk**] pharmacy, chemist's

arm (**de**) arm; poor

armband (**de**) [**a**rmbant] bracelet

artikelen goods

artikelen worden niet geruild zonder kassabon goods are not exchanged without a receipt

arts (**de**) doctor

a.s. next

as (**de**) axle

asbak (**de**) ashtray

aspirine (**de**) [**a**spirinuh] aspirin

atletiek [atle**teek**] athletics
attentie attention
a.u.b. please
augustus [OWKH**OO**stOOs] August
Australië [Owstr**ah**li-uh]
  Australia
Australisch [Owstr**ah**lis]
  Australian
auto (de) [**OW**to] car
autobanden car tyres
automaat (de) [Owtom**aht**] slot
  machine; vending machine;
  automatic (car)
automatiek fast-food
  counter
automatisch [Owtom**ah**tees]
  automatic
automatische slagboom
  automatic barrier
auto-onderdelen spare parts
autopech (de) [**OW**topeKH]
  breakdown
autosnelweg (de)
  [**OW**tosnelveKH] motorway,
  highway
autoveerboot (de)
  [**OW**tovayrboht] car ferry
autoverhuur (de) [**OW**toverhOOr]
  car rental
autowasserette (de)
  [**OW**tovasserettuh] carwash
avond (de) [**ah**vont] evening
  's avonds [**sah**vonts] in the
  evening
  acht uur 's avonds 8pm
avondmaal (het) [**ah**vontmahl]
  supper
avondmaaltijd (de)
  [**ah**vontmahltit] evening meal

B

baai (de) [bī] bay
baan (de) [bahn] job
baard (de) [bahrt] beard
babysit (de) baby-sitter
babyvoedsel ['baby'vootsel]
  baby food
bad (het) [bat] bath
badhanddoek (de) [bathandook]
  bath towel
badkamer (de) [batkahmer]
  bathroom
badkuip (de) [batkOwp]
  bathtub
badplaats (de) [batplahts]
  seaside resort
bagage (de) [baKH**ah**Juh]
  luggage, baggage
bagage controle baggage
  check
bagage-afhaalpunt (het)
  [baKH**ah**Juh-afhahlpOOnt],
  bagage-afhaalruimte (de)
  [baKH**ah**Juh-afhahlrOwmtuh]
  baggage claim
bagagedepot (het) [baKH**ah**Juh-
  depoh] left luggage (office),
  baggage checkroom
bagagekluis (de) [baKH**ah**Juh-
  klOws] luggage locker
bagagekluizen luggage
  lockers
bagagewagentje (het)
  [baKH**ah**Juh-va**KH**ent-yuh]
  luggage trolley, (US) cart
bakken to fry
bakkerij (de) [bakkerī] bakery

bal (**de**) ball

balkon (**het**) balcony; circle

balpen (**de**) ballpoint pen

band (**de**) [bent] band (musical); tyre [bant]

banddruk (**de**) [bant-drɷk] tyre pressure

bandje (**het**) [bant-yuh] strap

bank (**de**) bank; couch, sofa

bankbiljet (**het**) [bankbil-yet] banknote, (US) bill

banketbakkerij (**de**) [banket-bakkerī] cake shop

bankrekening (**de**) [bank-raykening] bank account

basiscrème (**de**) [basiskrem] foundation

basistarief (**het**) [bahsis-tahreef] basic tariff

batterij (**de**) [batterī] battery

beambte (**de**) [be-amptuh] official

bedankt thanks

beddegoed bedding

bediening service

bediening niet inbegrepen service not included

bedieningsgeld (**het**) [bedeenings-ĸHelt] service charge

bedoelen [bedooluh] to mean
wat bedoelt u? [vat bedoolt ɷ] what do you mean?

bedrag (**het**) [bedraĸH] amount (money)

bedrijf (**het**) [bedrīf] company, business

bedrijfsleider (**de**) [bedrīfs-līder] manager

bedroefd [bedrooft] sad

been (**het**) [bayn] leg

beet (**de**) [bayt] bite

beetje: een klein beetje [uhn klīn bayt-yuh] a little (bit)

begane grond (**de**) [beĸHahnuh ĸHront] ground floor, (US) first floor

begijnhof homes for lay sisters

begin (**het**) [beĸHin] start, beginning
in het begin [beĸHin] at the beginning

beginneling (**de**) [beĸHinneling] beginner

beginnen [beĸHinnuh] to begin

begraafplaats (**de**) [beĸHrahfplahts] cemetery

begrafenis (**de**) [beĸHrahfenis] funeral

begrijpen [beĸHrīpuh] to understand
ik begrijp het niet [neet] I don't understand

behalve [behalvuh] except

behandeling (**de**) [behandeling] treatment

behulpzaam [behɷlp-zahm] helpful

beide [bīduh] both
een van beide(n) [ayn van] either of them

geen van beiden [ĸHayn van bīduh] neither (one) of them

bejaarde (**de**) [beyahrduh] senior citizen

beker (**de**) [bayker] mug

bekeuring (**de**) [bekuring] fine

bel ... ring ...
ik bel je (wel) I'll give you a ring
belachelijk [belaKHelik] ridiculous
belangrijk [belangrīk] important
belasting toegevoegde waarde value-added tax
belastingvrij [belastingvrī] duty-free
belastingvrije winkel duty-free shop
beledigend [belaydikHent] offensive
beleefd [belayft] polite
België [belKHee-uh] Belgium
Belgisch [belKHees] Belgian
bellen to ring, to call
beloof: ik beloof het [belohf uht] I promise
beloven [belohvuh] to promise
ben: ik ben I am
ben zo terug back in a minute
beneden [benayduh] downstairs; at the bottom
bent: jij bent [yī] you are (sing, fam)
u bent [ŌŌ] you are (pol)
benzine (de) [benzeenuh] petrol, (US) gas
benzineblik (het) [benzeenuh-blik] petrol can
benzinepomp (de) petrol pump, gas pump
benzinestation (het) [benzeenuh-stashon] petrol station, gas station

beroemd [beroomt] famous
beroepsschool (de) [beroops-sKHohl] college
beschadigd [besKHahdikHt] damaged
beschadigen [besKHahdikHuh] to damage
beschermingsfactor (de) [besKHairmings-faktor] protection factor
beschikbaar available
beslissen to decide
beslissing (de) decision
beslist definitely
beslist niet [neet] definitely not
besmettelijk [besmettelik] infectious
bespreken [bespraykuh] to book; to discuss
best best
beste wensen (de) [bestuh vensuh] best wishes
bestek (het) [bestek] cutlery
besteldienst (de) [bestel-deenst] delivery service
bestelformulier (het) [bestel-formŌŌleer] order form
bestellen [bestelluh] to order
bestelling (de) delivery; order
bestelwagen (de) [bestel-vahKHuh] delivery van
bestemming (de) destination
bestuurder (de) [bestŌŌrder] driver
betaalpas (de) [betahlpas] cheque card, check card
betalen [betahluh] to pay
wie betaalt er? [vee] who's

paying?

beter [**bay**ter] better

beurs (**de**) [burs] trade fair

bevatten [be**vat**tuh] to include;
to contain

bevelen [be**vay**luh] to
recommend

bevestigen [be**ves**tiКHuh] to
confirm

bevroren [be**vroh**ruh] frozen

bewaakte fietsenstalling
supervised bicycle
park/sheds

bewegen [be**vay**КHuh] to move

bewolkt [be**volkt**] cloudy

bewusteloos [be**voo**stelohs]
unconscious

bezet engaged, occupied
is deze plaats bezet? [**day**zuh]
is this seat taken?

bezichtigen [be**ziКH**tiКHuh] to
see, to visit

bezienswaardigheden (**de**)
[bezeens-**vah**rdiКH-hayduh] sights

bezoeken [be**zoo**kuh] to visit

bezorgen [be**zor**КHuh] to
deliver

b.g.g. if there is no answer

b.h. (**de**) [bay-ha] bra

bibliotheek (**de**) [bibliot**ayk**]
library

bij [bī] at
bij Jan [bī] at Jan's

bijbetaling (**de**) [**bī**betahling]
supplement

bijna [**bī**na] almost, nearly

bijvoorbeeld [**bī**vohrbaylt] for
example

binnen indoors, inside

binnen een uur weer
aanwezig back within an
hour

binnenbad (**het**) [**binnuh**bat]
indoor pool

binnenband (**de**) [**binnuh**bant]
inner tube

binnengaan to enter

binnenkomen to come in

binnenlands national, inland,
domestic

binnenlands tarief inland
postage rate

binnenlandse vlucht (**de**)
[**binnuh**lantsuh vl**oo**КHt] domestic
flight

bioscoop (**de**) [bios**kohp**]
cinema

bips (**de**) bottom (of person)

blaar (**de**) [blahr] blister

blad (**het**) [blat] leaf

bladzijde (**de**) [**blat**zīduh] page

blauw [blow] blue

blauwe plek (**de**) [**blow**uh]
bruise

blauwe zone: parkeren alleen
met parkeerschijf blue zone:
parking only with parking
disk

bleek [blayk] pale

bleekmiddel (**het**) [**blayk**middel]
bleach

blij [blī] glad

blijven [**blī**vuh] to stay

blik (**het**) can, tin

blikje bier (**het**) [**blik**yuh beer]
can of beer

blikopener (**de**) can-opener,
tin-opener

bliksem (**de**) lightning

blindedarmontsteking (**de**) [blinduh-darm-ontstayking] appendicitis

bloed (**het**) [bloot] blood

bloem (**de**) [bloom] flower

bloembol (**de**) [bloombol] bulb (flower)

bloemist (**de**) [bloomist] florist

bloemwinkel (**de**) [bloomvinkel] flower shop

bloes (**de**) [bloos] blouse

blusapparaat (**het**) [blōosapparaht] fire extinguisher

bocht (**de**) [bokHt] bend, turning (in road)

boek (**het**) [book] book

boeken en tijdschriften books and magazines

boekwinkel (**de**) [bookvinkel] bookshop, bookstore

boerderij (**de**) [boorderī] farm

bof (**de**) mumps

bollenvelden (**de**) [bolluhvelduh] bulb fields

bont furs

boodschap (**de**) [bohtskHap] message

boom (**de**) [bohm] tree

boord (**het**) [bohrt] collar (on shirt)

boos [bohs] angry

boot (**de**) [boht] boat

bootdienst ferry service

boottocht (**de**) [bohttokHt] boat trip

bootverhuur boat hire

bord (**het**) [bort] plate; sign

borgsom (**de**) [borKHsom] deposit

borrel (**de**) drink (alcoholic)

borst (**de**) breast; chest

borstbeeld (**het**) [borstbaylt] bust

borstel (**de**) brush

borstkas (**de**) [borstkas] chest

bos (**het**) forest

bossen (**de**) woods

bot (**het**) bone

botsing (**de**) crash

bougie (**de**) [booJee] spark plug

boulevard (**de**) [boolevart] seafront

boven [bohvuh] at the top; above; upstairs

bovenaan [bohvenahn] at the top

bovenop ... [bohvenop] on top of ...

bovenste verdieping (**de**) [bovenstuh verdeeping] top floor

brand (**de**) [brant] fire

brandalarm (**het**) [brantalarm] fire alarm

brandblusapparaat (**het**) [brantblōos-appahraht] fire extinguisher

brandgevaar fire risk

brandtrap (**de**) [brant-trap] fire escape

branduren: ... will burn for ...

brandweer (**de**) [brantvayr] fire brigade

brandweerkazerne fire station

brandwond (**de**) [brantvont]

burn

breken [**bray**kuh] to break

brengen to bring; to take

breuk (**de**) [**brurk**] fracture

brief (**de**) [**breef**] letter

briefje van tien (**het**) [**breef**-yuh van teuh] ten-guilder note/bill

briefje van vijf [**vif**] five-guilder note/bill

briefje van vijfentwintig [**vif**entv**i**ntikh] twenty-five-guilder note/bill

briefkaart (**de**) [**breef**kahrt] postcard

bries (**de**) [**brees**] breeze

brievenbus (**de**) [**bree**evuhb∞s] letterbox, mailbox

bril (**de**) glasses, (US) eyeglasses

Brits British

broche (**de**) [bro**KH**uh] brooch

broek (**de**) [**brook**] trousers, (US) pants

broer (**de**) [**broor**] brother

bromfiets (**de**) [**brom**feets] moped

brood en banket bread and pastries

brug (**de**) [br∞**KH**] bridge

bruin [**brown**] brown

bruine café (**het**) older style pub/café

bruine kleur (**de**) [br**ow**nuh klur] tan

bruingebrand [br**own**-**KH**ebrant] suntanned

bruisend [br**ow**sent] fizzy

BTW VAT

buigtang (**de**) [**bow**KHtang]

pliers

buik (**de**) [**bowk**] stomach

buiten [**bow**tuh] outdoors, outside

buiten gebruik out of order

buiten het bereik van kinderen houden/bewaren keep out of the reach of children

buitenbad open-air swimming pool

buitenland (**het**) [**bow**tuhlant] abroad

  in het buitenland abroad

buitenlander (**de**) [**bow**tuhlander] foreigner

buitenlands [**bow**tuhlants] foreign

buitenlands geld (**het**) [**KH**elt] foreign currency

buitenlucht: in de buitenlucht [duh **bow**tuhl∞**KH**t] in the open air

buitensport (**de**) [**bow**tensport] outdoor sports, field sports

buitentemperatuur (**de**) [**bow**tuh-temperaht∞r] outside temperature

buitenwijk (**de**) [**bow**tuhvik] suburb

bumper (**de**) [**b∞**mper] bumper, (US) fender

bureau voor gevonden voorwerpen (**het**) [b∞roh vohr **KH**evonduh **voh**rvairpuh] lost property office, lost and found

bus (**de**) [b∞s] bus

bus naar het vliegveld (**de**) airport bus

busdienst (**de**) [**boos**deenst] bus service

busdienst van NS bus service run by Dutch Railways

bushalte (**de**) [**boos**-haltuh] bus stop

buskaart (**de**) [**boos**-kahrt] bus ticket

busstation (**het**) [**boos**-stashon] bus station

bustocht (**de**) [**boos**stoкнt] coach trip

buurt (**de**) [**boort**] neighbourhood

in de buurt van [in duh boort van] near

buurtcafe (**het**) [**boort**kafay] local pub/bar

BV Ltd, Inc

b.v. for example

C

cadeau (**het**) [kahd**oh**] gift

cadeauwinkel (**de**) [kahd**oh**-vinkel] gift shop

café (**het**) [kah**fay**] café; pub

café-restaurant (**het**) restaurant, café without a licence

cafetaria, cafeteria (**het**) snack bar

camping (**de**) campsite

Canadees [kanad**ays**] Canadian

caravan (**de**) caravan, (US) trailer

cassettebandje (**het**) [kass**ett**uh-bant-yuh] cassette, tape

centraal [sentr**ahl**] central

centrale verwarming (**de**) [sentr**ahl**uh ver**var**ming] central heating

centrum (**het**) [**sentr**oom] centre

check-in-balie (**de**) ['check-in'-**bal**ee] check-in

chef (**de**) manager (restaurant)

chemisch reinigen dry-clean

chequeboek (**het**) [**shek**book] cheque book, check book

chic posh; upmarket

chips (**de**) [**ships**] crisps, (US) chips

chocola(de) (**de**) [shokol**ah**(duh)] chocolate

chocolaterie (**de**) chocolate shop

chrysant (**de**) [кнris**ant**] chrysanthemum

cijfer (**het**) [**sī**fer] figure, number

coffeeshop (**de**) café (often selling soft drugs)

collect gesprek (**het**) [кнe**sprek**] reverse charge call, collect call

conferentie (**de**) [konfer**ens**ee] conference

conferentiezaal conference room

conserveringsmiddel preservative

constipatie (**de**) [konstip**ahts**ee] constipation

consulaat (**het**) [kons**oo**l**aht**] consulate

BU

BU

contact opnemen [kontakt **o**pnaymuh] to contact

contactpunten (de) [kontakt-p**oo**ntuh] points (in car)

contant geld (het) [KHelt] cash

controle (de) [kontr**o**luh] check, inspection

controleren [kontrohl**ay**ruh] to check

controleur (de) [kontrohl**u**r] inspector

cosmetica (de) [kosm**ay**tika] cosmetics

couchette (de) bunk; sleeper

coupe (de) [koop] haircut

coupé (de) [koop**ay**] compartment

couvert cover charge

crème (de) [krem] cream, lotion

crèmespoeling (de) [krem-sp**o**oling] conditioner

C.S. Central Station

CV Limited Partnership

c.v. central heating; co-op

D

daar [dahr] there; down there; over there

daar spreekt u mee speaking

daarboven [dahrb**oh**vuh] up there

daarginds [dahrKH**i**ns] over there

dag (de) [daKH] day; hello
   de dag ervoor [erv**oh**r] the day before

dagboek (het) [da**KH**book] diary

dagelijks [**dah**KHeliks] daily

dagexcursie (de) [daKH-exk**oo**rsee] day trip

dagkaart (de) [daKH-kahrt] ticket giving unrestricted bus, tram or metro travel within a zone for one day

dagretourtje (het) [daKH-ret**oo**r-tyuh] day-return ticket, (US) round-trip ticket

dak (het) roof

dal (het) valley

dalurenkaart (de) [dal**oo**ruhkahrt] season ticket for off-peak travel

dame (de) [**dah**muh] lady

dames (de) [**dah**mes] ladies, ladies' restroom

damesconfektie (de) [**dah**mes-konfeksee] ladies' wear

dameskapper (de) [**dah**meskapper] ladies' hairdresser

dameskapsalon (de) ladies' hairdresser

dameskleding (de) [**dah**mes-klayding] ladies' wear

damesslipje (het) [**dah**muhs-slip-yuh] panties

damestoilet (het) [**dah**mes-twa-let] ladies' room

dan than; then

dankbaar [dankbahr] grateful

danken [**dan**kuh] to thank

dank je, dankjewel [yuh vel] thank you

dank u, dank u wel [oo] thank you

nee, dank u/je [nay] no, thanks

dans (**de**) dance

dansen to dance

dat that

dat is ... that's ...

is dat...? is that ...?

dat is zo that's true

dat kan OK, no problem

dat klopt that's right

datum (**de**) [dahtoom] date

de [duh] the

de heer [duh hayr] Mr

deel (**het**) [dayl] part

Deens [dayns] Danish

defect [duhfekt] faulty; out of order

dekbed (**het**) [dekbet] duvet

deken (**de**) [daykuh] blanket

deksel (**het**) lid

dekstoel (**de**) [dekstool] deckchair

delen [dayluh] to share

deltavliegen (**het**) [delta-vleeкнuh] hang-gliding

Den Haag [hahкн] the Hague

Denemarken [daynemarkuh] Denmark

denk aan uw lichten remember your lights

denken to think

ik denk van niet [neet] I don't think so

ik denk van wel [van vel] I think so

deur (**de**) [dur] door

deur sluiten alstublieft please close the door

deuren sluiten doors close, last admission

deze [dayzuh] this; this one; these; these ones

Dhr [duh hayr] Mr

dia (**de**) [dee-a] slide, transparency

diamant (**de**) diamond

diapositieven (**de**) [dee-ah-positeevuh] slides, transparencies

diarree (**de**) [dee-array] diarrhoea

dicht shut

dichtbij [diкнtbī] near; nearby

die [dee] that; those; that one

dieet (**het**) [diayt] diet

dief (**de**) [deef] thief

dienblad (**het**) [deenblat] tray

dienst inbegrepen service included

dienstdoend apotheker duty chemist

dienstdoend doktor doctor on call

diensten openbaar vervoer public transport services

dienstregeling (**de**) [deenst-rayкнeling] timetable, (US) schedule

diep [deep] deep

diepvries (**de**) [deep-vrees] freezer

diepvrieseten (**het**) [deep-vrees-aytuh] frozen food

dier (**het**) [deer] animal

dierentuin (**de**) [deeruh-town] zoo

dij (**de**) [dī] thigh

dijk (**de**) [dīk] dyke

dik fat; thick

dimlichten dipped headlights, dimmed headlights

dim uw lichten dip your lights, dim your lights

diner (**het**) [dinay] dinner

dineren [dinayruh] to have dinner

ding (**het**) thing

dinsdag [dinsdaKH] Tuesday

directeur (**de**) [deerektur] director, president

dit this
  dit is ... this is ...
  is dit ...? is this ...?
  dit is voor u/jou [vohr ∞/yow] this is for you

diverse smaken various flavours

dochter (**de**) [doKHter] daughter

doden [dohduh] to kill

doe-het-zelf-winkel (**de**) DIY shop

doek (**de**) [dook] cloth

doen [doon] to do
  wat is er te doen? [tuh doon] what's happening?, what's on?

dokter (**de**) doctor

dom thick, stupid

domkerk (**de**) cathedral

donderdag [donderdaKH] Thursday

donker dark

donkerblauw [donkerblow] dark blue

dood [doht] dead

doodlopende weg dead-end

doodop [dohlup] shattered, dead tired

doof [dohf] deaf

dooi (**de**) thaw

door [dohr] through; by

doorgaande trein through train

doorgang passage

doorsturen [dohrstooruh] to forward

doos (**de**) [dohs] box

dop (**de**) cap (of bottle)

dorp (**het**) village

dorst: ik heb dorst [hep] I'm thirsty

dosering voor kinderen dosage for children

dosering voor volwassenen dosage for adults

douane (**de**) [duhwanuh] Customs

douche (**de**) [doosh] shower

douchegel (**de**) [doosh-Jel] shower gel

dozijn (**het**) [dozīn] dozen

draad (**de**) [draht] thread

draaien [drah-yuh] to dial

dragen [drahKHuh] to carry

drank (**de**) drink
  aan de drank zijn to be having a drink

drankje (**het**) [drank-yuh] drink (alcoholic); medicine

dringend [dringent] urgent

drinken to drink
  wil je iets drinken? [vil yuh] can I get you a drink?

drinkglas (**het**) glass (for

drinking)
drinkwater [**drink**vater]
    drinking water
drogisterij (**de**) [droh-ᴋʜisterī]
    non-dispensing pharmacy
dronken drunk
dronken achter het stuur
    [**a**ᴋʜter uht sto͞or] drunk driving
droog [drohᴋʜ] dry
droog föhnen [**fo͞o**nuh] to
    blow-dry
drooglijn (**de**) [droh**ᴋʜ**-līn]
    clothes line
droogtrommel (**de**) [droh**ᴋʜ**-
    trommel] spin-dryer
droom (**de**) [drohm] dream
druk [dro͞ok] busy; crowded;
    lively
drukwerk [dro͞okvairk] printed
    matter
D-trein (international)
    through train with
    supplement
dubbel [do͞obbel] double
dubbeltje (**het**) [do͞obbel-tyuh]
    10-cent coin
duidelijk [**dow**delik] clear,
    obvious
duikbril (**de**) [**dow**kbril] goggles
    (for swimming)
duiken [**dow**kuh] to dive;
    diving
duikplank (**de**) [**dow**k-plank]
    diving board
duim (**de**) [dowm] inch; thumb
Duits [dowts] German
Duitsland [**dow**tslant] Germany
duizelig [**dow**zeliᴋʜ] dizzy
dun [do͞on] thin

duur [do͞or] expensive
duwen [**do͞o**wuh] to push
dwaas [dvahs] silly
d.w.z. i.e.

E

echt [eᴋʜt] real, genuine;
    really
echtgenoot (**de**) [**e**ᴋʜt-ᴋʜenoht]
    husband
echtpaar (**het**) [**e**ᴋʜtpahr]
    (married) couple
echtwaar? [eᴋʜtvahr] really?
een [uhn] a, an; [ayn] one
eenpersoonsbed (**het**)
    [**ay**npersohns-bet] single bed
eenpersoonskamer (**de**)
    [**ay**npersohns-**kah**mer] single
    room
eenrichtingverkeer one-way
    traffic
eenvoudig [aynv**ow**diᴋʜ] plain;
    simple
eergisteren [ayrᴋʜisteruh] the
    day before yesterday
eerlijk [**ayr**lik] honest; fair
eerst [ayrst] first; at first
eerst kloppen alstublieft please
    knock before entering
eerste hulp (bij ongelukken)
    (**de**) [**ayr**stuh ho͞olp [bī
    onᴋʜelo͞okkuh]] first aid
eerste hulpafdeling (**de**)
    [**ayr**stuh ho͞olpafdayling] casualty
    department
eerste klas [**ayr**stuh] first-class
eerste straat links (**de**) [straht]

first on the left

eerste straat rechts first on the right

eerste verdieping (de) [**ay**rstuh verd**ee**ping] first floor, (US) second floor

eetcafé (het) [**ay**tkafay] café–restaurant

eethuis (het) [**ay**thows] restaurant

eetkamer (de) [**ay**tkahmer] dining room

eet smakelijk! enjoy your meal!

eetzaal (de) [**ay**tzahl] dining room

effen plain

EHBO first aid

eigenaar/eigenaresse (de) [**ī**kHenahr/ikHenar**e**ssuh] owner (man/woman)

eigen badkamer [**ī**kHuh b**a**tkahmer] private bathroom

eind: aan het eind van ... [īnt] at the bottom of ... (road)

einde (het) [**ī**nduh] end

einde autosnelweg end of motorway

einde bebouwde kom end of built-up area

einde parkeerverbod met verplicht gebruik van een parkeerschijf end of parking restriction and obligatory use of parking disk

eindje: een eindje [uhn **ī**nt-yuh] a short distance

eindstation (het) [**ī**nt-stashon] terminus

elastiekje (het) [elast**ee**k-yuh] rubber band

elastisch [**a**ylastees] elastic

elektricien (de) [aylektrisy**uh**] electrician

elektriciteit (de) [aylektrisit**ī**t] electricity

elektriciteitsstoring (de) [aylektrisit**ī**ts-stohring] power cut

elektrisch [**a**ylektrees] electric

elektrische apparaten (de) [**a**ylektrishuh] electrical appliances

elektrische kachel (de) [k**a**kHel] electric fire

elk, elke [**e**lkuh] each

elleboog (de) [**e**llebohkH] elbow

emmer (de) bucket

en and

Engels English

 in het Engels in English

enkel (de) ankle

enkele reis (de) [**e**nkeluh rīs] single journey/ticket, one-way trip/ticket

enkeltje (het) [**e**nkel-tyuh] single ticket, one-way ticket

entree entry

entreeprijs [antr**ay**pris] admission price

er: hij is er nog he is still here/there

 er is ... there is ...

 er is geen ... meer [mayr] there's no ... left

 er zijn ... [zīn] there are ...

er kan nog een trein komen there may be a train after

this one

erg [airKH] very

ergens [airKHens] somewhere

ergens anders [airKHens] somewhere else

erger: het is erger [airKHer] it's worse

ergste (**het**) [airKHstuh] worst

ernstig [airnstiKH] serious; nasty

ervaren [airvahruh] experienced

essentieel [essenshayl] essential

etage (**de**) [aytahjuh] floor

etalage (**de**) [aytalahjuh] shop window

eten (**het**) [aytuh] to eat; food

etenswaren (**de**) [aytensvahruh] food

etiket (**het**) label

EuroCity international fast train, may be boarded for local journeys

EuroNight night train with sleeping compartments

Europa [urrohpa] Europe

Europees [urropays] European

Europese kwaliteitsnachttrein European luxury night train

Europese kwaliteitstrein European luxury train

Evangelische Kerk Evangelical Church

even [ayvuh] just, for a moment

even weg gone for a minute

expres trein met toeslag express train with

supplement

exprespost express mail

expresse [expressuh] express (mail)

per expresse sturen send by special delivery

expressepost van stukken tot en met 250gr. express mail for articles up to and including 250 gr.

F

fa firm

fabricage manufacture

fabriek (**de**) [fabreek] factory

fabrikaat make

familiekaarten family tickets

familielid (**het**) [fameeleelit] relative

fantastisch [fantastees] fantastic

favoriet [fahvoreet] favourite

feest (**het**) [fayst] party (celebration)

feestdag (**de**) [fayst-daKH] public holiday

fel bright

fiets (**de**) [feets] bicycle

fietsen (**het**) [feetsuh] cycling; to cycle

fietsen en/of bagage bicycles and/or luggage

fietsenmaker (**de**) [feetsuh-mahker] bicycle repairer

fietsenreparatie bicycle repairs

fietsenstalling bicycle shed

fietsenstalling, verkoop, verhuur en reparatie bicycle storage, sale, rental and repairs

fietsen te huur bicycles to rent

fietsverhuur bicycles to rent

fietsenwinkel bicycle shop

fietser (de) [**feet**ser] cyclist

fietskluizen [**feet**sklowzuh] bicycle lockers

fietspad cycle path

fietspomp (de) [**feet**spomp] bicycle pump

file (de) [**fee**luh] traffic jam, tailback

filevorming (de) [**fee**luh-vorming] traffic buildup, congestion

filiaal (het) [fili-**ahl**] branch

filmrolletje (het) [**film**rollet-yuh] roll of film

firma (de) firm

flat (de) [flet] flat, apartment

flat met eigen kookgelegenheid [**ī**KHuh **koh**k-KHelayKHenhīt] self-catering apartment

flatgebouw (het) [**flet**KHebow] apartment block

flauwvallen [**flow**valluh] to faint

fles (de) bottle

flitser (de) [**flit**ser] flash

föhnen [**fu**rnuh] to blow-dry

fontein (de) [fon**tīn**] fountain

fooi (de) [foy] tip (to waiter etc)

fopspeen (de) [**fop**spayn] dummy, (US) pacifier

formeel [for**mayl**] formal

formulier (het) [form**ooleer**] form (document)

fornuis (het) [for**nows**] cooker

fotoalbum (het) [**foto**-alb︣m] photo album

foto-artikelen camera shop

fotograaf photographer

fototoestel (het) [**foto**toostel] camera

fotowinkel (de) [**foto**vinkel] camera shop

fournituenzaak haberdashery

fout (de) [fowt] error, mistake

Frankrijk [**frank**rīk] France

Frans French

fris fresh

fruitmand (de) [**frow**tmant] fruit basket

fruitschaal (de) [**frow**tsKHahl] fruit bowl

fruitwinkel (de) [**frow**tvinkel] fruitshop

G

gaan [KHahn] go

gaan liggen [KHahn **li**KHuh] to lie down

gaan zitten to sit down

gaar [KHahr] cooked

gang (de) [KHang] corridor

garantie (de) [KHar**an**tsee] guarantee

garderobe (de) [KHarder**o**buh] cloakroom, checkroom

gasfles (de) [**KHas**fles] gas cylinder

gaspedaal (het) [KHas-ped**ahl**] accelerator, gas pedal gast (**de**) [KHast] guest

gastvrijheid (**de**) [KHastvrīhīt] hospitality

gat (**het**) [KHat] hole

gauw [KHOW] soon

ga weg! [KHa veKH] go away!

ga zitten! [KHa] sit down!

geadresseerde addressee

geb. born

gebeuren [KHeb**u**ruh] to happen

wat is er gebeurd? what's happened?

gebied (**het**) [KHeb**ee**t] area

geboortedatum date of birth

geboorteplaats place of birth

geboren [KHeb**o**ruh] born

gebouw (**het**) [KHeb**OW**] building

gebroken [KHebr**oh**kuh] broken

gebruik use

gebruik van wagentje/mandje verplicht use of trolley/basket obligatory

gebruikelijk [KHebr**OW**kelik] usual

gebruiken [KHebr**OW**kuh] to use

gebruiksaanwijzing instructions for use

geeft: het geeft niet [KHayft neet] it doesn't matter

geeft niks never mind

geel [KHayl] yellow

geen [KHayn] no, not any, none

ik heb geen ... [hep] I don't have any ...

ik wil geen ... [vil] I don't want any ...

geen een [ayn] none, not any

geen antwoord no answer

geen dank don't mention it

geen doorgaande weg no through road

geen drinkwater not drinking water

geen fietsen tegen het raam plaatsen a.u.b. please do not lean bicycles against the window

geen honden no dogs

geen lawaai na 10 uur alstublieft no noise after 10 o'clock please

geen lifters no hitchhikers

geen maximum snelheid no speed limit

geen toegang no entry

geen uitgang no exit

geen zelfbediening no self-service

gefabriceerd in ... made in ...

gefeliciteerd! [KHefaylisit**ay**rt] congratulations!

gegarandeerd [KHeKHahrand**ay**rt] guaranteed

gehandicapt [KHeh**e**ndikept] disabled

geïnterresseerd [KHeh-interres**ay**rt] interested

gek [KHek] mad, crazy

geld (**het**) [KHelt] money

geld in sleuf werpen put money in the slot

geld inwerpen insert coins

geld terug money back; returned coins

geldautomaat (**de**) [KHelt**ow**tomaht] cash dispenser,

geldig [KHeldikH] valid

  geldig van ... tot ... valid from ... to ...

geleden: een uur geleden [KHelayduh] an hour ago

  een week geleden a week ago

gelegen [KHelaykHuh] convenient

geleidelijk [KHelīdelik] gradually

gelijk [KHelīk] right

  je had gelijk [yuh hat] you were right

geloven [KHelohvuh] to believe

geluk (het) [KHelook] luck

gelukkig [KHelookkikH] happy; fortunately

Gelukkig Nieuwjaar! Happy New Year!

gemakkelijk [KHemakkelik] easy

gemarkeerde wandeling signposted walk

gemeenschappelijke douches communal showers

gemeente municipal

gemeentehuis town hall, municipal buildings

gemiddeld [KHemiddelt] medium; on average

genezen [KHenayzuh] to cure

genoeg [KHenookH] enough

geopend [KHuh-ohpent] open

gepast geld the right change; exact fare

gepensioneerd [KHepenshonayrt] retired

gepensioneerde (de) [KHepenshonayrduh] pensioner

Gereformeerde Kerk Calvinist Church

gereserveerd [KHeraysairvayrt] reserved

gescheiden [KHeskHīduh] divorced; separated

gesloten [KHeslohtuh] closed

gesloten voor alle verkeer closed to all traffic

gesmaakt: heeft het gesmaakt? [hayft uht KHesmahkt] did you enjoy your meal?

gesprek (het) [KHesprek] call; conversation

  in gesprek engaged, busy

gesprekken via de PTT telefoniste operator-connected calls

gesprongen [KHespronguh] burst

gestoken [KHestohkuh] stung

getij (het) [KHetī] tide

getrouwd [KHetrowt] married

geval: in geval van nood in case of emergency

gevaar danger

gevaarlijk [KHevahrlik] dangerous

gevaarlijke bocht dangerous bend

gevaarlijke stoffen dangerous substances

gevaarlijke stroming dangerous current

gevaarlijke wegkruising dangerous junction

gevecht (het) [KHevekHt] fight

geven [KHayvuh] to give

gevonden [KHevonduh] found

gevonden voorwerpen [KHevonduh vohrvairpuh] lost property, lost and found

geweldig [KHeveldiKH] great, excellent; exciting

gewicht (het) [KHeviKHt] weight

gewond [KHevont] injured

gewoon [KHevohn] ordinary

gewoonte (de) [KHevohntuh] custom

gezagvoerder (de) [KHezakH-voorder] captain

gezellig [KHezelliKH] cosy; warm, friendly

gezelschap (het) [KHezelsKHap] party, group; company

gezicht (het) [KHeziKHt] face

gezien: heeft u ... gezien? [hayft oo ... KHezeuh] have you seen ...?

gezin (het) [KHezin] family

gezond [KHezont] healthy

gezondheid [KHezont-hīt] health

gezondheid! bless you!

gids (de) [KHits] tour guide

giftig [KHiftiKH] poisonous

girostortingen girobank deposits

gisteravond [KHister-ahvont] last night

gisteren [KHisteruh] yesterday

gistermorgen [KHister-morKHuh] yesterday morning

glad [KHlat] slippery

glimlachen [KHlimlaKHuh] to smile

gloeilamp (de) [KHloo-ee-lamp] light bulb

godsdienst (de) [KHots-deenst] religion

goed [KHoot] good; all right, OK; properly

dat is goed all right

zo is het goed keep the change

goed meneer [KHoot menayr] yes sir

goed zo! good!; well done!

Goede Vrijdag [KHooduh vrīdakH] Good Friday

goedemiddag [KHooyuh-middakH] good afternoon

goedemorgen [KHooyuh-morKHuh] good morning

goedenacht [KHooyuh-nakHt] good night

goedenavond [KHooyuh-ahvont] good evening

goedendag [KHooyuh-dakH] hello

goedkoop [KHootkohp] cheap, inexpensive

goeie reis! [KHooyuh rīs] have a good journey!

golf (de) [KHolf] wave

golfbaan (de) [golfbahn] golf course

golfen (het) [golfuh] golf

gooien [KHohyuh] to throw

gootsteen (de) [KHohtstayn] sink

gordel (de) safety belt

gordijnen (de) [KHordīnuh] curtains

goud (het) [KHowt] gold

gouden gids (de) [KHowduh KHits] yellow pages

graag: ik wil graag ... [vil

кнrahкн] I'd like ...; I want ...

ik zou graag ... [zow] I'd like ...

graag gedaan [кнrahкн кнedahn] my pleasure, you're welcome

gracht (de) [кнrakнt] canal

grap (de) [кнrap] joke

grappig [кнrappikн] funny, amusing

grasveld (het) [кнrasvelt] lawn

gratis [кнrahtis] free

grens (de) [кнrens] border

grenswisselkantoor (het) [кнrensvissel-kantohr] bureau de change

Griekenland [кнreekuhlant] Greece

Grieks [кнreeks] Greek

griep (de) [кнreep] flu

grijs [кнris] grey

groen [кнroon] green

groenten (de) [кнroontuh] vegetables

groentewinkel (de) [кнroontuhvinkel] greengrocer

groep (de) [кнroop] group

groepsreizen group travel

grond (de) [кнront] ground **op de grond** [duh] on the floor; on the ground

groot [кнroht] big, large

Groot-Brittannië [кнroht-brittanni-uh] Great Britain

grootmoeder (de) [кнrohtmooder] grandmother

grootvader (de) [кнrohtvahder] grandfather

grot (de) [кнrot] cave

grote [кнrohtuh] big, large

grote kerk cathedral

grote maat [maht] large size

grote weg (de) [veg] main road

GSM (de) [кнay-ess-em] mobile phone

gulden (de) [кнoolduh] guilders

gulzig [кнoolzikн] greedy

gummetje (het) [кнoommet-yuh] rubber, eraser

H

haar (het) [hahr] hair; her **dat is van haar** [van] that's hers

haarborstel (de) [hahrborstel] hairbrush

haardroger (de) [hahr-drohкнer] hairdryer

haardvuur (het) [hahrtvoor] open fire

haargel (de) [hahr-gel] hair gel

haarlak (de) [hahrlak] hair spray

haarspelden (de) [hahrspelduh] hairgrips, (US) barrettes

haarstudio hairdressing salon

haast nooit [hahst noyt] hardly ever **ik heb haast** [hep] I'm in a hurry

haasten: (zich) haasten [(ziкн) hahstuh] to hurry

hak (de) [hak] heel (of shoe)

hakkenbar (de) heelbar

halen [hahluh] to get, to fetch

halfpension [half-penshon] half board

hal (de) hall

halsketting (de) necklace

halte (de) stop

halve prijs (de) [prīs] half fare; half-price

hand (de) [hant] hand

hand- manual

handbagage (de) [hant-baKHahjuh] hand luggage

handdoek (de) [handook] towel

handrem (de) [hantrem] handbrake

handschoenen (de) [hant-sKHoonuh] gloves

handtas (de) [hant-tas] handbag, (US) purse

handtekening (de) [hant-taykening] signature

handvat (het) [hantvat] handle

handwerkartikelen handicrafts

handwerkwinkel (de) [hantvairkvinkel] handicraft shop

hangt: het hangt af van de ... [van duh] it depends on the ...

dat hangt ervan af [airvan] it depends

haring (de) [hahring] tent peg; herring

hartelijk gefeliciteerd! [hartelik KHefaylisitayrt] happy birthday!

haten [hahtuh] to hate

haven (de) [hahvuh] docks, harbour, port

hebben to have

heeft u ...? [hayft ∞] do you have ...?

heel [hayl] very; quite

heerlijk [hayrlik] delicious, excellent

heet [hayt] hot

het is heet ['tis] it's hot

hij/zij heet ... [hī/zī] he/she is called ...

hoe heet het? [hoo] what's it called?

ik heet ... my name's ...

heidevelden heathland

hek (het) gate

helaas [haylahs] unfortunately

helder clear

hele dag (de) [hayluh] all day

de hele week [hayluh vayk] the whole week

helemaal [haylemahl] altogether, completely

helemaal niet [neet] not in the least

helpen to help

hem him

dat is van hem [van] that's his

hemd (het) [hemt] vest

hemel (de) [haymel] sky

hen them

hengel (de) fishing rod

heren gentlemen; gents, men's room

herenconfectie (de) [hayruh-konfeksee] menswear

herenkapper (de) [hayruh-kapper] barber's, gents' hairdresser's

herenkapsalon barber's, gents' hairdresser's

herenkleding (de) [hayruh-

klayding] menswear
herentoilet (**het**) [**hay**ruh-twa**let**]
 gents' toilet, men's room
herfst (**de**) autumn, (US) fall
herhalen [hair**hah**luh] to repeat
herinneren [hair**in**neruh] to
 remember
herkennen [hair**ken**nuh] to
 recognize
hertenkamp (**het**) deer park
Hervormde Kerk (**de**)
 Reformed Church
het it; the
 het is ... it is ...
 is het ...? is it ...?
hete [**hay**tuh] hot
heup (**de**) [hurp] hip
heuvel (**de**) [**hur**vel] hill
hiel (**de**) [heel] heel (of foot)
hier [heer] here; over here
 hier is/zijn ... [zin] here is/
 are ...
 hier beneden [heer ben**ay**duh]
 down here
hier afscheuren tear off here
hier indrukken press here
hier lege wagentjes s.v.p.
 leave your trolley here
 please
hier openmaken open here
hier spreken speak here
hij [hi] he
historisch gebouw historic
 building
hitte (**de**) [**hit**tuh] heat
hoe [hoo] how
 hoe gaat het ermee? [кнaht uht
 air**may**] how are you?
 hoe gaat het met u? [hoo кнaht

 uht met ∞] how are you?
hoe heet het? [hoo hayt]
 what's it called?
hoe laat is het? [hoo laht]
 what's the time?
hoe maakt u het? [hoo mahkt
 ∞] how are you?
hoed (**de**) [hoot] hat
hoek: in de hoek [duh hook] in
 the corner
 op de hoek on the corner
hoest (**de**) [hoost] cough
hoestdrankje (**het**) [**hoo**stdrank-
 yuh] cough medicine
hoestpastilles (**de**) cough
 drops
hoeveel? [hoo**vayl**] how
 many?; how much?
hoeveelheid (**de**) [hoo**vayl**hīt]
 amount
hoewel [hoo**vel**] although
hof (**het**) court (royal household)
hofje (**het**) [**hof**yuh] courtyard;
 almshouses (in a courtyard)
hoge kwaliteit high quality
homo (**de**) gay man
homocafé (**het**) gay bar
homofiel [homo**feel**] gay
hond (**de**) [hont] dog
hoofd (**het**) [hohft] head
hoofd- [hohft-] main
hoofddoek (**de**) [h**oh**ft-dook]
 headscarf
hoofdkussen (**het**) [h**oh**ft-
 k∞ssuh] pillow
hoofdpijn (**de**) [h**oh**ftpin]
 headache
hoofdpostkantoor (**het**) [h**oh**ft-
 posstkan**tohr**] main post office

hoofdweg (de) [hohft-veкн] main road

hoog [hohкн] tall; high

hoogte (de) [hohкнtuh] height, altitude

hooikoorts (de) [hoykohrts] hayfever

hoop: ik hoop het [hohp] I hope so

hoorn (de) [hohrn] receiver, handset

hopelijk [hohpelik] hopefully

hopen [hohpuh] to hope

horentje (het) [hohruh-tyuh] ice cream cone

horloge (het) [horlohJuh] wristwatch

horlogebandje (het) [horlohJuh-bant-yuh] watchstrap

hotelkamer (de) [hotel-kahmer] hotel room

houd je van ...? [how(t) yuh van] do you like ...?

houd je kop! [howt yuh] shut up!

houd op! [how] stop it!

houden [howduh] to keep

houden van [howduh van] to like; to love

ik houd van jou [how van yow] I love you

hout (het) [howt] wood

huiduitslag (de) [howtowtslaкн] rash

huilen [howluh] to cry

huis (het) [hows] house; home

huisarts (de) [hows-arts] GP, family doctor

huishoudelijke artikelen

household goods

hulp (de) [hoolp] help

hun [hoon] their

huren [hooruh] to rent, to hire

hut (de) [hoot] berth; cabin (on ship)

huur (de) [hoor] rent

huurauto (de) [hoorowto] rented car

huwelijksreis (de) [hooliksrīs] honeymoon

I

I Inter-City

idee (het) [eeday] idea

idioot (de) [eedi-yoht] idiot

ieder [eeder] every; each

ieder van hen each of them

iedere [eederuh] every; each

iedereen [eederayn] everyone

iemand [eemant] anybody; somebody, someone

iets [eets] anything; something

nog iets? [noкн] anything else?

iets anders [eets] something else

ietsje meer [eets-yuh mayr] a little bit more

ijs (het) [īs] ice

ijsbaan (de) [īsbahn] ice rink

ijsje (het) [īs-yuh] ice cream

ijskast (de) [īskast] fridge

in de ijskast bewaren keep refrigerated

ijslollie (**de**) [**īslollee**] ice lolly, (US) popsicle

ijssalon (**de**) ice cream parlour

ijzel black ice

ijzerhandel (**de**) [**īzerhandel**] hardware store

ijzerwarenwinkel (**de**) [**īzervaruhvinkel**] hardware store

ik I

ik ook [**ohk**] me too

in in; into; on

inbegrepen included

inbraak (**de**) [**inbrahk**] burglary

inchecken [**inchekuh**] to check in

Indiaas [**indiahs**] Indian

Indisch [**indees**] Indonesian

Indonesië [**indonaysi-uh**] Indonesia

Indonesisch [**indonaysees**] Indonesian

indrukwekkend [**indrook-vekkent**] impressive

infectie (**de**) [**infeksee**] infection

informatie (**de**) [**informahtsee**] information

informatiebalie (**de**) [**informahtsee-bahlee**] information desk

informeel [**informayl**] informal

ingang (**de**) entrance

ingang aan de achterkant entry at rear

ingang aan de voorkant entry at front

ingang vrijhouden entrance –

keep clear

inhalen [**inhahluh**] to overtake

inhalen verboden overtaking prohibited

inhoud contents

inlegzool (**de**) [**inleKH-zohl**] insole

inlichtingen (**de**) [**inliKHtinguh**] information; directory enquiries

inlichtingen binnenland [**binnuhlant**] directory enquiries, local and national numbers

inlichtingen buitenland [**bowtuhlant**] directory enquiries, international numbers

innemen [**in-naymuh**] to take; to swallow

innemen op de nuchtere maag to be taken on an empty stomach

inpakken to wrap (up)

zal ik het inpakken? shall I wrap it?

inpakpapier (**het**) [**inpak-papeer**] wrapping paper

inruilen [**inrowluh**] to exchange

inschepen to embark

insekt (**het**) insect

insektenbeet (**de**) [**insektuh-bayt**] insect bite

insektenwerend middel (**het**) [**insektuh-vairent**] insect repellent

insluiten [**inslowtuh**] to enclose

instapkaart (**de**) [**instapkahrt**] boarding pass

instappen to get in; to get on, to board

Intercitytreinen stoppen alleen op de met ... aangegeven stations Intercity trains stop only at stations marked with ...

interessant interesting

interlokaal gesprek (het) [interlok**ah**l κнesprek] long-distance call

internationaal [internashon**ah**l] international

internationaal gesprek (het) [κнespr**ek**] international call

internationale lijndiensten international scheduled services

internationale sneltrein (de) international express train

invoegen get in lane

invullen [**in**vœlluh] to fill in

inweekmiddel prewash powder

inwerpen [**in**vairpuh] to insert

is is

is er ...? is there ...?

Italiaans [eetal-y**ah**ns] Italian

Italië [it**ah**li-uh] Italy

J

ja [ya] yes

ja, graag [κнrah**κн**] yes, please

jaar (het) [yahr] year

jacht (het) [yaκнt] yacht

jacht (de) hunt; hunting

jachthaven (de) [ya**κн**t-h**ah**vuh]

marina

jack (het) [yek] jacket

jammer: het is jammer [**ya**mmer] it's a pity

wat jammer! [vat] what a shame!

jas (de) [yas] coat

jasje (het) [**ya**s-yuh] jacket

jazeker [yaz**ay**ker] sure

je [yuh] you

jeugdherberg (de) [**yur**κнt-**hair**berκн] youth hostel

jeugdherbergbeheerder youth hostel warden

j.h. youth hostel

jong [yung] young

jongen (de) [**yo**nguh] boy

Joods [yohts] Jewish

jouw [y0W] your

juffrouw [y**œ**ffrow] Miss

juffrouw! waitress!

juist [y0Wst] right, correct

juli [y**œ**li] July

jullie [y**œ**llee] you; your

juni [y**œ**ni] June

jurk (de) [y00rk] dress

juwelen (de) [y00-**ay**luh] jewellery

juwelier (de) [y00-uhl**eer**] jeweller; jeweller's

K

kaak (de) [kahk] jaw

kaal [kahl] bald

kaars (de) [kahrs] candle

kaart (de) [kahrt] card; map

kaarten met/zonder enveloppe

cards with/without
envelope

kaartje (**het**) [**kahr**t-yuh] ticket

kaartjes tickets

kaartjesautomaat ticket-
machine

kaarttelefoon (**de**) [**kahr**t-
tele**fohn**] cardphone

kaasschaaf (**de**) [**kahs**-sкнahf]
cheese slicer

kaaswinkel (**de**) [**kahs**-vinkel]
cheese shop

kachel (**de**) [**ka**кнel] heater

kade: op de kade [duh ka**duh**]
on the quayside

kadowinkel gift shop

kakkerlak (**de**) cockroach

kam (**de**) comb

kamer (**de**) [**kah**mer] room

kamer met bad en w.c. room
with bath and toilet

kamer met bad zonder w.c.
room with bath and no
toilet

**kamer met twee
eenpersoonsbedden** (**de**)
[tvay **ay**npersohns-bedduh] twin
room

kamerjas (**de**) [**kah**mer-yas]
dressing gown

kamermeisje (**het**) [**kah**mer-
mïshuh] maid

kamers (**de**) [**kah**mers] rooms;
accommodation

kamerservice (**de**) [**kah**mer-
'service'] room service

kamers vrij vacancies, rooms
free

kampeerterrein (**het**) [kamp**ayr**-
terrïn] campsite

kamperen [kamp**ay**ruh] to
camp

kamperen verboden no
camping

kan (**de**) jug
kan ik ...? can I ...?
ik kan niet ... [neet] I can't ...

kanaal (**het**) [kan**ahl**] canal
(shipping)

kano (**de**) canoe

kanoën [**kah**no-uhn] to canoe

kant (**de**) side

kantoor (**het**) [kant**ohr**] office

kantoorartikelen office
supplies

kantoorboekhandel office
stationery shop

kapot [kah**pot**] broken

kapot gaan [кнahn] to break
down; to fall to pieces

kapper (**de**) hairdresser

kapsalon hairdressing salon

kapsel (**het**) hairdo; haircut

kapster hairdresser

karretje (**het**) [**ka**rruh-tyuh]
trolley, (US) cart

kassa (**de**) cash desk

kassabon (**de**) receipt (at cash
desk)

kast (**de**) cupboard

kasteel (**het**) [kast**ayl**] castle

kater (**de**) [**kah**ter] hangover

katoen (**het**) [kat**oon**] cotton

kauwgum (**het**) [**kow**кнʊʊm]
chewing gum

keel (**de**) [kayl] throat

keelpastilles (**de**) [**kayl**pastee-
uhs] throat pastilles

keer [kayr] time
een keer once
een andere keer some other time, another time
kelderverdieping (de) [kelder-verdeeping] basement
kelner (de) waiter
kennen to know
kentekenbewijs (het) vehicle registration certificate
kentekennummer (het) [kentaykuh-nɷmmer] registration number
kerk (de) church
kermis (de) fair, funfair
kerstboom (de) [kairst-bohm] Christmas tree
kerstmis Christmas
kerstnacht [kairstnaкнt] Christmas Eve
keuken (de) [kʉʀkuh] kitchen
keukenrol (de) [kʉʀkuhrol] kitchen roll
kiespijn (de) [keespīn] toothache
kiestoon (de) dialling tone
kiezen [keezuh] to choose
kijk uit! [kīk owt] look out!
kijken [kīkuh] to see; to look
kijken naar [nahr] to look at
kin (de) chin
kind (het) [kint] child
kinderbad (het) [kinderbat] children's pool
kinderbedje (het) [kinderbet-yuh] cot
kinderen (de) children
kinderen beneden ... jaar worden niet toegelaten

children under ... not admitted
kinderen niet toegelaten children not admitted
kinderkleding (de) [kinder-klayding] children's clothes
kinderkleren (de) [kinder-klayruh] children's clothes
kinderoppas (de) child minder
kinderportie (de) [kinder-porsee] children's portion
kinderspeelbad (het) [kinder-spaylbat] paddling pool
kinderstoel (de) [kinderstool] highchair
klaar [klahr] ready
ben je klaar? [yuh] are you ready?
klaar terwijl u wacht ready while you wait
klaar zijn [klahr zīn] to be ready; to have finished
klacht (de) [klakнt] complaint
klachten complaints
klagen [klahкнuh] to complain
klant (de) customer
klantenservice (de) customer service
klederdracht (de) traditional costume
kleding (de) [klayding] clothing
kleedkamer (de) [klayt-kahmer] changing room
kleerhanger (de) [klayr-hanger] coathanger
kleermaker (de) [klayr-mahker] tailor
klein [klīn] little, small; short

kleiner dan [klīner] smaller than

kleindochter (de) [klīn-doKHter] granddaughter

kleine: de kleine maat [klīnuh maht] small size

kleingeld (het) [klīn-KHelt] change, small change

kleinzoon (de) [klīnzohn] grandson

klem stuck

kleren (de) [klayruh] clothes

kleur (de) [klur] colour

kleurenfilm (de) [klurruhfilm] colour film

kliniek (de) [klineek] clinic

klompen (de) clogs

klooster (het) [klohster] monastery; convent

kloppen to knock; to tally; to make sense

kloppen alvorens binnen te komen knock before entering

klopt: dat klopt that's right

het klopt it's right

KNAC Royal Dutch Motoring Club

knap [k-nap] clever; pretty

knie (de) [k-nee] knee

knippen [k-nippuh] to cut

knoop (de) [k-nohp] button

KNT children not admitted

koe (de) [koo] cow

koekenpan (de) [kookuhpan] frying pan

koel [kool] cool

koel bewaren keep in a cool place

koel serveren serve cooled

koelkast (de) [koolkast] fridge

koerier (de) [kooreer] courier

koers (de) [koors] exchange rate

koffer (de) suitcase

kofferbak (de) boot, (US) trunk

koffiehuis (het) [koffeehows] coffee shop

koffieshop café selling soft drugs

koken to cook

kom binnen come in!

komen [kohmuh] to come

kon: ik kon niet ... [neet] I couldn't ...

koning (de) king

koninklijk royal

Koninklijke Nederlandse Automobiel Club Royal Dutch Motoring Club

kooi (de) [koy] bunk; cage

kookgerei (het) [kohk-KHerī] cooking utensils

koopavond late shopping

koortsachtig [kohrts-aKHtiKH] feverish

kop (de) [kop] cup

kopen to buy

koplampen headlights

koppeling (de) clutch

kort short, brief

korte broek (de) [kortuh brook] shorts

korte invoegstrook! short slip road!

korte verhalen [verhahluh] short stories

K0

kortere weg (**de**) [**ko**rteruh ve**KH**] shortcut

korting (**de**) discount

kost: wat kost het? [vat] how much is it?

koud [kowt] cold

kousen (**de**) [**ko**wsuh] stockings

kraag (**de**) [krah**KH**] collar

kraan (**de**) [krahn] tap, faucet

krant (**de**) newspaper

krantenkiosk (**de**) newspaper kiosk

krijgen [kr**ī**KHuh] to get

krik (**de**) jack (for car)

kroon (**de**) [krohn] crown (on tooth)

kruidenier(swinkel) (**de**) [kr**o**wden**ee**r(svinkel)] grocer

kruising (**de**) [kr**o**wsing] junction

kruispunt (**het**) [kr**o**ws-p**o**nt] crossroads, intersection

krullend [kr**o**llent] curly

kun: kun je ...? [k**o**n yuh] can you ...?

kunnen we ...? [k**o**nnuh vuh] can we ...?

zou u kunnen ...? [z**o**w **o**] could you ...?

kunst (**de**) [k**o**nst] art

kunst- [k**o**nst-] imitation

kunstbont (**het**) [k**o**onstbont] artificial fur

kunstenaar/kunstenares (**de**) [k**o**onstenahr/k**o**onstenares] artist

kunstgalerij (**de**) [k**o**onst-KHahler**ī**] art gallery

kunstgebit (**het**) [k**o**onst-KHebit] dentures

kunstnijverheid (**de**) [kunst-n**ī**verh**ī**t] handicrafts

kunstnijverheidswinkel (**de**) [k**o**onst-n**ī**verh**ī**ts-vinkel] craft shop

kunt u ...? [k**o**nt **o**] can you ...?

kurk (**de**) [k**o**ork] cork

kurkentrekker (**de**) [k**o**orkentrekker] corkscrew

kus (**de**) [k**o**s] kiss

kussen (**het**) [k**o**ssuh] cushion

kussen [k**o**ssuh] to kiss

kussensloop (**het**) [k**o**ssuh-slohp] pillow case

kust (**de**) [k**o**st] coast

aan de kust [ahn] on the coast

kwaliteit (**de**) [kvahlit**ī**t] quality

kwart (**het**) [kvart] quarter

kwartje (**het**) [kvart-yuh] 25-cent coin

kwekerij (**de**) [kvayker**ī**] nursery (for plants)

kwitantie (**de**) [kvitansee] receipt

L

laag [lah**KH**] low

laan (**de**) [lahn] avenue

laars (**de**) [lahrs] boot

laat [laht] late

laatst [lahtst] last

laatste [**lah**tstuh] last; latest

lachen [la**KH**uh] to laugh

lade (**de**) [**lah**duh] drawer

laden en lossen loading and unloading

laken (het) [**lah**kuh] sheet

lampenwinkel lighting shop

land (het) [lant] country

landschap (het) [lantsKHap] scenery

landweg country road

lang long; tall

lange-afstandsgesprek (het) [languh-**afstants**-KHesprek] long-distance call

langzaam [langzahm] slow; slowly

langzaam rijden drive slowly

laten [**lah**tuh] to let, to allow

laten we ... let's ...

lawaai (het) [lavī] noise

lawaaierig [lavah-yuhriKH] noisy

laxeermiddel (het) [lax**ayr**middel] laxative

lederwaren leather goods

leeftijd (de) [**layf**tit] age

leeg [layKH] empty

leer (het) leather

legitimatiebewijs (het) [layKHiti-mahti-bewīs] proof of identity

leiden [līduh] to lead

leiding (de) [**lī**ding] pipe

lekkage (de) [lekkahJuh] leak

lekke band (de) [lekkuh bant] puncture, flat tyre

lekken to leak

lekker nice

ik vind het lekker [fint] I like it

ik voel me niet lekker [neet] I'm not feeling well

lelie (de) [**lay**lee] lily

lelijk [laylik] ugly

lenen [**lay**nuh] to borrow; to lend

lengte (de) [**leng**tuh] height

lensvloeistof (de) [**lens**-vloo-ee-stof] soaking solution

lente (de) [**len**tuh] spring

lepel (de) [**lay**pel] spoon

leraar (de) [**lay**rahr] secondary teacher (man)

lerares (de) [layrah**res**] secondary teacher (woman)

leren [**lay**ruh] to learn; to teach

les (de) lesson

lesbisch [**les**bees] lesbian

let op 'Niet Parkeren' borden please observe the 'No Parking' signs

let op stap mind the step

let op! deuren sluiten automatisch caution, doors close automatically

leuk [lurk] nice

ik vind het leuk I like it

leven (het) [**lay**vuh] life; to live

levendig [**lay**vendiKH] lively

levensmiddelen (de) [**lay**vens-middeluh] food; groceries

levensmiddelenwinkel (de) [–vinkel] grocer's, food store

lever (de) [**lay**ver] liver

lezen [**lay**zuh] to read

lichaam (het) [**li**KHahm] body

licht (het) [likHt] light

licht light (not heavy)

licht verteerbaar easily digestible

lichten aan lights on

lichten uit lights off
lied (**het**) [leet] song
liefde (**de**) [leefduh] love
liegen [leeKHuh] to lie, to tell a lie
liever: ik heb liever ... [hep leever] I'd rather ..., I prefer ...
liever niet roken op vol balkon no smoking please when this area is crowded
lift (**de**) lift, elevator
liften to hitchhike
ligstoel (**de**) [likHstool] sun lounger
lijm (**de**) [lim] glue
lijn (**de**) [lin] line
lijnvlucht (**de**) [lin-vlooKHt] scheduled flight
linkerkant: aan de linkerkant [ahn duh] on the left, to the left
links left
links aanhouden [ahnhowduh] keep left
lip (**de**) lip
lippenstift (**de**) lipstick
lippenzalf (**de**) lip salve
lits jumeaux (**het**) [lee joomoh] twin beds
logeert: waar logeert u? [vahr lo-jayrt oo] where are you staying?
logies en ontbijt [lohjees en ontbit] bed and breakfast
lokaal local
lokale gesprek (**het**) [lokahluh KHesprek] local call
loket (**het**) [lohket] box office; ticket office; counter
loket voor pakketafgifte parcels counter
longen (**de**) lungs
loodgieter (**de**) [loht-KHeeter] plumber
loodvrije benzine (**de**) [lohtvri-uh benzeenuh] unleaded petrol
lopen to walk
los loose
lounge (**de**) lobby; lounge
lucht (**de**) [looKHt] air
luchtdruk air pressure
luchthaven (**de**) [looKHt-hahvuh] airport
luchtpost [looKHt-posst] airmail
per luchtpost by airmail
luchtpost-enveloppe (**de**) [–anvelop] airmail envelope
lucifers (**de**) [loosifers] matches
lui [low] lazy
luid [lowt] loud
luier (**de**) [low-yer] nappy, diaper
luik (**het**) [lowk] shutter (on window)
luisteren [lowster-uh] to listen
Lutheraanse Kerk (**de**) Lutheran Church
luxe [looxuh] luxury
luxueus [loox-yurs] luxurious

M

ma mum
maag (**de**) [mahKH] stomach
maagpijn (**de**) [mahKHpin] stomach ache

maal [mahl] meal; time
drie maal three times
maaltijd (**de**) [mahltīt] meal
maan (**de**) [mahn] moon
maand (**de**) [mahnt] month
maandag [mahndaкн] Monday
maandkaart (**de**) [mahntkahrt] monthly ticket
maandverband (**het**) [mahnt-verbant] sanitary towel(s), sanitary napkin(s)
maar [mahr] but; only
maart [mahrt] March
maat (**de**) [maht] size
maatschappij company
machtig [makнtiкн] rich; powerful
mag ik ...? [maкн ik] may I ...?
mag ik ... hebben? [maкн ik] may I have ...?
mager [mahкнer] thin, skinny; low fat
magnetron (**de**) [makнnaytron] microwave
mama mum
maken [mahkuh] to make; to mend, to repair
mand (**de**) [mant] basket
mandje (**het**) [mant-yuh] basket
mandje gebruiken a.u.b. please use a shopping basket
man (**de**) man
mannenklooster (**het**) [mannuh-klohster] monastery
marihuana (**de**) [marооwahna] marijuana
marineblauw [mareenuh-blOW] navy blue
markering ontbreekt no road markings
markt (**de**) market; town square
maximum snelheid (**de**) [maximoom] speed limit
mazelen (**de**) [mahzeluh] measles
me [muh] me
mededelingenbord notice board, (US) bulletin board
medicijn (**het**) [medisīn] medicine
dit medicijn kan uw rijvaardigheid beïnvloeden this medicine may influence your driving ability
meebrengen [maybrenguh] to bring
meemaken [maymahkuh] to experience; to go through
meenemen [maynaymuh] to take; to bring
meer (**het**) lake
meer [mayr] more
wilt u nog wat meer? [vilt оо noкн vat mayr] would you like some more?
meermanskaarten tickets for small groups
meestal [maystal] most of the time
meeste [mays-tuh] most
mei [mī] May
meisje (**het**) [mīshuh] girl
meisjesnaam (**de**) [mīshuhs-nahm] maiden name
melden: zich melden [ziкн] to check in (at hotel)
melk milk

melkchocolade (de) [melk-shokol**ah**duh] milk chocolate

meneer [muhn**ayr**] Mr; sir

menigte (de) [**may**niк**H**tuh] crowd

mensen people

mentholsnoepjes (de) [**ment**ol-snoop-yuhs] mints

merk (het) make, brand

merkwaardig [merkv**ah**rdiк**H**] peculiar

mes (het) knife

met with

met de auto by car

met Jan it's Jan, Jan speaking

met aansluiting op ... connecting with ...

met conserveringsmiddel contains preservatives

met mij is het goed [m**ī** is uht к**Hoot**] I'm fine

met wie spreek ik? who's calling?

meteen [met**ayn**] at once, immediately

metro (de) [**may**tro] underground, (US) subway

meubel (het) [**mur**bel] piece of furniture

meubilair (het) [murbil**ayr**] furniture

mevrouw [mev**row**] Mrs; Miss; Ms; madam

middag (de) [**mi**ddaк**H**] afternoon

's middags [sm**i**ddaк**H**s] in the afternoon

twee uur 's middags [**oo**r sm**i**ddaк**H**s] 2pm

om twaalf uur 's middags [tvahlf **oo**r smidd**aк**Hs] at noon

middelgroot [**mi**ddel-к**H**roht] medium-sized

midden: in het midden in the middle

middenin de nacht [duh naк**H**t] in the middle of the night

middernacht [midderna**к**Ht] midnight

mij [m**ī**] me (emphatic)

het is van mij [van] it's mine

mij. company

mijn [m**ī**n] my

mijn eigen ... [m**ī**n **ī**к**H**uh] my own ...

mijnheer [muhn**ayr**] Mr; sir

minder less

minderjarigen worden niet toegelaten no admittance to minors

minister-president (de) [min**i**ster-presid**ent**] prime minister

minuut (de) [min**oo**t] minute

misbruik misuse; abuse

misbruik wordt gestraft penalty for misuse

misschien [missк**H**euh] maybe; perhaps

misselijkheid (de) [m**i**sselikh**ī**t] nausea

mist (de) fog; mist

mistig [m**i**stiк**H**] foggy

misverstand (het) [m**i**sverstant] misunderstanding

mobiele telefoon (de) [mob**ee**luh telef**ohn**] mobile phone

mobiele winkel mobile shop
modder (**de**) mud
mode (**de**) [**moh**duh] fashion
  in de mode in fashion
modieus [modi**urs**] fashionable
moe [moo] tired
moeder (**de**) [**moo**der] mother
moeilijk [**moo**-ee-lik] difficult,
  hard
moeilijkheid (**de**) [**moo**-ee-lik-hīt]
  difficulty; trouble
moet: ik moet [moot] I have
  to, I must
  je moet [yuh] you have to,
  you must
moeten: wij moeten
  [vi **moo**tuh] we have to, we
  must
mogelijk [**moh**KHelik] possible
  zo ... mogelijk as ... as
  possible
Mohammedaans
  [mohamme**dahns**] Muslim
molen (**de**) [**moh**luh] windmill
mond (**de**) mouth
mondzweer (**de**) [**mond**zvayr]
  mouth ulcer
monteur (**de**) [mon**tur**]
  mechanic
mooi [moy] beautiful; pretty;
  fine; nice
  ik vind het mooi I like it
morgen (**de**) [**mor**KHuh]
  morning; tomorrow
  's morgens [smor**KH**ens] in the
  morning
  's morgens om zeven uur
  [**oo**r] at 7am
  's morgens vroeg [smor**KH**ens]

early in the morning
  morgen over een week
  [**mor**KHuh] a week (from)
  tomorrow
morgenmiddag [morKHuh-
  middaKH] tomorrow
  afternoon
morgenochtend [morKHuh-
  oKHtent] tomorrow
  morning
moskee (**de**) [mos**kay**]
  mosque
motor (**de**) engine
motor afzetten alstublieft
  please switch off engine
motorfiets (**de**) [**m**otorfeets]
  motorbike
motorkap (**de**) bonnet, (US)
  hood
mouw (**de**) [mow] sleeve
mug (**de**) [mooKH] mosquito
muis (**de**) [mows] mouse
munt (**de**) [moont] coin
  munten coins
munttelefoon (**de**) [**moont**-
  telefohn] payphone
museum (**het**) [**moo**sayuhm]
  museum; art gallery
museumjaarkaart (**de**)
  [**moo**sayuhm-y**ah**r-kahrt]
  museum card (**valid for one
  year**)
musicienne (**de**)
  [moosishen**nuh**] musician
  (woman)
musicus (**de**) [**moo**sikoos]
  musician
muur (**de**) [moor] wall
muziek (**de**) [moo**zeek**] music

N

'n a, an

na after

na opening beperkt houdbaar will keep for limited period only after opening

naaien [**nah**-yuh] to sew

naald (**de**) [**nah**lt] needle

naam (**de**) [**nah**m] name

wat is uw naam? [vat is ∞ **nah**m] what's your name?

naar [**nah**r] for; to

naar binnen gaan to go in(side)

naar boven gaan [**b**oh**vuh** KHahn] to go up(stairs)

naast [**nah**st] next to

naast de ... beside the ...

nacht (**de**) [**na**KHt] night

's nachts [sna**KH**ts] at night; overnight

om twaalf uur 's nachts [tvahlf ∞r] at midnight

nachtclub (**de**) [**na**KHtkl∞p] nightclub

nachtjapon (**de**) [**na**KHt-yapon] nightdress

nachtportier (**de**) [**na**KHtporteer] night porter

nachttrein (**de**) [**na**KHt-trīn] night train

nadere bijzonderheden further details

naderhand [**nah**derhant] afterwards

nagel (**de**) [**nah**KHel] fingernail

nagellak (**de**) [**nah**KHellak] nail

varnish

nagesynchroniseerd dubbed (in Dutch)

nakijken [**nah**kīkuh] to check

narcis (**de**) [**na**rsis] daffodil; narcissus

nat wet

nationaal [nasjon**ah**l] national

nationaal gesprek (**het**) [KHe**sprek**] inland call

Nationale Maatschappij der Belgische Spoorwegen Belgian Railways

nationaliteit (**de**) [nasjonal**īt**] nationality

natte verf wet paint

natuurgebied (**het**) national park

natuurlijk [nat**oo**rlik] natural; of course

natuurlijk niet [neet] of course not

natuurresservaat (**het**) nature reserve

nauw [n**ow**] narrow

nauwelijks [**n**oweliks] hardly

Nederland [**nay**derlant] the Netherlands

Nederlander (**de**) [**nay**derlander] Dutchman

Nederlanders (**de**) the Dutch

Nederlands [**nay**derlants] Dutch

Nederlands Hervormde Kerk (**de**) Dutch Reformed Church

Nederlandse (**de**) [**nay**derlantsuh] Dutchwoman

Nederlandse Spoorwegen

Dutch Railways

nee [nay] no

  nee, bedankt no, thanks

neef (**de**) [nayf] cousin (male); nephew

neem me niet kwalijk [naym muh neet kv**ah**lik] I'm sorry

neer [nayr] down

nemen [**nay**muh] to take

netnummer (**het**) [netn00mmer] area code, dialling code

netto gewicht net weight

neus (**de**) [nurs] nose

N.H. North Holland

nicht (**de**) [nikHt] cousin (female); niece

niemand [**nee**mant] nobody

nieren (**de**) [**nee**ruh] kidneys

niet [neet] not

niet-alcoholisch [neet-alkoh**oh**lees] non-alcoholic

niet aankomen do not touch

niet buiten koelkast bewaren keep refrigerated

niet centrifugeren do not spin-dry

niet chemisch reinigen do not dry-clean

niet geschikt voor ... not suitable for ...

niet goed, geld terug money back if not satisfied

niet inrijden no entry

niet op de onderste trede staan do not stand on the bottom step

niet op het ijs komen keep off the ice

niet openen voordat de trein stilstaat do not open until the train has stopped

niet op zaterdag not on Saturdays

niet op zaterdag, zon- en feestdagen not on Saturdays, Sundays and public holidays

niet parkeren no parking

niet roken no smoking

niet-roken coupé (**de**) [neet-**roh**kuh koop**ay**] non-smoking compartment

niet-rokers non-smokers

niets [neets] none; nothing

  ik wil niets [vil] I don't want anything

  niets anders nothing else

  niets te danken [tuh] don't mention it, you're welcome

niet storen a.u.b. please do not disturb

niet strijken do not iron

niet toegestaan not allowed

niet voor inwendig gebruik not to be taken internally

nieuw [new] new

nieuwe oogst newly harvested

Nieuwjaar [new-y**ah**r] New Year

niezen [**nee**zuh] to sneeze

NMBS Belgian Railways

noch ... noch ... [noKH] neither ... nor ...

nodig [**noh**diKH] necessary

noemen [**noo**muh] to mention

nog [noKH] yet

  nog een [uhn] another one

nog iets (anders)? anything else?

nog meer more

nog niet [neet] not yet

noodgeval (het) [nohtκHeval] emergency

noodknop deurbediening emergency button to operate door

noodrem emergency brake

nooduitgang (de) [noht-owtκHang] emergency exit

noodzakelijk [nohtzahkelik] necessary

nooit [noyt] never

noordelijk [nohrdelik] northern

noorden (het) [nohrduh] north

ten noorden van Amsterdam [van] north of Amsterdam

naar het noorden [nahr] to the north

noordoosten (het) [nohrt-ohstuh] northeast

noordwesten (het) [nohrt-vestuh] northwest

Noordzee (de) [nohrt-zay] North Sea

Noors [nohrs] Norwegian

Noorwegen [nohrvaykHuh] Norway

normaal [normahl] normal

notitieboekje (het) [nohteetsee-book-yuh] notebook

NP, n.p. no parking

NS Dutch Railways

nu [noo] now

nu even niet [ayvuh neet] not just now

nuchter [nooκHter] sober

nul [nool] zero

nummer (het) [noommer] number

nummerplaat (de) [noommer-plaht] number plate

nuttig [noottikH] useful

NV Ltd, Inc

O

o nee (toch)! [nay (tokH)] oh no!

ober! waiter!

oefenen [oofenuh] to practise

oever (de) [oover] shore

of or

of ... of ... either ... or ...

ogenblik: een ogenblik, alstublieft! [uhn ohκHenblik alstoobleeft] just a minute!

ogenblikje: een ogenblikje [uhn ohκHenblik-yuh] just a second

oké! [okay] OK!, right!

olie (de) [ohlee] oil

oliepeil (het) [ohlee-pil] oil level

om mee te nemen [may tuh naymuh] to take away, (US) to go

omdat because

omgeving (de) [omκHayving] surroundings

in de omgeving van near

omgooien [omκHohyuh] to knock over

omheining (de) [omhining] fence

omhoog [omhohκH] up

omkeren [omkayruh] to turn

omkleden: zich omkleden [ziKH **o**mklayduh] to get changed

omleiding diversion

onbeleefd [onbel**ay**ft] rude

onbeperkt aantal kilometers (**het**) [**ah**ntal kil**o**mayters] unlimited mileage

onbevoegd unauthorized

onder under, below; among

onderbroek (**de**) [**o**nderbrook] underpants

onderjurk (**de**) [**o**nder-y∞rk] slip (garment)

ondersteboven [**o**nderstebohvuh] upside down

ondertiteling (**de**) subtitles

onderwijzer/onderwijzeres (**de**) [onderv**ī**zer/onderv**ī**zer**e**s] teacher (man/woman: junior)

ondiep [ond**ee**p] shallow

oneffen wegdek uneven road surface

ongelegen [onKHel**ay**KHuh] inconvenient

ongelofelijk [onKHel**oh**felik] unbelievable

ongeluk (**het**) [**o**nKHel∞k] accident

ongeveer [onKHev**ay**r] about, roughly

ongewoon [onKHev**oh**n] unusual

onlangs recently

onmiddelijk [onm**i**ddelik] immediately

onmogelijk [onm**oh**KHelik] impossible

ons our; us

onschuldig [onsKH**∞**ldiKH] innocent

ontbijt (**het**) [ontb**ī**t] breakfast

ontbrekend [ontbr**ay**kent] missing

onthoudt u van refrain from

ontmoetingsplaats (**de**) [ontm**oo**tings-plahts] meeting place

ontsmettingsmiddel (**het**) disinfectant

ontsteek uw lichten switch on your lights

ontsteking (**de**) [ontst**ay**king] ignition; inflammation

ontvangstbewijs (**het**) [ontv**a**ngst-bev**ī**s] receipt

ontwikkelen (**het**) [ontv**i**kkeluh] film processing; to develop

onverharde weg unpaved road

onweersbui (**de**) [**o**nvayrs-b**o**w] thunderstorm

onze [**o**nzuh] our

onzin! (**de**) rubbish!

oog (**het**) [ohKH] eye

oogarts (**de**) [**oh**KH-arts] opthalmologist

oogdruppels (**de**) [**oh**KH-dr∞ppels] eye drops

oogschaduw (**de**) [**oh**KH-sKHahd∞] eye shadow

ooit [oyt] ever

ook [ohk] also, too

ik ook niet [neet] do I, nor have I, nor am I

heeft u ook ...? [hayft ∞] have you got any ...?

ik ook me too

oom (**de**) [ohm] uncle

oor (**het**) [ohr] ear

oorknopjes (de) [**oh**rknop-yuhs] ear-studs

oorringen (de) [**oh**rringuh] earrings

oostelijk [**oh**stelik] eastern

oosten (het) [**oh**stuh] east
in het oosten in the east

op on; at

op slot doen [doon] to lock

op zon- en feestdagen, echter niet op ... on Sundays and public holidays but not on ...

open doen [doon] to open; to answer the door

open haard (de) [h**ah**rt] fireplace

openbaar vervoer (het) public transport

openbare bibliotheek public library

openbare toiletten (de) [openb**ah**ruh tva-lettuh] public toilets

openen to open

openingstijden (de) [**oh**penings-tiduh] opening times

openlucht zwembad outdoor swimming pool

ophaalbrug drawbridge

ophalen to collect; to pick up

opklaren [**o**pklahruh] to brighten up

opname (de) withdrawal; recording

opnemen [**o**pnaymuh] to withdraw; to record; to answer the phone

opnieuw [opnew] again

oponthoud (het) [**o**pont-howt] delay

opruiming clearance

opschrijven [**o**p-sk**H**r**ī**vuh] to write down

opspattend grind! loose chippings

opstaan [**o**pstahn] to get up (in the morning)

opstapplaats touringcars boarding point for long-distance buses

opticien (de) [optee-sh**uh**] optician

opwindend [opv**i**ndent] exciting

opzettelijk [opz**e**ttelik] deliberately

opzij on/at the side; aside

oranje [ohran-yuh] orange (colour)

orde: bent u in orde? [**oo** in **o**rduh] are you OK?

orkest (het) orchestra

oud [owt] old; stale

oude stadsdeel (het) [**ow**duh stats-dayl] old town

Oudejaarsavond [**ow**duh-yahrs**ah**vont] New Year's Eve

ouders (de) [**ow**ders] parents

ouderwets [**ow**dervets] old-fashioned

oven (de) [**oh**vuh] oven

over [**oh**ver] about, concerning

over twee dagen [tvay da**k**Huh] in two days' time

over vijf minuten in five minutes

er is er geen een over [**k**Hayn ayn] there's none left

overal [**oh**veral] everywhere

overdekt zwembad indoor swimming pool

overgeven [**oh**ver-**k**Hayvuh] to vomit

overgewicht (het) [**oh**ver-**k**Hevi**k**Ht] excess weight

overhemd (het) [**oh**verhemt] shirt

overige bestemmingen other destinations

overjas (de) [**oh**ver-yas] overcoat

overkant: aan de overkant van de straat [ahn duh **oh**verkant van duh straht] across the road

overmorgen [**oh**vermor**k**Huh] the day after tomorrow

overnachting (de) [**oh**verna**k**Hting] night

overstappen [**oh**verstappuh] to change

u moet in ... overstappen you have to change at ...

overstapverbinding connection, change

oversteekplaats (de) pedestrian crossing

oversteekplaats voor fietsers crossing for cyclists

overstroming (de)

[**oh**verstro**h**ming] flood

overtocht (de) [**oh**vertoк**k**Ht] crossing (on ship)

overtreding offence

P

paar (het) [pahr] couple; pair

een paar dagen [da**k**Huh] a few days

paard (het) [pahrt] horse

paardrijden (het) [**pah**rt-rīduh] horse riding; to ride

pad (het) [pat] path

pak (het) carton; pack; suit

pakhuis (het) warehouse

Pakistaans [pakista**h**ns] Pakistani

pakje (het) small package, parcel; packet

pakken to pack; to fetch

paleis (het) [pal**ī**s] palace

pannenkoekenhuis (het) [**pa**nnuh-kookuh**h**ows] pancake restaurant

panty (de) [**pe**nti] tights, pantyhose

papier (het) [pa**pee**r] paper

papieren zakdoekjes (de) [pa**pee**ruh **za**kdook-yuhs] paper tissues

paraplu (de) [parapl**oo**] umbrella

pardon excuse me

pardon, wat zei u? [vat z**ī** **oo**] pardon (me)?, sorry?

parfum (het) [parf**oo**m] perfume

parkeergelegenheid (de)

[parkayr-кHelayкHenhït] parking

parkeerplaats (de) [parkayr-plahts] car park, parking lot

parkeerschijf (de) [parkayr-sкHïf] parking disk

parkeerterrein (het) [parkayr-terrïn] car park, parking lot

parkeerverbod op even dagen no parking on even days

parkeerverbod op oneven dagen no parking on odd days

parkeren [parkayruh] to park

parkeren alleen voor hotelgasten parking for hotel guests only

parterre ground floor, (US) first floor

particulier [partikooleer] private

partij (de) [partï] game, match

pas the other day

Pasen Easter

paskamer (de) fitting room

passagier (de) [passaJeer] passenger

passen to try on

pauze (de) [powzuh] interval

pct. per cent

p.d. per day

penseel (het) [pensayl] brush (artist's)

pension (het) [penshon] guesthouse

pepermunt (de) [paypermoont] peppermint

per [pair] by

per aangetekende post [ahnкHetaykenduh posst] by registered mail

per dag per day

per nacht [naкHt] per night

per persoon per dag per person per day

per spoor [spohr] by rail

per stuk each

per uur [oor] per hour

per vliegtuig [vleeкHtowкH] by air

perron (het) platform, (US) track

persen [pairsuh] to press

personenwagen private car

persoon (de) [persohn] person

pet (de) cap

petit pacquet small packet, airmail parcels up to 1 kg

pijn (de) [pïn] ache, pain

pijn doen [doon] to hurt

pijnlijk [pïnlik] painful

pijnstillers (de) [pïnstillers] painkillers

pijp (de) [pïp] pipe

pinda's (de) [pindas] peanuts

pittig [pittiкH] hot, spicy

plaat (de) [plaht] record (music)

plaats (de) [plahts] place

in plaats daarvan [dahrvan] instead

in plaats van ... instead of ...

deze plaats is bezet this seat is taken

plaats bij het raam (de) [bï uht rahm] window seat

plaatsbespreking (de) [plahts-bespreking] seat reservation

plaatsbewijs (het) [plahtsbevïs] ticket

plaatselijk spoornet local

railway system

plaatselijke tijd local time

plafond (**het**) [plahfon]
ceiling

plak (**de**) slice

plakband (**het**) [plakbant]
adhesive tape

plank (**de**) shelf

plastic (**het**) [plestik] plastic

plastic tas (**de**) carrier bag,
plastic bag

plat flat

platteland (**het**) [plattelant]
countryside

plein (**het**) [plīn] square (in
town); courtyard

pleister (**de**) [plīster] plaster,
Bandaid®

plezier hebben [plezeer] to
enjoy oneself

ploeg (**de**) [plooKH] team

plotseling suddenly

poelier poulterer

polder(land) land reclaimed
from the sea

polikliniek outpatient clinic

politie (**de**) [poleetsee] police

politieagent (**de**) [poleetsee-
ahKHent] policeman

politieagente (**de**) [poleetsee-
ahKHentuh] policewoman

politiebureau (**het**) [poleetsee-
bŒroh] police station

pols (**de**) wrist

pond (**het**) [pont] pound

pony (**de**) [ponnee] pony

poosje: een poosje [pohs-yuh]
a while

pop (**de**) doll

popzanger/popzangeres (**de**)
pop singer (man/woman)

poreuze lenzen (**de**) [porurzuh]
gas-permeable lenses

porselein (**het**) [porselīn] china,
porcelain

port betaald postage paid

portefeuille (**de**) [portuh-fur-yuh]
wallet

portemonnee (**de**) [portuh-
monnay] wallet; purse

portier (**de**) [porteer] doorman;
porter

portokosten postage, postal
charges

porto luchtpostbrieven tariff
for airmail letters

post (**de**) [posst] mail, post

posten [posstuh] to mail, to
post

postkantoor (**het**) [posstkantohr]
post office

postpakket (**het**) parcel,
package

**posttarieven voor binnen- en
buitenland** postage rates for
home and abroad

postwissel (**de**) [posstvissel]
money order

postzegel (**de**) [posst-zayKHel]
stamp

postzegelautomaat stamp
vending machine

postzegelboekje (**de**) [posst-
zayKHel-bookyuh] book of
stamps

pot (**de**) jar

potlood (**het**) [potloht] pencil

p.p.p.d per person per day

p.r. public relations; poste restante, (US) general delivery

praatpaal emergency roadside phone

prachtig [praKH-tiKH] lovely, wonderful

praten [prahtuh] to talk

precies [presees] accurate

precies! exactly!

prettige dag! [prettiKHuh] have a nice day!

priester (de) [preester] priest

prijs (de) [prīs] price; charge; fare

prijslijst price list

prijzen vanaf ... prices from ...

prikbord notice board, (US) bulletin board

prima! excellent!

privéadres home address

privéterrein private grounds

proberen [probayruh] to try

procent per cent

proeflokaal (het) [proof-lohkahl] old-fashioned bar that serves only spirits and closes at around 8pm

proeven [proovuh] to taste

proost! [prohst] cheers!

p.st. each

P.T.T. Post Office

p.u. per hour

pure chocolade (de) [pooruh shokolahduh] plain chocolate

puur [poor] straight (whisky etc)

p.w. per week

R

R.K. Roman Catholic

raadhuis town hall

raam (het) [rahm] window

raar [rahr] weird

radio- en televisiewinkel radio and television shop

ramp (de) disaster

recept (het) [resept] prescription; recipe

receptie (de) [resepsee] reception; reception desk

receptioniste (de) [resepshonistuh] receptionist

rechtdoor [reKHtdohr] straight ahead, straight on

rechterkant: aan de rechterkant [ahn duh reKHterkant] on the right hand side

rechtuit gaan [reKHtowt KHahn] keep straight ahead

rechts [reKHts] right; on the right, to the right

rechts aanhouden [ahnhowduh] keep right

rechtstreeks [reKHt-strayks] direct; directly

rechtstreeks bellen direct dialling

rechtstreekse vlucht (de) direct flight

reclame special offer

recreatiegebied, recreatieterrein recreation area

reddingsgordel (de) [reddings-

KHordel] lifebelt

reddingsvest (het) [reddings-vest] life jacket

redelijk [raydelik] reasonable

reep: een reep chocolade [uhn rayp shokolahduh] a bar of chocolate

reformhuis (het) [reeform-hows], reformwinkel (de) [reeform-vinkel] health food shop

regel (de) [rayKHel] line

regelen [rayKHeluh] to arrange, to order

regen (de) [rayKHuh] rain
in de regen in the rain
het regent [rayKHent] it's raining

regenbui (de) [rayKHuhbow] shower

regenjas (de) [rayKHuh-yas] raincoat

regering (de) [reKHayring] government

reinigingsmelk (de) [rīnikHings-melk] cleansing lotion

reis (de) [rīs] journey, trip

reisbureau (het) [rīsbooroh] travel agency

reischeque (de) [rīs-chek] traveller's cheque

reisgids (de) [rīskHits] guidebook

reisinformatie travel information

reiskaart (de) [rīskahrt] season ticket

reisonderbreking (de) [rīsonder-brayking] stopover

reisorganisatie (de) [rīs-orkHanisahtsee] tour operator

reiswieg (de) [rīsveeKH] carry-cot

reiswinkel (de) [rīsvinkel] travel agency

reizen [rīzuh] to travel

rekenen [raykenuh] to charge

rekening (de) [raykening] bill, (US) check; account

rem (de) brake

rennen to run

repareren [reparayruh] to repair

reserveband (de) [resairvuh-bant] spare tyre

reserveonderdeel (het) [reservuh-onderdayl] spare part

reserveren [raysairvayruh] to reserve, to book

reserveren aanbevolen reservation recommended

reserveren verplicht reservation compulsory

reservering (de) [reservayring] reservation

restauratiewagen (de) [restowrahtsee-vahkHuh] buffet car, restaurant car

retour(tje) (het) [retoor(t-yuh)] return ticket, round-trip ticket

reusachtig [rursakHtikH] enormous

richting (de) [rikHting] direction
in de richting van [van] towards

richtingaanwijzer (de) [rikHting-ahnvizer] indicator

riem (de) [reem] belt; strap

rij (de) [rī] queue, line

rijbewijs (het) [rībevīs] driving licence

rijden [rīduh] to drive

rijdt niet op zon- en feestdagen does not run on Sundays and public holidays

rijk [rīk] rich

rijksdaalder (de) [rīksdahlder] two-and-a-half guilder coin

rijksmuseum (het) [rīks-musayuhm] national museum

rijksweg (de) [rīksveKH] motorway, freeway

rijp [rīp] ripe

rijrichting direction of traffic

rijstrook (de) [rīstrohk] lane (on motorway)

rijtuig (het) [rītowKH] carriage, coach

riskant risky

ritsen over 100m please get in lane over the next 100 metres

ritssluiting (de) [rits-slowting] zip

rivier (de) [riveer] river

rodehond (de) [rohde-hont] German measles

roeien (het) [roo-yuh] to row; rowing

rok (de) skirt

rokers smokers

rolgordijnen (de) [rol-kHordīnuh] blinds

rolstoel (de) [rolstool] wheelchair

roltrap escalator

roman (de) [rohmahn] novel

rondje (het) [ront-yuh] round

rondleiding (de) [ront-līding] guided tour

rondreis (de) [ront-rīs] tour

rondvaart (de) [rontvahrt] pleasure cruise, boat trip

rondvaart door de haven boat trip round the harbour

rondvaartboot (de) [rontvahrt-boht] sightseeing boat

rondweg by-pass

rood [roht] red

rook (de) [rohk] smoke

ik rook niet [neet] I don't smoke

rookt u? [oo] do you smoke?

roomkleurig [rohm-klurrikH] cream (colour)

Rooms Katholiek Roman Catholic

roos (de) [rohs] rose

rotonde (de) [rotonduh] roundabout, (US) traffic circle

rots (de) rock

rotzooi (de) [rotzoy] mess

roze [rozuh] pink

rug (de) [rooKH] back

rugpijn [rooKHpīn] backache

ruilen [rowluh] to change, to exchange

ruïne (de) [roo-eenuh] ruins

ruitenwisser (de) [rowtuhvisser] windscreen wiper

ruiterpad bridle path

rustig [roostikH] quiet

s

saai [sī] boring

saldo (**het**) bank balance

samen [**sah**muh] together

sandalen (**de**) [sand**ah**luh] sandals

sanitaire voorzieningen washing and toilet facilities

schaakspel (**het**) [sKH**ah**k-spel] chess

schaal (**de**) scale; dish

schapenwol wool

schaar (**de**) [sKHahr] scissors

schaatsen (**de**) [sKH**ah**tsuh] ice skates

schaatsen (**het**) ice skating; to ice skate

schaduw (**de**) [sKH**ah**dœ] shade; shadow

schakelaar (**de**) [sKH**ah**kelahr] switch

scheerapparaat (**het**) [sKH**ayr**-apparaht] razor

scheermesjes (**de**) [sKH**ayr**meshus] razor blades

scheerschuim (**het**) [sKH**ayr**-sKHowm] shaving foam

scheerwol (**de**) wool

scheerzeep (**de**) [sKH**ayr**zayp] shaving foam

scheren [sKH**ayr**uh] to shave

scherp [sKHairp] sharp

scheutje (**het**) [sKH**UR**t-yuh] drop

schiet op! [sKHeet] hurry up!

schilderij (**het**) [sKHilder**ī**] painting

schip (**het**) [sKHip] ship

schoen (**de**) [sKHoon] shoe

schoenenzaak (**de**) [sKH**oo**nuh-zahk] shoe shop

schoenmaker (**de**) [sKH**oo**n-mahker] shoe repairer

schoensmeer (**de**) [sKH**oo**n-smayr] shoe polish

schoenveters (**de**) [sKH**oo**n-vayters] shoelaces

schokbreker (**de**) [sKH**ok**-brayker] shock-absorber

schokkend [sKH**ok**kent] shocking

schoon [sKHohn] clean

schoondochter (**de**) [sKH**ohn**-doKHter] daughter-in-law

schoonheidsartikelen cosmetics

schoonheidssalon (**de**) [sKH**ohn**hīts-salon] beauty salon

schoonmaakartikelen cleaning articles

schoonmaken [sKH**ohn**-mahkuh] to clean

schoonmoeder (**de**) [sKH**ohn**-mooder] mother-in-law

schoonouders (**de**) [sKH**ohn**-owders] parents-in-law

schoonvader (**de**) [sKH**ohn**-vahder] father-in-law

schoonzoon (**de**) [sKH**ohn**-zohn] son-in-law

schoonzus (**de**) [sKH**ohn**-zœs] sister-in-law

schoteltje (**het**) [sKH**o**telt-yuh] saucer

Schots [sKHots] Scottish

schouder (**de**) [sKH**ow**der] shoulder

schouwburg (de) [SKHOW-bⱭⱭrkH] theatre

schram (de) [SKHram] scratch

schreeuwen [SKHray-wuh] to shout

schrijfpapier (het) [SKHrīf-papeer] writing paper

schrijven [SKHrīvuh] to write

schudden voor gebruik shake before use

schuifdak (het) [SKHOWfdak] sunroof

seconde (de) [sekonduh] second

septisch [septis] septic

serveerster (de) [servayrster] waitress

servet (het) [sairvet] serviette, napkin

sigarenwinkel tobacconist, tobacco store

sinds since

sinterklaas [sinterklahs] Saint Nicholas

sinterklaasavond [sinterklahs-ahvont] St. Nicholas Eve (December 5th)

sjaal (de) [shahl] scarf

slaan [slahn] to hit

slaapcoupé (de) [slahp-koopay] couchette

slaapkamer (de) [slahp-kahmer] bedroom

slaapwagen (de) [slahp-vahkHuh] sleeping car

slaapzaal (de) dormitory

slaapzak (de) [slahpzak] sleeping bag

slager (de) [slahkHer] butcher's

slagerij (de) [slahkHerī], **slagerswinkel (de)** [slahkHers-vinkel] butcher's shop

slapen [slahpuh] to sleep

slecht [slekHt] bad; poor; badly **niet slecht** [neet] not bad

slecht wegdek poor road surface

sleutel (de) [slURtel] key

sleutelring (de) [slURtelring] keyring

slijterij (de) [slīterī] off-licence, liquor store

slim clever

slipgevaar danger of skidding

slipje (het) [slip-yuh] panties

slot (het) lock; fortified castle

sluis (de) [slOWs] lock (on canal)

sluiten [slOWtuh] to close, to shut

sluitingstijden closing times

smaak (de) [smahk] flavour; taste

smaakstoffen flavourings

smerig [smayrikH] filthy

snee (de) [snay] slice

sneeuw (de) [snay-oo] snow

sneeuwstorm blizzard

sneeuwval snowfall

snel fast, quick; quickly

snelbuffet (het) snackbar

snelheid (de) [snelhīt] speed

snelheidsmeter (de) [snelhīts-mayter] speedometer

snelkassa (de) quick checkout (in supermarket, 7 items or less)

sneltrein (de) [sneltrīn] express (train)

snelweg (**de**) [snelveкн] motorway, highway

snijden [snīduh] to cut

snijwond (**de**) [snīvont] cut

snoepgoed (**het**) [snoop-кноot] sweets, candies

snoepjeswinkel (**de**) [snoop-yuhs-vinkel] sweet shop, candy store

snor (**de**) moustache

soms sometimes

soort (**het**) [sohrt] sort, type

wat voor soort ...? [vohr] what sort of ...?

welke soort wilt u? [velkuh] which sort do you want?

soortgelijk [sohrtкнelk] similar

souterrain (**het**) [sooterrayn] basement

spaak (**de**) [spahk] spoke

Spaans [spahns] Spanish

spaarbank savings bank

Spanje [span-yuh] Spain

spannend [spannent] exciting

speciale aanbieding special offer

speelgoed toys

speelgoedwinkel (**de**) [spayl-кноot-vinkel] toy shop

speelplaats (**de**) [spaylplahts] playground

speld (**de**) [spelt] pin

spelen [spayluh] to play

spelletje (**het**) [spellet-yuh] game

spiegel (**de**) [speeкнel] mirror

spijkerbroek (**de**) [spīkerbrook] jeans

spijt: (**het**) **spijt me** [spīt muh]

I'm sorry

het spijt me echt [spīt muh] I'm really sorry

spin (**de**) spider

spirituosa spirits

spitsuur (**het**) [spitsoor] rush hour

spoedgeval (**het**) [spootкнeval] emergency

spoedzendingen express post

spoor platform, (US) track

spoorboek(je) train timetable

het nieuwe spoorboekje is weer verkrijgbaar the new train timetable is available now

spoorkaart van Nederland rail map of Holland

spoorkaartjes train tickets

spoorlijn track

spoorvorming! ruts on road!

spoorweg (**de**) [spohrveкн] railway

spoorwegovergang level crossing, (US) grade crossing

spoorwegpolitie railway police

sportartikelen sports goods

sportkleding sports wear

sportvelden sports fields

sportwinkel sports goods shop

spreek: ik spreek geen ... [sprayk кнayn] I don't speak ...

spreekt u ... [spraykt oo] do you speak ...?

spreekuur office hours; surgery hours

spreken [spraykuh] to speak

springen to jump

staan [stahn]: het staat me niet [staht muh neet] it doesn't suit me

staanplaatsen standing room we hebben staanplaatsen standing room only

staat (de) [staht] state

stad (de) [stat] city; town

stadhuis (het) [stathOws] town hall

stadsbussen town buses

stadscentrum (het) [stats-sentrOOm] city centre; town centre

stadslichten (de) [stats-liKHtuh] side lights

stadsplattegrond street map

stalletjes stalls

standbeeld (het) [stantbaylt] statue

stapvoets rijden drive at walking pace

stedelijk municipal

steelpan (de) [staylpan] saucepan

steen (de) [stayn] stone, rock

steil [stil] steep

steile helling steep gradient

stekend [staykent] sharp

stekker (de) plug

stelen [stayluh] to steal

stem (de) voice

stempelautomaat ticket-stamping machine

ster (de) star

sterk strong

sterke drank spirits

sterven [stairvuh] to die

stilte (de) [stiltuh] silence

stoel (de) [stool] chair

stoel bij het middenpad (de) [bi uht midduhpat] aisle seat

stoel bij het raam (de) [bi uht rahm] window seat

stoep (de) [stoop] pavement, sidewalk

stof (de) cloth, material, fabric

stof (het) dust

stofdoeken dusters

stoffeerderij upholsterer

stoffen materials, fabrics; substances

stoffig [stoffiKH] dusty

stofzuiger (de) [stofzOWKHer] vacuum cleaner

stom stupid

stomerij (de) [stomeri] dry-cleaner

stommeling [stommeling] idiot

stop (de) plug (in sink); fuse

stopcontact (het) power point, socket

stopcontact voor scheerapparaten (het) shaving point

stoppen to stop

stopt niet in... does not stop in...

stoptrein slow train stopping at most stations

storen to disturb

storingsdienst faults service

stortingen deposits

straat (de) [straht] street

strafbaar punishable

strak tight

strand (**het**) [strant] beach
  op het strand on the beach
strandwacht (**de**) [strantvakHt]
  lifeguard
stratenplan (**het**) [strahtuhplan]
  streetmap
streek (**de**) [strayk] region
streekpost local mail
streekvervoer regional
  transport
strijken [strīkuh] to iron
strijkijzer (**het**) [strīkīzer] iron
strippenkaart (**de**)
  [strippuhkahrt] ticket strip for
  bus, tram and metro
stroom (**de**) [strohm] current;
  stream
stroomafwaarts [strohmafvahrts]
  downstream
stroomopwaarts
  [strohmopvahrts] upstream
stropdas (**de**) [stropdahrts]
  tie, necktie
stuk (**het**) [stook] piece;
  article
stukje (**het**) [stook-yuh] bit
een stukje ... a bit of ...
een stukje verderop a little
  further down
stukje bij beetje bit by bit
stuurinrichting (**de**) [stoor-
  inrikHting] steering
suikergehalte sugar content
suikergoed confectionery
suikerpatient (**de**) [sowker-
  pahshent] diabetic
super four-star petrol,
  premium gas
supermarkt (**de**) [soopermarkt]
  supermarket

surfplank (**de**) [soorfplank]
  sailboard

T

taal (**de**) [tahl] language
taalcursus (**de**) [tahl-koorsoos]
  language course
tabak (**de**) tobacco
tabakswaren tobacconist
tafel (**de**) [tahfel] table
tafellaken (**het**) tablecloth
tafeltennis (**het**) table tennis
taille (**de**) [tah-yuh] waist
talkpoeder (**de**) [talkpooder]
  talcum powder
tamelijk [tahmelik] quite, fairly,
  rather
tand (**de**) [tant] tooth
tandarts (**de**) [tant-arts] dentist
tandenborstel (**de**) toothbrush
tandpasta (**de**) toothpaste
tandvlees (**het**) [tant-vlays]
  gum
tandzijde (**de**) [tant-zīduh]
  dental floss
tante (**de**) [tantuh] aunt
tapijt (**het**) [tapīt] carpet
tapvergunning licence to sell
  alcoholic drinks
tarief charges; price list
tarieven buitenland overseas
  postage rates
tas (**de**) bag
tas aan de haak hang your
  bag on the hook
tax-free-winkel (**de**) ['tax-free'-
  vinkel] duty-free shop

taxi-standplaats (**de**) [**taxi**-stantplahts] taxi rank

te [tuh] too

te hard kost teveel! speed kills!; speeding fines

te huur [h∞r] for hire, to rent

te koop [kohp] for sale

te veel [vayl] too much

te voet [voot] on foot

tearoom café selling drinks, cakes and snacks and sometimes alcoholic drinks

TEE Trans European Express

teen (**de**) [tayn] toe

tegemoetkomend verkeer heeft voorrang oncoming traffic has right of way

tegen [tayкHuh] against

tegen de halve prijs half-price

tegenover [taykHen**ohver**] opposite

tegenovergestelde [taykHen**ohver**-кHestelduh] opposite

tekening (**de**) [**tay**kening] picture, drawing

telefoneren [telefon**ayr**uh] to phone

telefonist/telefoniste (**de**) [telefon**ist**/telefon**ist**uh] operator

telefoon (**de**) [telef**ohn**] phone

telefoonboek (**het**) [telef**ohn**-book] phone book

telefooncel (**de**) [telef**ohn**-sel] phone box

telefoongesprek (**het**) [telef**ohn**-кHesp**rek**] phone call

telefoongids (**de**) [telef**ohn**-кHits] phone book

telefoonkaart (**de**) [telef**ohn**-kahrt] phonecard

telefoonnummer (**het**) [telef**ohn**-n∞mmer] phone number

teleurgesteld [tel**ur**кHestelt] disappointed

teleurstellend [tel**ur**stellent] disappointing

televisie (**de**) [telev**ee**see] television

ten minste [**min**stuh] at least

tenminste houdbaar tot ... can be kept until ...

tennisbaan (**de**) [**te**nnisbahn] tennis court

tent (**de**) [tent] tent; dive

tentharing (**de**) tent peg

tentoonstelling (**de**) [tent**ohn**-stelling] exhibition

tentstok (**de**) tent pole

terug [ter∞кH] back

ik ben zo terug I'll be right back

terugbellen [ter∞кH-belluh] to ring back, to call back

teruggaan [ter∞кH-кHahn] to go back, to return

teruggeven [ter∞кH-кHayvuh] to give back

terugkomen [ter∞кH-kohmuh] to come back, to get back

terwijl [terv**ī**l] while

thee (**de**) [tay] tea

theedoek (**de**) [**tay**dook] tea towel

theelepel (**de**) [**tay**laypel] teaspoon

thermosfles (**de**) [**tair**mosfles] Thermos® flask

thuis [toʍs] at home
 bij hem thuis at his place
ticket (de) ticket
tiener (de) [**teener**] teenager
tientje (het) [**teent**-yuh] ten–
 guilder note/bill
tijd (de) [tīt] time
tijdens [tīdens] during
tijdschrift (het) [tīdsKHrift]
 magazine
tijdschriftenwinkel (de)
 [tīdsKHriftuh-vinkel] newsagent's
tijdslot (het) [tītslot] time lock
tik unit
t/m up to and including
tocht met de rondvaartboot
 (de) canal trip
tochtig [toKHtiKH] draughty
toegang (de) [too-KHang]
 admission; access
**toegang alleen voor
 kaartenhouders** ticket–
 holders only
toegang verboden no
 admittance
toegangsbewijs (het)
 [tooKHangs-bewīs] ticket
toegangsprijs (de) [tooKHangs-
 prīs] admission charge
toegelaten [tooKHelahtuh]
 allowed
toegestaan [too-KHestahn]
 allowed
toekomst (de) [tookomst]
 future
toen [toon] then
toerist (de) [toorist] tourist
toeristenbureau (het) [tooristuh-
 bœroh] tourist information

office
toeristische rondrit (de)
 [tooristeesuh rontrit] sightseeing
 tour (by bus)
toeristische rondvaart (de)
 [ront-vahrt] sightseeing tour
 (by boat)
toeslag (de) [tooslaKH]
 supplement
 u moet toeslag betalen you
 must pay a supplement
toestel (het) [toostel]
 extension; apparatus
toestelnummer (het) [toostel-
 nœmmer] extension number
toeter (de) [tooter] horn
**toezichthouder/toezicht-
 houdster** (de) [toozikHt-
 howder/toozikHt-howtster]
 caretaker
toilet (het) [twa-let] toilet, rest
 room
toiletartikelen toiletries
toiletpapier (het) [twalet-papeer]
 toilet paper
toiletten toilets, rest rooms
tol toll
tolk (de) interpreter
tolken to interpret
toneel (het) stage; drama
toneelstuk (het) [tonaylstœk]
 play
tonen to show
tot until
tot en met up to and
 including
tot straks see you later
tot ziens [zeens] goodbye, see
 you, cheerio

touringcar (**de**) [**too**ringkar] coach, bus

touw (**het**) [tow] rope; string

traject (**het**) [trahjekt] route; section of rail track

tramhalte (**de**) [**tra**mhaltuh] tram stop

transportkaart (**de**) [transp**o**rtkahrt] network map

trap (**de**) [trap] stairs; steps

trefpunt meeting point

trein (**de**) [trīn] train

  de trein naar ... staat gereed op spoor ... the train for ... is waiting at platform ...

  de trein staat gereed op ... the train is about to depart from ...

trein met toeslag train with supplement payable

treinkaart train ticket

treinstel section of the train

treintaxi station taxi

trek: heeft u trek? [hayft ∞] are you hungry?

trekken to pull

trouwdag (**de**) [tr**ow**daкн] wedding day; wedding anniversary

trouwerij (**de**) [trowerī] wedding

trouwring (**de**) [tr**ow**ring] wedding ring

trui (**de**) [trow] jersey, jumper

tuin (**de**) [town] garden; yard

tulp (**de**) [t∞lp] tulip

tussen [t**∞**ssuh] between

  tussen de middag [duh] at midday

  tussen de middag gesloten closed at lunchtime

tussenlanding (**de**) stopover

twee eenpersoonsbedden [tvay **ay**npersohns-bedduh] twin beds

twee keer [tvay kayr] twice

twee keer zoveel [zov**ay**l] twice as much

twee weken [tvay v**ay**kuh] fortnight

tweede [tv**ay**duh] second

tweede klas second-class

tweede straat links second on the left

tweedehands [tv**ay**duh-hants] second-hand

tweepersoonsbed (**het**) [tv**ay**persohns-bet] double bed

tweepersoonskamer (**de**) [tv**ay**persohns-k**ah**mer] double room

tweerichtingsverkeer two-way traffic

tweesprong (**de**) [tv**ay**sprong] fork (in road)

typisch [t**i**pees] typical

U

u [∞] you

u bent hier, u bevindt zich hier you are here

uit [owt] out; exit

  ik kom uit ... I come from ...

uitbetaling (**de**) [**ow**tbetahling] payment

uitdoen [**OW**tdoon] to turn off

uiteindelijk [**OW**tĩndelik] eventually

uiterst [**OW**terst] extremely

uiterste verkoopdatum sell-by date

uitgaan [**OW**tkHahn] to go out

uitgang (**de**) [**OW**tkHang] exit, way out; gate

uitgeput [**OW**tkHepŒt] exhausted

uitgesteld postponed

uitgeven [**OW**tkHayvuh] to spend

uitgezonderd op ... ... days excepted

uitlaat (**de**) [**OW**tlaht] exhaust (pipe)

uitleggen [**OW**tlekHuh] to explain

uitlekgewicht dry weight

uitnodigen [**OW**tnohdikHuh] to invite

uitnodiging (**de**) [**OW**tnohdikHing] invitation

uitpakken [**OW**tpakkuh] to unpack

uitrit vrijlaten please keep exit clear

uitrusten [**OW**trŒstuh] to rest

uitrusting (**de**) [**OW**trŒsting] equipment

uitschakelen [**OW**tskHahkeluh] to switch off

uitstappen [**OW**tstappuh] to get off, to get out

uitstekend [**OW**tst**ay**kent] fine; excellent

uitverkocht sold out

uitverkoop (**de**) [**OW**tverkohp] sale

uitverkoopartikelen worden niet geruild we do not exchange sales goods

uitvoering (**de**) [**OW**tvooring] performance

uitzicht (**het**) [**OW**tziKHt] view

uitzoeken [**OW**tzookuh] to find out

universiteit (**de**) [**OO**nivairsitĩt] university

uur (**het**) [**OO**r] hour; o'clock

uw [**OO**] your

uw lichten! remember your lights

V

vaag [vahKH] vague; dull

vaak [vahk] frequent; often

niet vaak [neet] not often

vaart minderen reduce speed

vaatdoek (**de**) [**vah**tdook] dishcloth

vader (**de**) [**vah**der] father

vakantie (**de**) [vak**a**nsee] holiday, vacation

op vakantie on holiday/vacation

vakantie-reizen holiday travel

valhelm (**de**) [**val**helm] helmet

vallen [**val**luh] to fall

vallend gesteente falling rocks

valuta foreign currency

van [van] from; of

van wie is dit? [vee] whose is this?

van nu af aan [nθθ af ahn] from now on, in future
van hen theirs
van jou [yow] yours
van jullie [yθθlee] yours
van ons ours
van u [θθ] yours
vanaf [vanaf] from
vanavond [vanahvont] tonight; this evening
vandaag [vandahкн] today
  vandaag over een week [ohver uhn] a week (from) today
vangen [vanguh] to catch
vanmiddag [vanmiddaкн] this afternoon
vanmorgen [vanmorкнuh] this morning
vanochtend [vanoкнtent] this morning
vanuit [fanowt] from
vanwege ... [vanvayкнuh] because of ...
vast: het zit vast [vast] it's jammed
vasthouden [vast-howduh] to hold
vatbaar voor wijzigingen subject to change
veel [vayl] a lot, lots; many; much
  niet veel [neet] not a lot; not many; not much
  niet zo veel not so much, not so many
veel succes! [sθθkses] good luck!
veerboot (de) [vayrboht] ferry

vegetariër (de) [vayкнetahri-er] vegetarian
vegetarisch [vayкнetahrees] vegetarian
veilig [vīlikн] safe
veiligheidsgordel (de) [vīlikнhīts-кнordel] seat belt
veiligheidsgordels omdoen fasten seat belts
veiligheidsspeld (de) [vīlikнhīts-spelt] safety pin
veld (het) [velt] field
ventilator (de) [ventilahtor] fan
ventilatorriem (de) [ventilahtor-reem] fan belt
ver [vair] far
verband (het) [verbant] bandage; dressing
verbanddoos (de) [verbant-dohs] first-aid kit
verbazingwekkend [verbahzing-vekkent] amazing, astonishing
verbergen [verbairкнuh] to hide
verbeteren [verbayteruh] to improve
verbind: ik verbind u door I'll put you through
verbinding (de) [verbinding] connection
verbindingstoon ringing tone
verblijfsvergunning (de) [verblīfs-vergθθnning] residence permit
verboden prohibited
verboden de dieren te voederen do not feed the animals
verboden in te halen no overtaking

verboden inrij behalve voor plaatselijk verkeer no access except local traffic

verboden te roken no smoking

verboden te vissen no fishing

verboden te zwemmen no swimming

verboden toegang behalve voor plaatselijk verkeer no access except local traffic

verboden toegang voor onbevoegden no access for unauthorized persons

verbranden [verbranduh] to burn

verder [vairder] further

verder dan beyond

verderop [verderop] further down; further up

verdieping (de) [verdeeping] floor, storey

verdwaald [verdvahlt] lost

verdwijnen [verdvinuh] to disappear

Verenigde Staten (de) [veraynikHduh stahtuh] United States

Vereniging voor Vreemdelingenverkeer tourist information

verf (de) [vairf] paint

vergadering (de) [verkHahdering] meeting

vergeet het maar! [verkHayt uht mahr] no way!

vergeten [verkHaytuh] to forget

vergif [verkHif] poison

vergissing (de) [verkHissing] mix-up

vergoeding (de) [verkHooding] refund

vergroting (de) [verkHrohting] enlargement

vergunning (de) [verkHunning] licence, permit; permission

verharde berm hard shoulder

verhoging (de) [verhohkHing] temperature, fever

verhuren to rent

verhuur rental

verhuurtarief hire charge

verjaardag (de) [ver-yahrdakH] birthday

verkeer (het) [verkayr] traffic

verkeer van rechts heeft voorrang give way to traffic from the right

verkeerd [verkayrt] wrong

verkeerd nummer [noommer] wrong nummer

verkeerd verbonden [verbonduh] wrong number

verkeersbord (het) [verkayrsbort] roadsign

verkeerslichten (de) [verkayrs-likHtuh] traffic lights

verkeersomleiding diversion

verkeersopstopping (de) [verkayrs-opstopping] traffic jam

verkeersplein roundabout

verkeerstekens traffic signs

verkoop strippenkaart sale of bus/tram/metro tickets

verkopen [verkohpuh] to sell

verkouden: ik ben verkouden [verkowduh] I have a cold

verkrachting (**de**) [verkraKHting] rape

verlaat uw kamer alstublieft om ... please vacate the room by ...

verleden: in het verleden [verlayduh] in the past

verlegen [verlayKHuh] shy

verlengsnoer (**het**) [verlengsnoor] extension lead

verliezen [verleesuh] to lose

verloofd [verlohft] engaged

verloofde (**de**) [verlohfduh] fiancé; fiancée

verloren voorwerpen lost property, lost and found

verontreinigd [verontrīnikHt] polluted

verontschuldiging (**de**) [veront-sKHOOldikHing] apology

verpleger/verpleegster (**de**) [verplayKHer/verplayKHster] nurse

verplicht rondgaand verkeer compulsory to follow roundabout before taking chosen exit

vers [vairs] fresh

verscheidene [versKHīdenuh] several

verschil (**het**) [versKHil] difference

verschillend [versKHillent] different

verschilt: het verschilt [versKHilt] it varies

verschrikkelijk [versKHrikkelik] terrible

vershoudfolie (**de**) [vershowt-folee] cling film

versnellen to accelerate

versnellingen (**de**) [versnellinguh] gears

versnellingsbak (**de**) [versnellings-bak] gearbox

versnellingspook (**de**) [versnellings-pohk] gear lever

versperd [verspairt] blocked

verstaan [verstahn] to hear

ik versta u niet I can't hear you

verstopt [verstopt] blocked

versturen [verstOOruh] to send

vertalen [vertahluh] to translate

vertaling (**de**) [vertahling] translation

verte: in de verte [duh vairtuh] in the distance

vertellen [vertelluh] to tell

vertraging (**de**) [vertrahkHing] delay

vertrek (**het**) [vertrek] departure

vertrekhal (**de**) [vertrekhal] departure lounge

vertrekken [vertrekkuh] to leave

vervaldatum (**de**) [verval-datOOm] expiry date

vervalsing (**de**) [vervalsing] fake

verveel: ik verveel me [vervayl muh] I'm bored

vervelend [vervaylent] annoying

verven [vairvuh] to paint, to dye

vervoerprijs (**de**) [vervoorprīs] fare

verwachten [vervaKHtuh] to expect

verwarmd openluchtbad heated outdoor swimming pool

verwarming (**de**) [vervarming] heater; heating

verzekering (**de**) [verzaykering] insurance

verzilveren [verzilveruh] to cash

vest (**het**) [vest] cardigan; waistcoat

vet (**het**) [vet] fat

vijver (**de**) [vīver] pond

vind: ik vind het niet erg [vint uht neet airKH] I don't mind

vinden [vinduh] to find

vindt u dat goed? [vint oo dat KHoot] is that OK with you?

vinger (**de**) [vinger] finger

vis (**de**) [vis] fish

visboer (**de**) [visboor] fishmonger

visitekaartje (**het**) [viseetuh-kahrt-yuh] business card

visrestaurant (**het**) [visrestowrant] seafood restaurant

visum (**het**) [veesoom] visa

viswinkel (**de**) [visvinkel] fishmonger's

Vlaams [vlahms] Flemish

vlag (**de**) [vlaKH] flag

vlakbij [vlakbī] near; just off

vlees (**het**) [vlays] meat

vleugelboot (**de**) [vlURKHelboht] hydrofoil

vlieg (**de**) [vleeKH] fly

vliegen [vleeKHuh] to fly

vliegtuig (**het**) [vleeKHtowKH] aeroplane, airplane

per vliegtuig by air

vliegveld (**het**) [vleeKHvelt] airport

vlo (**de**) [vlo] flea

vloeibare zeep liquid soap

vloer (**de**) [vloor] floor

vlooienmarkt flea market

vlucht (**de**) [vlooKHt] flight

vluchtduur (**de**) [vlooKHt-door] flight time

vluchtheuvel traffic island

vluchtnummer (**het**) [vlooKHt-noommer] flight number

vluchtstrook hard shoulder

vochtig [voKHtikH] damp; humid

vochtinbrengende crème (**de**) [voKHt-inbrengenduh krem] moisturizer

voedsel (**het**) [vootsel] food

voedselvergiftiging (**de**) [vootselver-KHiftikHing] food poisoning

voelen [vooluh] to feel

voet (**de**) [voot] foot

voetbal (**het**) [vootbal] football

voetbalstadion (**het**) football stadium

voetbalwedstrijd (**de**) [vootbal-vetstrit] football match

voeten vegen alstublieft please wipe your feet

voetgangers pedestrians

voetgangersgebied, voetgangerszone pedestrian precinct

voetgangersoversteekplaats pedestrian crossing

voetzool (**de**) [vootzohl] sole

vogel (de) [voKHel] bird

vol [vol] full; no vacancies

volgeboekt fully booked; no vacancies

volgen [volKHuh] to follow

volgend [volKHent] next

de volgende bocht/straat links the next turning/street on the left

volgende lichting next collection

volgorde van de rijtuigen order of cars

volksdansen (het) [volksdansuh] folk dancing

volkenkunde folklore

volksmuziek (de) [volksmooozeek] folk music

volledig verzorgde vakantie (de) [vollaydiKH verzorKHduh vakansee] package holiday

volop ... [volop] plenty of ...

volpension [vol-penshohn] full board

voluit [volowt] in full

volwassene (de) [volvassenuh] adult

voor [vohr] for; before

voor donderdag by Thursday

voor het hotel in front of the hotel

voor hoe laat? [hoo laht] for what time?

vooraan [vohrahn] in front

vooral [vohral] especially; mostly

voorbeeld (het) [vohrbaylt] example

voorbehoedsmiddel (het)

[vohrbehoots-middel] contraceptive

voorbij [vohrbī] over, finished

voorhoofd (het) [vohr-hohft] forehead

voorkant (de) [vohrkant] front

aan de voorkant at the front

voornaam (de) [vohrnahm] Christian name, first name

voorrang [vohr-rang] priority; right of way

voorrangsweg main road

voorruit (de) [vohr-rowt] windscreen, windshield

voorschrijven to prescribe

voorsorteren get in lane

voorstellen [vohrstelluh] to introduce

mag ik ... aan u voorstellen? [maKH – ahn oo] may I introduce ...?

voorstelling (de) [vohrstelling] show, performance

vooruit [vohrowt] in advance

voorzichtig [vohrziKHtiKH] careful

voorzichtig! look out!

voorzichtig, deze bus zwaait uit caution! this bus swings out

voorzichtig, kinderen caution! children

voorzichtig rijden drive carefully

voorzichtig, stoepje mind the step

voorzichtig! breekbaar handle with care! fragile

voorzichtig! trambaan
caution! tramway

voorzieningen voor gehandicapten facilities for the handicapped

vorig [**voh**rikH] last

vork (**de**) [vork] fork

vorst (**de**) [vorst] frost

vraag (**de**) [vrahkH] question

vrachtwagen (**de**) [vra**kH**t-vah**kH**uh] lorry, truck

vragen [**vrah**kHuh] to ask

vredig [**vray**dikH] peaceful

vreemd [vraymt] odd, strange

vreemdeling (**de**) [**vray**mdeling] stranger

vreemdelingenpolitie immigration police

vriend (**de**) [vreent] friend; boyfriend

vriendelijk [**vreen**delik] friendly; kind

vriendin (**de**) [**vreen**din] friend; girlfriend

vriesvak freezer

vrij [vri] vacant; free; quite
  vrij duur [dœr] quite expensive

vrij toegankelijk admission free

vrijdag (**de**) [**vrī**dakH] Friday

vrije entree admission free

vroeg [vrookH] early

vrolijk kerstfeest! [**vroh**lik **kair**stfayst] merry Christmas!

vrouw (**de**) [vrow] woman; wife

vrouwen women

vrouwenklooster convent

V.S. (**de**) [**vay**-ess] USA

VTB Flemish tourist organisation

vuil (**het**) [vowl] dirt; dirty

vuilnisbak (**de**) [**vow**lnisbak] dustbin, trashcan

vullen [**vool**luh] to fill up

vulling (**de**) [**vool**ling] filling

vuur (**het**) [voor] fire

vuurtje: heeft u een vuurtje? [hayvt oo uhn v**oor**t-yuh] do you have a light?

VVV(-**kantoor**) tourist information (office)

W

waakhond guard dog

waar [vahr] true

waar? where?
  waar komt u vandaan? [komt oo van**dahn**] where are you from?

waarborgsom (**de**) [**vahr**borkHsom] deposit

waarde (**de**) [**vahr**duh] value

waardevol [**vahr**devol] valuable

waarom? [**vah**rom] why?
  waarom niet? [neet] why not?

waarschijnlijk [vahr-s**kHī**nlik] probably

waarschuwing (**de**) warning

wachten [**va**kHtuh] to wait
  wacht op mij [va**kH**t op mī] wait for me

wachtkamer waiting room

wagentje (**het**) [**vah**gent-yuh]

supermarket trolley, (US) cart

wagon (**de**) [**vah**KHon] carriage

walgelijk [**val**KHelik] revolting

wandelen (**het**) [**van**deluh] to walk; walking

wandelgebied hiking area

wandeling (**de**) [**van**deling] walk

wandelwagen (**de**) [**van**del-vahKHuh] pushchair, buggy

wang (**de**) [vang] cheek

wanneer? [van**nayr**] when?

waren: wij/ze waren [vī/zuh **vah**ruh] we/they were

warenhuis (**het**) [**vah**ruh-hows] department store

warm [varm] warm; hot

warme en koude dranken hot and cold drinks

was (**de**) [vas] washing, laundry

was: ik was [vas] I was

hij/zij/het was [hī/zī] he/she/it was

u was [ꝏ vas] you were

wasautomatiek launderette, laundromat

wasbak (**de**) [**vas**bak] washhand basin, sink

wasgoed (**het**) [**vas**KHoot] washing, laundry

washandje (**het**) [**vas**hant-yuh] flannel

wasknijper (**de**) [**vas**k-nīper] clothes peg

wasmachine (**de**) [**vas**masheenuh] washing machine

waspoeder (**het**) [**vas**pooder] washing powder, soap

powder

wassen [**vas**suh] to wash

wassen en watergolven [**vas**suh en **vah**terKHolvuh] shampoo and set

wasserette (**de**) [**vas**ser**ett**uh] launderette, laundromat

wasserij (**de**) [**vas**ser**ī**] laundry

wastafel (**de**) [**vas**tahvel] washbasin

wat? [vat] what?

wat is er (aan de hand)? [ahn duh hant] what's wrong?

wat wil je? [vil yuh] what do you want?

wat wil je hebben? what would you like?

water (**het**) [**vah**ter] water

in water oplossen dissolve in water

waterdicht [**vah**terdikHt] waterproof

waterfiets (**de**) [**vah**terfeets] pedalboat

waterpokken (**de**) [**vah**terpokkuh] chickenpox

waterskiën (**het**) [**vah**terski-uhn] waterskiing

watten (**de**) [**vat**tuh] cotton wool, (US) absorbent cotton

WC, w.c. (**de**) [vay-**say**] toilet, rest room

we [vuh] we

wedstrijd (**de**) [**vet**strīt] match

weekkaart (**de**) [**vayk**-kahrt] weekly ticket

weer (**het**) [vayr] weather

wees voorzichtig! [vays vohrz**i**KHtiKH] be careful!

weet: ik weet het niet [vayt uht neet] I don't know

ik weet het nog [noKH] I remember

weet jij het nog? [yī] do you remember?

weg (de) [veKH] road

is het ver weg? [vair] is it far away?

ze is weg [zuh] she's gone

wegafsluiting, weg afgesloten road closed

wegenkaart (de) [vayKHuhkahrt] road map

wegenwacht (de) [vayKHuhvaKHt] breakdown service

weggaan [veKH-KHahn] go away

weggetje (het) [veKHet-yuh] lane

weggooien [veKH-KHohyuh] to throw away

wegkruising junction

wegomlegging, wegomleiding diversion

wegongeluk (het) [veKHonKHelOOk] road accident

wegrestaurant roadside restaurant

wegvernauwing road narrows

wegwerpluiers (de) [veKHverplOW-yers] disposable nappies/diapers

wegwijzer (de) [veKHvīzer] signpost

weigering (de) [vīKHering] refusal

bij weigering knop indrukken press button in event of fault

wekken [vekkuh] to wake

wekker (de) [vekker] alarm clock

welke? [velkuh] which?; which one?; which ones?

welkom in ... welcome to ...

Wels [vels] Welsh

wenkbrauwpotlood (het) [venkbrow-potloht] eyebrow pencil

wereld (de) [vayrelt] world

werk (het) [vairk] work

werk in uitvoering roadworks

werkdagen workdays

werkeloos [vairkelohs] unemployed

wesp (de) [vesp] wasp

westelijk [vestelik] western

westen (het) [vestuh] west

in het westen in the west

wet (de) [vet] law

weten [vaytuh] to know

wie? [vee] who?

wie is daar? [dahr] who is it?

wiel (het) [veel] wheel

wij [vī] we (emphatic)

wijd [vīt] wide

wijkplattegrond district map

wijn (de) [vīn] wine

wil: ik wil ... I want ...

hij wil ... [hī] he wants ...

ik wil niet ... [neet] I don't want ...

wildpark nature reserve

wilt u ...? would you like ...?

wilt u alstublieft vooruit betalen please pay in advance

wind (de) [vint] wind

windsurfplank (de) [vint-sꞓꞓrfplank] sailboard

winderig [vinderiKH] windy

windmolen (de) [vintmohluh] windmill

windsurfen (het) [vintsꞓꞓrfuh] sailboarding, windsurfing

winkel (de) [vinkel] shop

winkelcentrum (het) [vinkel-sentrꞓm] shopping centre

winkelen: gaan winkelen [KHahn vinkeluh] to go shopping

winkelwagen (de) [vinkel-vahKHuh], **winkelwagentje (het)** [vinkel-vahKHent-yuh] trolley, (US) cart

winteruitverkoop winter sale

wisselautomaat money-changing machine

wisselen [visseluh] to change (money)

wisselgeld (het) [vissel-KHelt] change, small change

wisselkantoor (het) [visselkantohr] bureau de change

wisselkoers (de) [visselkoors] exchange rate

wist: dat wist ik niet [vist] I didn't know that

wit [vit] white

woensdag [voonsdaKH] Wednesday

wol (de) [vol] wool

wolk (de) [volk] cloud

woon: waar woon je? [vahr vohn yuh] where do you live?

ik woon in ... I live in ...

woonboot (de) [vohnboht] barge, houseboat

woonerf residential area with ramps to slow down traffic

woonplaats domicile

woord (het) [vohrt] word

Z

zacht [zaKHt] soft; mild

zachte berm soft verge

zachte lenzen (de) [zaKHtuh] soft lenses

zadel (het) [zahdel] saddle

zak (de) pocket

zakdoek (de) [zakdook] handkerchief

zaken business

zakkenroller (de) pickpocket

zaklantaarn (de) [zaklantahrn] torch, flashlight

zakmes (het) penknife

zalf (de) ointment

zand (het) [zant] sand

zanger/zangeres (de) singer (man/woman)

zaterdag [zahterdaKH] Saturday

zaterdags en op zon- en feestdagen on Saturdays, Sundays and public holidays

ze [zuh] she; they; her

dat is ze that's her

zee [zay] sea

aan zee [ahn] by the sea(side)

zeep (de) [zayp] soap

zeer [zayr] sore

het doet zeer [doot] it's sore

zeggen [zeKHuh] to say

zeil [zīl] sail

zeilen (het) to sail; sailing

zeker [zayker] sure; certainly

zeldzaam [zeltzahm] rare, uncommon

zelfbediening (de) [zelfbedeening] self-service

zelfde: het zelfde [zelfduh] the same

zelfs even

zelfs als ... even if ...

zet uw motor af switch off your engine

zetmeel starch

zetten to put

zie bodem/deksel see bottom/cap

ziek [zeek] ill, sick

ziekenhuis (het) [zeekuh-hows] hospital

ziekenwagen (de) [zeekuh-vahKHuh] ambulance

ziekte (de) [zeektuh] disease

zien [zeuh] to see

zij [zī] she; they (emphatic)

zijde (de) [zīduh] silk

zijkant side

zijn [zīn] to be; are; his

zijn er ...? are there ...?

zijstraat (de) [zīstraht] side street

zilver (het) [zilver] silver

zin (de) sentence; meaning; liking

het heeft geen zin [hayft KHayn] there's no point

heb je zin in een ijsje? would you like an ice cream?

zingen to sing

zitplaats (de) [zitplahts] seat

zitten to sit

zn. son

z.o. south-east

zo so

zo ... mogelijk as ... as possible

zo groot als as big as

zo meteen [metayn] in a minute

zoeken [zookuh] to look for, to search

zoet [zoot] sweet

zolen en hakken heelbar, shoe repairs

zomer (de) [sohmer] summer

's zomers in the summer

zomeruitverkoop summer sale

zon (de) sun

zondag [zondaKH] Sunday

zonder without

zonder badkamer [batkahmer] without bathroom

zonder bon wordt niet geruild no goods exchanged without a receipt

zonder douche without shower

zonder pension no meals

zonder toevoeging van conserveringsmiddelen contains no preservatives

zonnebrand (de) [zonnebrant] sunburn

zonnebrandcrème (de) [zonnebrant-krem] suntan lotion

zonnebrandolie (de) [zonnebrant-ohlee] suntan oil

zonnebril (de) [zonnebril] sunglasses

zonnen to sunbathe

zonneschijn (de) [zonnesKHïn] sunshine

zonnesteek (de) [zonnestayk] sunstroke

zonnig [zonnikH] sunny

zonsondergang (de) [zonsonderkHang] sunset

zonsopgang (de) [zonsopkHang] dawn

zool (de) [zohl] sole

zoon (de) [zohn] son

zorgen (de) [zorkHuh] worries

ik maak me zorgen [mahk muh] I'm worried

zorgen voor [zorkHuh vohr] to look after

zou u ... kunnen? [zow ⲟⲟ ... kⲟⲟnnuh] could you ...?

z.o.z. please turn over

zo-zo average, so-so

z.s.m. as soon as possible

zuidelijk [zowdelik] southern

zuiden (het) [zowduh] south

in het zuiden in the south

zuidenwind (de) southerly wind

zuiderling (de) [zowderling] southerner

Zuid-Holland South Holland

zuidoosten (het) [zowt-ohstuh] southeast

zuidwesten (het) [zowt-vestuh] southwest

zuipen [zowpuh] to booze

zuivelproduct (het) [zow-vel-prohdⲟⲟkt] dairy product

zuivere scheerwol pure wool

zus (de) [zⲟⲟs] sister

zuur [zⲟⲟr] sour

zwaar [zvahr] badly; heavy

zwager (de) [zvahkHer] brother-in-law

zwak [zvak] weak

zwanger [zvanger] pregnant

zwart [zvart] black

Zweden [zvayduh] Sweden

Zweeds [zvayts] Swedish

zwembad (het) [zvembat] swimming pool

zwembroek (de) [zvembrook] swimming trunks

zwemmen [zvemmuh] to swim

zwemmen verboden no swimming

zwempak (het) [zvempak] swimming costume

zwemvest (het) [zvemvest] life jacket

Zwitsers [zvitsers] Swiss

Menu
Reader:
Food

Essential Terms

bread het brood [broht]
butter de boter
cup de kop
dessert het nagerecht [nah-KHereKHt]
fish de vis
fork de vork
glass het (drink)glas
knife het mes
main course het hoofdgerecht [hohft-KHereKHt]
meat het vlees [vlays]
menu het menu [menoo], de kaart [kahrt]
pepper de peper [payper]
plate het bord
salad de salade [salahduh]
salt het zout [zowt]
set menu het vaste menu [vastuh menoo]
soup de soep [soop]
spoon de lepel [laypel]
starter het voorgerecht [vohrKHereKHt]
table de tafel [tahfel]

another ..., please nog een ..., alstublieft [noKH uhn - alstoobleeft]
excuse me! (to call waiter/waitress) pardon!
could I have the bill, please? kan ik afrekenen, alstublieft?

aalbessen [ahlbessuh] (black, red or white) currants

aardappelen [ahrdappeluh] potatoes

aardappelpuree [ahrdappelpooray] mashed potatoes

aardbeien [ahrdbī- uh] strawberries

abrikoos [abrikohs] apricot

abrikozencompote [abrikohzuh-kompot] apricot compote

abrikozenjam [abrikohzuh-jam] apricot jam

abrikozenvlaai [abrikohzuh-vlī] apricot flan

ajam [ahyam] chicken (Indonesian)

ajuin [ahyown] onion

amandelen [ahmandeluh] almonds

amandelkoekjes [ahmandelkook-yuhs] crispy biscuits/cookies with almonds or soft almond-paste filling

amerikaanse biefstuk [amayrikahnsuh beefstook] hamburger with a fried egg

ananas pineapple

andijvie [andīvee] endive

andijvie a la crème [krem] cooked endives in cream sauce

anijs [anīs] aniseed

ansjovis [anshohvis] anchovies

appel apple

appelcompote apple compote, stewed apples

appelflap apple turnover

appelgobak [appel-кнebak] apple and cinnamon tart or cake

appelgelei [appelJeli] apple jelly

appelmoes [appelmoos] apple sauce; puréed apples

appelpannenkoek [appel-pannuhkook] apple pancake

appelstroop [appelstrohp] kind of treacle made with apples, used as a sandwich spread

appelstrudel [appel-stroodel] apple strudel

appeltaart (met slagroom) [appeltahrt (met slaкHrohm)] apple cake (with whipped cream)

Ardennerham Ardennes ham (smoked)

artisjok [artishok] artichoke

asperges [asperJes] asparagus

atjar tampoer [at-yar tampoor] mixed pickles (Indonesian)

au jus [ow yoos] in gravy

augurken [ow-кHoorkuh] gherkins

azijn [ahzīn] vinegar

baars [bahrs] bass

babi [bahbi] pork (Indonesian)

bak- en braadvet [brahtvet] cooking fat

baklappen frying steak

balkenbrij [balkuhbrī] white pudding

bami noodle dish with meat and vegetables (Indonesian)

bamivlees [bahmivlays] diced

217

pork, served with Indonesian bami dish (Indonesian)

banaan [banahn] banana

banketbakkersroom [banket-bakkers-rohm] confectioner's custard

banketletter [banketletter] puff pastry with almond paste filling

basilicum [basilikœm] basil

bearnaise saus [bayarnaysuh sows] hollandaise sauce with tarragon vinegar, chopped tarragon or chervil

belegen kaas [belayKHuh kahs] mature cheese

berliner [berleener] doughnut filled with custard

beschuit [besKHowt] crispbread

bevat ...% meervoudig (on)verzadigde vetzuren contains ...% poly(un)saturates

bevat geen kleurstof no artificial colouring

biefstuk (hollandse) [beefstœk (hollandsuh)] steak

biefstuk van de haas [duh hahs] fillet steak

biefstuk van de lende [lenduh] sirloin steak, rump steak

bieslook [beeslohk] chives

bieten [beetuh], **bietjes** [beet-yuhs] beetroot

bijgerecht [bī-KHereKHt] side dish

bitterballen [bitterballuh] hot, savoury forcemeat for

cocktail snacks

bitterkoekjespudding [bitter-kookyuhs-pœdding] milk pudding containing almond macaroons

blauwgekookte forel [blow-KHekohktuh] poached trout

bleekselderij [blayk-selderī] celery

blinde vinken [blinduh finkuh] rolled slice of veal stuffed with minced meat

bloedworst [blootvorst] black pudding, blood sausage

bloemkool [bloomkohl] cauliflower

boerenmeisjes [booruh-mīshuhs] apricots in brandy

boerenham [booruhham] smoked ham

boerenkaas [boeruhkahs] farmhouse cheese

boerenkool [booruhkohl] kale

boerenleverworst [booruhlayvervorst] coarse liver sausage

boerenmetworst [booruhmetvorst] coarse sausage

boerenomelet [boorenommelet] omelette with potatoes and bacon

boheemse saus [bohhaymsuh sows] béchamel sauce with mayonnaise

bokking smoked herring

bonen [bohnuh] beans

bonensla [bohnuhsla] bean salad

borrelnootjes [borrelnoht-yuhs] cocktail nuts

borst breast

bosbessen bilberries

bot flounder

boter [bohter] butter

boterham [bohterham] slice of bread and butter; open sandwich

boterham met ... ... sandwich

boterham met kaas [kahs] cheese sandwich

boterhamworst [bohterhamvorst] sliced sausage used on sandwiches

boterletter puff pastry with almond paste filling

bouillon stock, consommé

braadlappen [brahtlappuh] frying steak

braadworst [brahtvorst] sausage for frying

bramen [brahmuh] blackberries, brambles

brasem bream

brood [broht] bread

broodje [broht-yuh] roll; sandwich

bruinbrood [brownbroht] brown bread

bruine bonen [brownuh bohnuh] brown beans resembling kidney beans

bruine bonensoep [brownuh bohnuhsoop] brown bean soup

bruine suiker [sowker] brown sugar

caramelpudding [karamel-pOOdding] caramel custard

casselerrib [kasseler-rip] salted, boiled ribs of pork

champignons [shampin-yons] mushrooms

champignonsoep [shampin-yonsoop] mushroom soup

chantillysaus [shantihyee-sows] mayonnaise and whipped cream sauce

Chinese fondue [shinaysuh fondOO] Chinese fondue – individual portions of vegetables or meat dipped in boiling stock

Chinese kool [kohl] Chinese leaf

chips [ships] crisps, (US) potato chips

chocolade hagelslag [shokolahduh hahKHelslaKH] chocolate vermicelli

chocolade vlokken [flokkuh] chocolate flakes

chocoladepasta [shokolahduh-pasta] chocolate spread

chocoladevla [shokolahduh-vla] kind of chocolate custard

citroen [sitroon] lemon

citroenvla [sitroonvla] kind of lemon custard

compote [kompot] compote, stewed fruit

contrefilet [kontrefilay] rump steak

courgette courgette, zucchini

croquet [krohket] croquette

croquetje [krohket-yuh] small croquette

dadels [**dah**dels] dates

daging [**dah**ging] beef
(Indonesian)

dagschotel [**da**KH-sKHohtel] dish
of the day

dame blanche [dahm blansh]
ice cream with chocolate
sauce

doperwten [**do**p-airtuh] garden
peas

dragon [**drah**KHon] tarragon

drie in de pan [**dr**ee in duh pan]
small pancakes with
currants and raisins

droogkokende rijst [drohKH-
kohkenduh r**ī**st] instant rice

drop Dutch liquorice

druiven [dr**ow**vuh] grapes

duitse biefstuk [**dow**tsuh
beefst**oo**k] minced beef and
onion hamburgers

Edammer (kaas) [kahs] Edam
(cheese)

eend [aynt] duck

eendenei [**ay**nduh-**ī**] duck egg

ei, eieren [**ī**, **ī**-uhruh] egg, eggs

eierkoeken [**ī**-uhrkookuh] flat,
round sponge cakes

eisbein [**īs**bīn] pickled upper
leg of pork

erwt(en) [**air**t(uh)] pea(s)

erwtensoep [**air**tuhsoop] thick
pea soup

erwtensoep met spek thick
pea soup with bacon

erwtensoep met worst [vorst]
thick pea soup with sausage

fazant [**fah**zant] pheasant

fijngehakt [**fī**nKHehakt] finely
minced

filet americain [filay amayrikan]
tartar steak

filosoof [filos**ohf**] stew with
meat and potatoes

forel [**foh**rel] trout

frambozen [framb**oh**zuh]
raspberries

fricandeau [frikand**oh**] lean
pork or veal

friet(en) [**freet**(uh)] chips,
French fries

frietsaus [**freet**sows]
mayonnaise to put on
French fries

frikadel [**freekahd**el] deep-fried
sausage made from minced
meat

frites [freet] chips, French
fries

gado gado vegetables in
peanut sauce (Indonesian)

ganzenlever [KHanzuhlayver]
goose liver

garnalen [KHarn**ah**luh] prawns;
shrimps

garnalencocktail [KHarn**ah**luh-
koktayl] prawn cocktail

garnalensaus [KHarn**ah**luh-sows]
shrimp sauce

gebak [KHe**bak**] fancy pastries
or cakes

gebakjes [KHe**bak**-yuhs] small,
fancy pastries or cakes

gebakken [KHe**bak**kuh] fried

gebakken aardappelen

[**ahr**tappeluh] fried potatoes

gebakken ei met spek [ī] fried egg with bacon

gebakken mosselen fried mussels

gebakken paling [**pah**ling] fried eel

gebakken uitjes [**ow**t-yuhs] fried onions

gebonden [KHeb**o**nduh] thickened

gebraden [KHebr**ah**duh] roast

gebraden eend [**ay**nt] roast duck

gebraden gehakt [KHeh**ak**t] roast meatloaf

gedroogd [KHedr**oh**KHt] dried

gefileerd [KHefil**ay**rt] filleted

geglaceerde kastanjes [KHeKHlas**ay**rduh kastan-yuhs] glazed chestnuts

gegrild [KHeKHr**i**lt] grilled

gehakt [KHeh**ak**t] minced meat

gehaktbal [KHeh**ak**tbal] meatball

gekookt [KHek**oh**kt] boiled

gekruid [KHekr**ow**t] seasoned with herbs or spices

gele erwten [KH**ay**luh **air**tuh] yellow split peas

gelei [Jel**ī**] jelly

gemarineerd [KHemarin**ay**rt] marinated

gemarineerd rundvlees [r**oo**ntvlays] marinated beef

gemarineerde runderlappen [KHemarin**ay**rduh r**oo**nderlappuh] marinated braising steak

gember [KH**em**ber] ginger

gemberkoek [KH**em**berkook] gingerbread

gemberpoeder [KH**em**ber-pooder] ground ginger

gemengde noten [KHem**e**ng-duh] mixed nuts

gepocheerd [KHeposh**ay**rt] poached

gepocheerde eieren [KHeposh**ay**rduh **ī**-uhruh] poached eggs

gepocheerde vis poached fish

gepofte kastanjes [KHep**o**ftuh kastan-yuhs] roast chestnuts

geraspt [KHer**a**spt] grated

gerecht [KHer**e**KHt] dish

gerookt [KHer**oh**kt] smoked

gerookte bokking [KHer**oh**ktuh] smoked herring

gerookto paling [**pah**ling] smoked eel

gerookte zalm smoked salmon

geroosterd [KHer**oh**stert] grilled

geroosterd brood [broht] toast

gerst [KH**air**st] barley

gesmoord [KHesm**oh**rt] braised

gestampte muisjes [KHest**a**mptuh **mow**shuhs] powdered aniseed eaten on bread

gestoofd [KHest**oh**ft] stewed

gestoofde andijvie [KHest**oh**fduh and**ī**vee] steamed endive

gevulde kalfsborst [KHev**oo**lduh kalfsborst] stuffed breast of veal

gevulde koek [kook] pastry with almond paste filling

221

gevulde omelet met groene kruiden [KHroonuh krowduh] stuffed omelette with green herbs

goreng fried (Indonesian)

Goudse kaas [KHowtsuh kahs] Gouda cheese

goulash goulash

griet [KHreet] brill

groene haring [KHroonuh] lightly salted young herring

groene saus [sows] mayonnaise with fresh herbs

groenten [KHroontuh] vegetables

groentesoep [KHroontesoop] vegetable soup

grof gesneden bladspinazie [KHrof KHesnayduh blatspinahzee] coarsely chopped leaf spinach

gula djawa Javanese brown sugar (Indonesian)

haas [hahs] hare

haasbiefstuk [hahsbeefstook] fillet steak

hachée [hahshay] stew of diced meat, onions, vinegar and cloves

halfvolle melk [half-volluh] skimmed milk

halfvolle yoghurt [yoKHhoort] skimmed milk yoghurt

halvarine [halvareenuh] half butter, half margarine

hamlappen pork steak from the fat part of the pig's heel

handappelen eating apples

handperen [hantpayruh] dessert pears

hangop [hangop] buttermilk dessert

hardgekookt ei [hardKHekohkt ī] hard-boiled egg

haring herring

haring met uitjes [owt-yuhs] herring with chopped onions

haringsalade [hahringsaladuh] herring salad

havermout [hahvermowt], havermoutse pap [hahvermowtsuh] porridge made with milk

hazelnoten [hahzelnotuh] hazelnuts

hazenpastei [hahzuhpastī] hare pâté

hazenpeper [hahzuhpayper] jugged hare

hazenrug [hahzuhrooKH] saddle of hare

heilbot [hīlbot] halibut

hertenvlees [hairtuhvlays] venison

hete bliksem [haytuh] potatoes and apples mashed together

hollandse biefstuk [hollandsuh beefstook] thick slice of frying steak

hollandse saus [sows] hollandaise sauce

hom soft roe

honing [[hohning] honey

honingkoek [hohningkook] type of gingerbread made with honey

hoofdgerecht(en)
[**hoh**fdkHereкHt(uh)] main
course(s)
hopjesvla [**hop**yesvla] kind of
caramel custard
houtsnip [**how**tsnip] woodcock
hutspot [**hut**spot] hotpot with
potatoes, onions and carrots
huzarensalade
[hœz**ah**ruhsaladuh], **huzarensla**
[hœz**ah**ruhslah] potato salad
with beetroot, gherkins,
meat, mayonnaise and hard-
boiled eggs

ijs [īs] ice cream
ikan fish (Indonesian)
ikan terie [**tay**ree] very small
dried fish (Indonesian)
in het zuur [zœr] pickled
jachtschotel [**ya**кHt-sкHohtel]
oven dish with meat,
potatoes, apples and onions
janhagel [yan**hah**кHel] crumbly
biscuit/cookie sprinkled
with tiny bits of sugar
jeneverbessen [yen**ay**ver-
bessuh] juniper berries
jong [yong] young
jonge kaas [**yo**nguh kahs]
immature cheese

kaas [kahs] cheese
kaas 20+ low-fat cheese
kaas 40+ full fat cheese
kaascroissant [**kah**skrwassan]
cheese croissant
kaaskoekje [**kah**skook-yuh]
cheese biscuit

kaassaus [**kah**s-sows] cheese
sauce
kaassoesje [**kah**s-sooshuh]
cheese puff
kabeljauw [kabel-**yow**] cod
kadetje [kah**det**-yuh] soft roll
kalfsfricassee [kalfs-frikassay]
veal fricassee
kalfsbiefstuk [kalfs-beefstœk]
fillet of veal
kalfsgehakt [kalfs-кHehakt]
minced veal
kalfslappen veal slices
kalfslever [**kalf**s-layver] calf's
liver
kalfsleverworst [kalfs-
layvervorst] veal liver sausage
kalfsniertjes [kalfs-neert-yuhs]
calf's kidneys
kalfsoester [kalfs-ooster]
escalope of veal
kalfsschnitzel [kalfs-shnitzel]
veal schnitzel
kalfstong calf's tongue
kalfsvlees [**kalf**svlays] veal
kalkoen [kalk**oon**] turkey
kandijsuiker [kandī-sowker]
crystallized sugar (used in
coffee)
kaneel [kan**ayl**] cinnamon
kapucijners [kapœsīners]
marrowfat peas
karbonade [karbon**ah**duh] chop;
small piece of meat from
the back, shoulder, rib or
loin of a calf, lamb, sheep or
pig
karnemelk [**ka**rnemelk]
buttermilk

karnemelkse pap [karnemelksuh pap] buttermilk porridge

karper carp

kastanjepuree [kastanye-pooray] puréed chestnuts

kastanjepudding [kastanye-poodding] chestnut pudding

kastanjes [kastanyes] chestnuts

katjang [kat-yang] pulses; peanuts (Indonesian)

katjang idjoe [it-yoo] small green peas (Indonesian)

kerrie [kerree] curry

kerriesaus [kerreesows] curry sauce

kerriesoep [kerreesoop] curry soup

kersen cherries

kersenvlaai [kersuhvlī] cherry pie

kervel [kervel] chervil

kervelsoep [kervelsoop] chervil soup

ketjap asin [ket-yap] salty soy sauce (Indonesian)

ketjap manis sweet soy sauce (Indonesian)

ketoembar [kaytoombar] coriander seeds (Indonesian)

keukenstroop [kurkuhstrohp] golden syrup

kievitsei [keeveets-ī] plover's egg

kikkerbillen [kikkerbilluh], kikkerbilletjes [kikkerbillet-yuhs] frogs' legs

kinderijsje [kinder-īshuh] small ice cream

kinderportie [kinderporsee] children's portion

kindersurprise [kinder-soorpreesuh] children's dessert

kip chicken

kip aan het spit [ahn] spit-roasted chicken

kippenlever [kippuhlayver] chicken-liver

kippensoep [kippuhsoop] chicken soup

klapper coconut

klapstuk [klapstook] piece of beef from the rib

klaverhoning [klahverhoning] clover honey

knäckebrood [k-nekkebroht] crispbread

knakworst [k-nakvorst] Frankfurter

knoflook [k-noflohk] garlic

knolselderij [k-nolselderī] celeriac

koekjes [kook-yuhs] biscuits, cookies

koenjit [koon-yit] spice (Indonesian)

koffietafel [koffeetafel] cold buffet lunch, sometimes including soup

kogelbiefstuk [kohкHel-beefstook] thick end of rump

kokosnoot [kohkosnoht] coconut

komijnekaas [kohmīnekahs] cheese with cumin seeds

komkommer cucumber

konijn [kohnīn] rabbit

koninginnesoep [kohninginnesoop] cream of

chicken soup
kool [kohl] cabbage
koolraap [kohlrahp] swede
koolvis [kohlvis] coalfish
korst crust
kotelet chop, cutlet
koud [kowt] cold
krabbetjes [krabbet-yuhs] spare ribs
kreeft [krayft] lobster
kreeftensoep [krayftuhsoop] lobster soup
krenten currants
krentenbrood [krentuhbroht] currant loaf
kroepoek [kroopook] prawn crackers
kroket(ten) croquette(s) of spiced minced meat covered with breadcrumbs and deep-fried
krop sla [krop slah] (head of) lettuce
kropsla [kropslah] cabbage lettuce
kroten [krohtuh], **krootjes** [krohtyuhs] beetroot
kruiden [krowduh] spices; herbs
kruidenboter [krowduhbohter] herb butter
kruidenkaas [krowduhkahs] herb cheese
kruidnagel [krowt-nahkHel] clove
kruisbessen [krowsbessuh] gooseberries
kuikenvleugels [kowkuh-vlurkHels] chicken wings
kuikenbouten [kowkuhbowtuh]

chicken legs
kuit [kowt] hard roe
kwark [kvark] quark, low-fat soft white cheese
kwarktaart [kvarktahrt] cheesecake
kwartel [kvartel] quail

lamsborst breast of lamb
lamsbout [lamsbowt] leg of lamb
lamskotelet lamb chop
lamslapje [lamslap-yuh] escalope of lamb
lamslappen lamb slices
lamsragout [lams-rahkHoo] diced lamb in a thick white sauce
lamsschouder [lams-skHowder] shoulder of lamb
lamstong lamb's tongue
lamsvlees [lamsvlays] lamb
laurierblad [lowreerblat] bayleaf
Leerdammer [layrdammer] nutty-tasting cheese with holes
Leidse kaas [līdsuh kahs] Gouda cheese with cumin seeds
lekkerbekjes [lekkerbek-yuhs] deep-fried whiting fillets in batter
lever [layver] liver
leverworst [layvervorst] liver sausage
Limburgse vlaai [limbɔɔrkHsuh vlī] fruit flan from Limburg
linzen lentils
loempia [loompia] spring roll

(Indonesian)

lombok hot red peppers (Indonesian)

maaltijd [**mah**ltīt] meal

maaltijdsoep [**mah**ltĭdsoop] thick meat and vegetable soup, served as a meal in itself

Maasdammer [mahsdammer] strong, creamy cheese with holes

Maaslander [**mah**slander] type of cheese

maatjesharing [**maht**-yuhshahring] young herring

maderasaus [mahd**ay**ra-sows] brown sauce with madeira

mager [**mah**kHer] low fat; lean

magere melk [**mah**kHeruh] skimmed milk

maiskolf [**mī**skolf] corn on the cob

maiskorrels [**mī**skorrels] sweet corn

makreel [mahkr**ayl**] mackerel

marsepein [marsep**ī**n] marzipan

meloen [mel**oo**n] melon

menu van de dag [men**oo** van duh da**kH**] today's menu

mergpijpjes [**mer**kHp**ī**p-yuhs] marrowbone

metworst [**met**vorst] pork sausage

mie [mee] thin Chinese noodles

mierik [**mee**rik] horseradish

mihoen [mih**oo**n] very fine Chinese rice noodles

moerbeien [**moo**rbī-uh] mulberries

moes [moos] puréed fruit

moesappelen [**moo**sappeluh] cooking apples

mosselen mussels

mosselensoep [**mo**sseluhsoop] mussel soup

mosterd [**mo**stert] mustard

mousseline saus [mouss**eleenuh** sows] hollandaise sauce with whipped cream and lemon juice

munt [m**oo**nt] mint

nagerecht(en) [**nah**kHerekHt(uh)] dessert(s)

nasi [**na**ssee] rice (Indonesian)

nasi goreng [**goh**reng] fried rice dish with meat and vegetables (Indonesian)

nasi rames various spicy dishes served with rice (Indonesian)

nasivlees [**na**sseevlays] diced pork

natrium-arme kaas [**nah**tri-oom-armuh kahs] low-salt cheese

nekkarbonaden neck-end chops

nieren [**nee**ruh] kidneys

nieuwe haring [**new**-uh] herring caught early in the season

noedels [**noo**dels] noodles

nootmuskaat [nohtm**oo**sk**aht**] nutmeg

oesters [**oo**sters] oysters

olie [**oh**lee] oil

oliebol [**oh**leebol] deep-fried, ball-shaped cake containing currants or raisins, sprinkled with icing sugar

olijfolie [ohl**ī**f-ohlee] olive oil

olijven [ohl**ī**vuh] olives

ongepelde rijst [**o**ngepelduh r**ī**st] brown rice

ongezoet [**o**ngezoot] unsweetened

ontbijt [ontb**ī**t] breakfast

ontbijtkoek [ontb**ī**tkook] type of gingerbread

ontbijtspek [ontb**ī**tspek] streaky bacon

opzij [opz**ī**] on the side; as a side dish

ossestaart [**o**ssestahrt] oxtail

ossestaartsoep [**o**ssestahrtsoop] oxtail soup

ossetong [**o**ssetong] ox tongue

oud [**o**wt] old, mature

oude kaas [**o**wduh kahs] well-matured cheese

paardenrookvlees [**pah**rduhrohkvlays] smoked horsemeat

paling eel

paling in het groen [KHroon] eel in sorrel sauce and herbs

palingworst [**pah**lingvorst] type of sausage

paneermeel [pahn**ay**rmayl] breadcrumbs

panggang grilled (Indonesian)

pannenkoek [**pa**nnuhkook] pancake

pannenkoek met stroop [strohp] pancake with syrup

paprika (rode/groene/gele) [**roh**duh/KHr**oo**nuh/KH**ay**luh] pepper (red/green/yellow)

parijzer worst [par**ī**zer vorst] type of sausage

pastei [past**ī**] vol-au-vent; pie

pasteitje [past**ī**t-yuh] small vol-au-vent

pastinaak [pastin**ah**k] parsnip

patat (friet) [freet] chips, French fries

patates frites [patat freet] chips, French fries

patrijs [patr**ī**s] partridge

pedis [**pay**dis] hot and spicy (Indonesian)

peer [payr] pear

peper [**pay**per] pepper

peperkorrels peppercorns

pepermunt [payperm**oo**nt] peppermint

pepersaus [**pay**per-sows] creamy white sauce with crushed peppercorns

perencompote [**pay**ruhkompot] pear compote

perenmoes [**pay**ruhmoos] puréed pears

perenstroop [**pay**ruhstrohp] kind of treacle made from pears, used as sandwich spread

perziken [**per**zikkuh] peaches

peterselie [payters**ay**lee] parsley

pinda's [**pi**ndahs] peanuts

pindakaas [**pi**ndahkahs] peanut butter

pisang banana (Indonesian)

plakje [plak-yuh] slice

plantaardig vet [plant-**ah**rdikht] vegetable fat

plantaardige olie [plant**ah**rdikhuh **oh**lee] vegetable oil

poffertjes [poffert-yuhs] small pancakes served with lots of butter and icing sugar

pommes frites [pom **free**t] French fries

pompelmoes [pompelm**oo**s] grapefruit

pompoen [pomp**oo**n] pumpkin

poon [pohn] gurnard

postelein [postel**ī**n] purslane

prei [pr**ī**] leek

preisoep [pr**ī**-soop] leek soup

pruimedant [pr**ow**medant] type of prune

pruimen [pr**ow**muh] plums; prunes

pruimenjam [pr**ow**muh-jam] plum jam

rabarber rhubarb

radijs [rahd**ī**s] radish

rauw [r**ow**] raw

rauwkost [r**ow**kost] raw vegetables

ravigote saus [rahvig**o**tuh s**ow**s] vinaigrette made with shallots, capers and herbs

ree(bok) [ray(bok)] roe(buck)

reebout [r**ay**bowt] haunch of venison

reerug [r**ay**rooкн] saddle of venison

regenboogforel [r**ay**кнuhbohкн-

fohrel] rainbow trout

remoulade saus [rem**ow**l**ah**duh s**ow**s] mayonnaise with anchovies

riblappen rib steak

rietsuikerstroop [**ree**ts**ow**kerstrohp] treacle

rijst [r**ī**st] rice

rijsttafel [r**ī**sttafel] rice and/or noodles served with a variety of spicy side dishes and hot sambal sauce (Dutch Indonesian)

rijstebrij [r**ī**stebr**ī**] rice pudding

rijstevlaai [r**ī**stevl**ī**] creamed rice flan

rivierkreeft [riv**ee**rkrayft] crayfish

riviervis [riv**ee**rvis] freshwater fish

rode bessen [r**oh**duh] red currants

rode bessengelei [bessuhgel**ī**] red currant jelly

rode bieten [b**ee**tuh] beetroot

rode kool [kohl] red cabbage

roerei [r**oo**r**ī**] scrambled eggs

rog [roкн] ray (fish)

roggebrood [r**o**кнкнebroht] ryebread

rolmops rollmops, pickled herring

rookvlees [r**oh**kvlays] thinly sliced smoked beef

rookworst [r**oh**kvorst] smoked sausage

room [rohm] cream

roomboter [r**oh**mboter] butter

roomijs [r**oh**mīs] ice cream

roomijstaart [**rohm**-īstahrt] ice cream gateau

roomsoes [**rohm**soos] éclair

rosbief [**ros**beef] roast beef

roti flat pancake-like bread (Indonesian, Surinamese, Indian)

rozemarijn [rohzemarīn] rosemary

rozijn(en) [rohzīn(uh)] raisin(s)

rug van de haas [rOOKH van duh hahs] saddle of hare

rundergehakt [rOOnderKHehakt] minced beef

runderlap [rOOnderlap] braising steak

runderlever [rOOnder-layver] ox liver

rundvlees [rOOndvlays] beef

Russische salade [rOOseesuh sal**ah**duh] Russian salad

sajoer [**sah**-yoor] vegetable soup (Indonesian)

salami (met knoflook) [k-n**of**lohk] salami (with garlic)

sambal very hot chilli sauce (Indonesian)

sardientjes [sard**eent**-yuhs] sardines

saté [sat**ay**] Indonesian kebab, usually spicy chicken or beef, served with peanut sauce

satésaus [sat**ay**sOWs] peanut sauce served to accompany meat broiled (grilled) on skewers

saucijs [sOWsīs] unsmoked sausage

saucijzenbroodje [sOWsīzuh-broht-yuh] sausage roll

saus [sOWs] sauce

savooiekool [sav**oh**-uhkohl] Savoy cabbage

schaaldieren [sKHahldeeruh] shellfish

schapenvlees [sKH**ah**puhvlays] mutton

schar [sKHar] dab

scharreleieren [sKHarrel-ī-uhruh] free-range eggs

schartong [sKHartong] lemon sole

schelvis [sKH**el**vis] haddock

schenkel [sKH**en**kel] shin of beef

schildpadsoep [sKHildpatsoop] turtle soup

schnitzel [shnitzel] veal cutlet rolled in breadcrumbs

schol [sKHol] plaice

schorseneren [sKHorsen**ay**ruh] salsify

schouderham [sKH**OW**derham] shoulder of ham

schouderlappen [sKH**OW**derlappuh] shoulder steak

schuimomelet [sKH**OW**momelet] omelette with stiffly beaten egg white

schuimgebak [sKH**OW**mKHebak] meringue

schuimpjes [sKH**OW**mp-yuhs] sweets made of stiffly beaten egg and sugar

selderij [**sel**derī] celery

sereh [ser**ay**] lemon grass (Indonesian)

seroendeng [ser**oo**ndeng] shredded coconut and peanuts fried with spices (Indonesian)

shoarma kebab

sinaasappel [s**i**nahsappel] orange

sinaasappelsaus [s**i**nahsappels**ows**] orange sauce

sjis kebab [shis keb**ap**] shish kebab

sla lettuce; salad

slaatje [sl**ah**t-yuh] small salad with mayonnaise

slagroom [sla**k**Hrohm] whipped cream

slagroomtaart [sla**k**Hrohm-tahrt] whipped cream cake

slagroomwafels [sla**k**Hrohm-vafels] waffles with whipped cream

slakken snails

slaolie [sl**ah**-ohlee] salad oil

slasaus [sl**ah**s**ows**] salad dressing

slavinken [sl**ah**vinkuh] minced pork or beef rolled in bacon

smeerkaas [sm**ay**rkahs] cheese spread

sneetje [sn**ay**t-yuh] slice

snelkookrijst [sn**e**lkohkr**ī**st] quick-cook rice

snert thick pea soup

snijbonen [sn**ī**bohnuh] string beans

snoekbaars [sn**oo**kbahrs] perch

soep [s**oo**p] soup

soep Lady Curzon turtle soup finished with cream and a pinch of curry powder

soep van de dag [duh dak**H**] soup of the day

soepvlees [s**oo**pvlays] meat for soup

spaanse omelet [sp**ah**nsuh] Spanish omelette, omelette with vegetables

specerijen [spayser**ī**-uh] spices

speculaas [spayk**ꝏ**l**ah**s] cinnamon-flavoured biscuit/cookie

spek streaky bacon

spekpannenkoek [sp**e**kpannuhk**oo**k] pancake with bacon

sperziebonen [sp**ai**rzeebohnuh] French beans

spiegelei [sp**ee**kHel**ī**] fried egg

spiering [sp**ee**ring] smelt

spijskaart [sp**ī**skahrt] menu

spinazie [spin**ah**zee] spinach

spliterwten [spl**i**tertuh] split peas

spruiten [spr**ow**tuh], **spruitjes** [spr**ow**t-yuhs] Brussels sprouts

stamppot [st**a**mppot] mashed potatoes mixed with vegetables

stokbrood [st**o**kbroht] French bread

stokvis stockfish

stoofperen [st**o**hfpayruh] cooking pears

stoofvlees [st**o**hfvlays] stewing meat

stroopwafel [str**o**hpvafel]

wafer-type biscuit/cookie with syrup filling

studentenhaver [st∞d**e**ntuhhahver] mixed nuts and raisins

sucadelappen [s∞k**ah**delappuh] stewing steak

suiker [s**ow**ker] sugar

sukade [s∞k**ah**duh] candied peel

taart [tahrt] cake

tahoe [tah**oo**], **tofoe** [t**oh**foo] tofu, bean curd

tarbot turbot

tartaar [tart**ah**r] raw minced steak, steak tartare

tarwebloem [tarveb**loom**] wheatflour

tarwebrood [tarveb**roht**] wheaten bread

taugé [t**ow**gay] bean sprouts

tempé [temp**ay**] tempeh; kind of tofu

tijm [t**ī**m] thyme

toeristenmenu [toor**i**stuhmen∞] tourist menu

tomaat [tom**aht**] tomato

tomatensaus [tom**ah**tuhs**ow**s] tomato sauce

tomatensoep (met gehaktballetjes) [tom**ah**tuhs**oop** (met κκeh**ak**tballet-yuhs)] tomato soup (with meat balls)

tompoes [tomp**oos**] vanilla slice

tong sole

tong in bakdeeg [b**ak**dayκκ] sole in batter

tongeworst [t**o**ngevorst] tongue sausage

tongrolletjes [t**o**ngrollet-yuhs] rolled fillets of sole

tonijn [ton**ī**n] tuna

tosti toasted sandwich

trassi [tr**a**ssi] condiment made with dried fish and shrimps (Indonesian)

tuinbonen [t**ow**nbohnuh] broad beans

tuinkruiden [t**ow**nkr**ow**duh] garden herbs

ui(en) [**ow**(uh)] onion(s)

uiensoep [**ow**uhns**oop**] onion soup

uiringen [**ow**ringuh] onion rings

uitgebreide koffietafel [**ow**tκκebr**ī**duh k**o**ffeetafel] full buffet lunch, i.e. with soup and a dessert

uitsmijter [**ow**tsmī**t**er] one, two or three fried eggs on buttered bread, topped with either ham, cheese or roast beef

vanillevla [van**i**lluhvla] sort of vanilla custard

varkensbiefstuk [v**a**rkens-beefst∞k] fillet of pork

varkensfilet [v**a**rkens-fil**ay**] fillet of pork

varkenshaas [v**a**rkens-hahs] fillet of pork

varkenskrabbetjes [v**a**rkens-krabbet-yuhs] spare ribs

varkenslap [**va**rkens-lap] pork chop; pork steak

varkenslever [**va**rkens-layver] pig's liver

varkensnieren [**va**rkens-neeruh] pig's kidneys

varkensnierstuk [**va**rkens-neerst00k] boned, rolled pork with kidney

varkensoester [**va**rkens-ooster] pork escalope

varkenspoot [**va**rkens-poht] leg of pork

varkenspootjes [**va**rkens-poht-yuhs] pig's trotters

varkensrib [**va**rkens-rip] pickled, smoked rib of pork

varkensrollade [**va**rkens-rollahduh] rolled pork

varkensschnitzel [**va**rkens-shnitzel] pork schnitzel

varkenstong [**va**rkens-tong] pig's tongue

varkensvlees [**va**rkens-vlays] pork

venkel [**ve**nkel] fennel

vermicellisoep [vermis**e**llisoop] chicken noodle soup

vers(e) [**va**irs(uh)] fresh

verse worst [**vo**rst] sausage

vet fat

vijgen [**vī**kHuh] figs

vis fish

viscroquetten [**vi**skrokettuh] fish croquettes

vissoep [**vi**ssoop] fish soup

vla kind of custard, usually eaten cold

vlaai [**vlī**] fruit flan/pie

Vlaamse frites [**vlah**msuh freet] chips; French fries

vlees [**vl**ays] meat

vleet [**vl**ayt] skate

vlierbessen [**vl**eerbessuh] elderberries

volkorenbrood [volk**oh**ruhbroht] wholemeal bread

voorgerecht(en) [**voh**rkHereKHt(uh)] starter(s), appetizer(s)

voorn [**voh**rn] roach

vruchten [**vr**00KHtuh] fruit

vruchtensla [**vr**00KHtuhsla] fruit salad

wafel [**vah**fel] waffle; wafer

warm [**va**rm] hot

waterkers [**va**hterkairs] watercress

Weens bakkippetje [**va**yns ba**kki**ppet-yuh] chicken coated in flour, egg yolk and bread crumbs and fried

wijting [**vī**ting] whiting

witte bonen [**vi**ttuh b**oh**nuh] haricot beans

witte suiker [**vi**ttuh s**ow**ker] white sugar

wittebrood [**vi**ttebroht] white bread

wittekool [**vi**ttekohl] white cabbage

worst [**vo**rst] sausage

wortel [**vo**rtel] carrot

zachtgekookt eitje [**za**KHt-KHekohkt **ī**t-yuh] soft-boiled egg

zalm salmon

zalmslaatje [**zalm**slaht-yuh] salmon salad

zandgebak [**za**ntKHebak] shortcrust pastry

zandkoekje [**za**ntkook-yuh] shortbread

zandtaart [**za**nt-tahrt] shortcrust pastry

zeebanket [**zay**banket] seafood

zeekreeft [**zay**krayft] lobster

zeelt [zaylt] tench

zeepaling [**zay**pahling] eel

zeekraal [**zay**krahl] glasswort, seaweed

zeetong [**zay**tong] Dover sole

zeevis [**zay**vis] salt-water fish

zeewolf [**zay**volf] wolf fish

zigeunerschnitzel [zikh**u**rner-shnitzel] schnitzel with garlic and paprika

zilveruitjes [**zi**lver0wt-yuhs] pickled onions

zoet [zoot] sweet

zoet-zuur [zoot-z00r] sweet-and-sour

zout [z0wt] salt; salted

zoute haring [**z0w**tuh] salted herring

zoutjes [**z0w**t-yuhs] salty cocktail biscuits/cookies/ nuts

zoutwatervis [z0wt-v**ah**tervis] salt-water fish

zuivere bijenhoning [**z0w**veruh b**ī**-uhnhoning] pure honey

zult [z00lt] brawn

zure haring [**z00**ruh] pickled herring

zuurkool [**z00**rkohl] sauerkraut

zuurkool met spek/worst [vorst] sauerkraut with bacon/sausage

zwarte bessen [**zva**rtuh] blackcurrants

zwarte kersenjam [**ke**rsuh-jam] black cherry jam

zwarte peper [**pay**per] black pepper

zwezerik [zvayzerik] sweetbread

Menu Reader:
Drink

Essential Terms

beer het bier [beer]
bottle de fles
brandy de cognac
coffee de koffie [koffee]
cup de kop
  a cup of ..., please een kop ..., alstublieft [alstoobleeft]
fruit juice het vruchtensap [vrOOKHtuhsap]
gin de gin
  (Dutch) de jenever [yenayver]
  a gin and tonic een gin en tonic [uhn]
glass het (drink)glas
  a glass of ... een glas ...
milk de melk
mineral water het spawater [spah-vahter]
orange juice het sinaasappelsap [seenahs-appelsap]
port de port
red wine de rode wijn [rohduh vīn]
rosé rosé [rosay]
soda (water) het sodawater [sohda-vahter]
soft drink het glas fris [KHlas]
sugar de suiker [sowker]
tea de thee [tay]
tonic (water) de tonic
vodka de wodka [vodka
water het water [vahter]
whisky de whisky
white wine de witte wijn [vittuh vīn]
wine de wijn [vīn]
wine list de wijnkaart [vīnkahrt]

another ..., please nog een ..., alstublieft [noKH uhn - alstoobleeft]

advocaat [advok**aht**] advocaat, eggnog

alcoholvrij [**a**lkoholvrī] non-alcoholic

anijslikeur [an**ī**slikur] anisette

anijsmelk [an**ī**smelk] aniseed-flavoured warm milk

appelsap apple juice

bessenjenever [b**e**ssuh-yen**ay**ver] blackcurrant-flavoured gin

bessensap redcurrant juice/blackcurrant juice

bier [beer] beer

bier van het vat draught beer

bittertje [b**i**ttert-yuh] gin with angostura

boerenjongens [b**oo**ruh-yongens] brandy with raisins

borreltje [b**o**rrelt-yuh] straight gin

brandewijn [br**a**ndevīn] brandy

cassis [k**a**ssis] blackcurrant fizzy soft drink

chocolademelk [shokol**ah**demelk] chocolate milk

chocomel [sh**oh**komel] chocolate milk

citroenjenever [sitr**oo**n-yen**ay**ver] lemon-flavoured gin

citroensap [sitr**oo**nsap] lemon juice

citroenthee [sitr**oo**ntay] lemon tea

cognac French brandy

donkerbier [d**o**nkerbeer] dark beer

dranken drinks (non-alcoholic)

drinkyoghurt drinking yoghurt

droog [drohKH] dry

elske [**e**lskuh] strong spirit made from the leaves, berries and bark of alder bushes

frappé [frapp**ay**] yoghurt shake

frisdranken soft drinks

fruitsap [fr**ow**tsap] fruit juice

gedistilleerde dranken [KHedistill**ay**rduh] spirits

gemalen koffie [KHem**ah**luh k**o**ffee] ground coffee

halfdroog [half-dr**oh**KH] medium-dry

halfvolle melk [half-v**o**lluh melk] semi-skimmed milk

huiswijn [h**ow**svīn] house wine

jenever [yen**ay**ver] Dutch gin

jonge jenever [y**o**nguh] young Dutch gin

jonge klare [y**o**nguh kl**ah**ruh] young Dutch gin

kamillethee [kam**i**lluhtay] camomile tea

karnemelk [k**a**rnuhmelk] buttermilk

koffie [k**o**ffee] coffee

de koffie is klaar freshly made coffee (literally: coffee's ready)

koffiemelk [**k**offeemelk] evaporated milk for coffee

koffieroom [**k**offeerohm] creamy milk for coffee

koffie verkeerd [verk**ay**rt] coffee with warm milk

kopstoot [**k**opstoht] beer with a gin chaser

korenwijn [**k**ohrenvin] high-quality, well-aged, mature Dutch gin

kriek [kreek] dark beer fermented with black cherries

kruidenthee [kr**ow**dentay] herbal tea

kwast [kvast] lemon squash

landwijn [landvin] local/regional wine

licht bier [liкнt beer] light beer

limonade [limon**ah**duh] lemonade

magere melk [**mah**кнeruh] skimmed milk

melk milk

mousserend [moos**ay**rent] fizzy, sparkling

mousserende dranken [moos**ay**renduh] fizzy drinks

oploskoffie [**o**ploskoffee] instant coffee

oude klare [**ow**duh kl**ah**ruh] mature Dutch gin

pisang ambon banana liqueur

rode bessensap [**roh**duh] red currant juice

rode port red/ruby port wine

rode wijn [vin] red wine

santen coconut milk

sap juice

sec sweet white wine made from dried grapes

sinaasappelsap [s**i**nahsappelsap] orange juice

sinas fizzy orange drink

spawater [spa**ah**vahter] mineral water

spiritualiën [spiritoo**ah**li-uhn] spirits

sterke drank [st**ai**rkuh] spirits

tafelwijn [**tah**felvin] table wine

thee [tay] tea

thee met citroen [sitr**oo**n] lemon tea

thee met melk en suiker [s**ow**ker] tea with milk and sugar

tomatensap tomato juice

trappistenbier [trapp**i**stenbeer] strong, dark beer

vers citroen/sinaasappelsap [vairs sitr**oo**n/s**i**nahsappel-sap] fresh lemon juice/orange juice

vieux [vyur] Dutch brandy

volle melk [**v**olluh] pasteurised milk

vruchtensap [vrOOKHtensap] fruit juice

warme chocolademelk [varmuh shokolahdemelk] hot chocolate
wijn [vīn] wine
wijnkaart [vīnkahrt] wine list
witte wijn [vittuh vīn] white wine

zeer oud [zayr Owt] very old
zoet [zoot] sweet
zwarte bessensap [zvartuh] blackcurrant juice